마음챙김으로
우울을
지나는
법

일러두기

- 이 책은 『The Mindful Way through Depression』(2007)을 한국어로 번역한 것으로, 2013년 한국에서 『우울증을 다스리는 마음챙김 명상』(사람과책)이란 제목으로 출간된 적이 있다. 이번 번역서는 원서를 완전히 다시 번역하였으며, 명상 안내음성을 부록으로 실어 독자들이 실제 명상수련을 실천해볼 수 있도록 했다.

- mindfulness는 '마음챙김' 또는 '깨어있기'로, mindful은 '깨어있는'으로, awareness는 '알아차림' 또는 '자각'으로 옮겼다.

마음챙김으로
우울을
지나는
법

지긋지긋한
슬픔과 무기력,
우울에서
벗어나는

8주 마음챙김
명상

마크 윌리엄스 존 티즈데일 진델 시걸 존 카밧진 지음

장지혜, 이재석 옮김

마음친구

너무 안 좋은 기분에
너무 오래 지치다

우울은 아프다. 우울은 삶의 기쁨을 빼앗는 한밤의 검은 개다(처칠은 평생 안고 살았던 자신의 지독한 우울증을 black dog이라 이름 붙였다). 밤잠을 방해하는 불안이며 당신의 눈에만 보이는 한낮의 악령이자 어둠이다. 이 책을 집어든 당신은 이런 비유가 과장이 아님을 알 것이다. 우울을 겪어본 사람은 그것이 불안과 불만족, 절망과 공허를 부른다는 사실을 안다. 희망은 사라지고 무기력해진다. 기쁨은 눈을 씻고도 찾을 수 없다.

그래서 우울한 기분을 피할 수만 있다면 무엇이라도 한다. 그런데 역설적이게도 우울을 피하려는 노력은 장기적으로 도움이 되지 않는다. 우울증에 관한 슬픈 사실은, 우울을 앓고 난 뒤 (설령 몇 달은 괜찮아도) 또 다시 우울이 찾아온다는 점이다. 스스로를 구제불능이라 여기며 우울의 의미가 뭔지, 왜 이렇게 기분이 추락하는지 알려고 한다. 생각이 한자리를 맴돌다 만족스런 답을 찾지 못하면 깊은 공허와 절망에 빠진다. 이윽고 자신에게 중대한 문제가 있다는 확신에 이른다. 여기서 잠깐, 당신에게 아무 문제가 없다면?

어쩌면 우울증이 재발하는 사람은 우울에서 벗어나려는 극히 정상적이고 용기 있는 노력의 희생양인지 모른다. 우울의 늪에서 빠져나오려고 발버둥 칠수록 더 깊이 빠져든다.

이 책은 우울의 늪에서 벗어나려 노력할수록 더 빠져드는 이유를 설명한다. 또 그렇다면 무엇을 어떻게 해야 하는지도 이야기한다. 과학의 최신 발견을 통해 우울과 만성 불행감의 원인을 지금과 다른 방식으로 이해하고자 한다. 우리 저자들이 이해하는 우울과 만성 불행감의 원인은 다음과 같다.

• 기분이 추락하는 초기 단계에서 해를 입히는 주범은 우울한 기분 자체가 아니다. 그것은 우울한 기분에 대응하는 방식이다.

• 우울한 기분에서 벗어나려는 습관적인 노력으로 거기서 벗어나기는커녕 우울의 고통에 더 단단히 갇히고 만다.

기분이 추락하는 초기 단계에서 취하는 어떤 '행동'도 도움이 되지 않는 것 같다. 우리는 우울 외의 문제를 해결하듯이 우울을 없애려고 하지만 자신의 '잘못된' 부분을 고치려는 시도는 우리를 우울의 나락에 더 깊이 빠뜨릴 뿐이다. 우리는 새벽 3시에 일어나 자신의 한심한 꼬락서니에 머리를 싸맨다. 약해빠진 자신을 비난하며 하릴없이 슬픔에 빠진다. 그러고는 어서 거기서 나오라며 몸과 마음을 사정없이 다그친다. 그러나 이런 시도는 우리를 우울의 늪에 빠뜨리는 정신적 수렁이다. 끝없는 걱정과 번민으로 연일 밤잠을 못 이루며 뒤척여본 사람은 이런 노력이 얼마나 소용없는지, 이런 마음의 습관에 빠지기가 얼마나 쉬운지 안다.

이 책은 우리를 계속해서 불행감에 빠트리는 마음의 습관에서 벗어나는 명상 수련법을 소개한다. 책에 소개한 명상 수련법을 익힌 뒤 일상에서 스스로 실천할 수 있다. 이 프로그램의 이름은 **마음챙김에 기초한 인지치료**(MBCT, Mindfulness-Based Cognitive Therapy)다. 주류 의학과 심리학에서 임상 효과를 보인 현대과학의 최신 지견과 명상 수련을 결합했다. MBCT 프로그램은 몸과 마음에 대한 새로운 앎의 방식을 제시한다. 이 새로운 앎의 방식으로 부정적 사고나 느낌과 맺는 관계가 크게 변화해 바닥을 모르는 기분의 하강 나선에서 벗어나 우울증으로 악화하지 않는다. 우리 저자들의 조사에 따르면 이 책의 MBCT 프로그램으로 우울 삽화(우울감이 지속되는 특정 기간)를 3회 이상 겪은 환자들의 우울증 재발 확률이 절반으로 낮아졌다.[1]

우리 저자들의 연구 참여자들은 모두 수차례 임상우울증(주요우울증의 다른 이름)을 겪은 사람들이다. 하지만 공식적으로 우울증 진단을 받은 사람만이 이 책으로 도움을 얻을 수 있는 것은 아니다. 많은 사람이 우울에 따라오는 절망과 고통으로 힘겨워한다. 만성 불행감에 빠져도 전문가의 도움을 구하지 않는다. 당신은 지금 절망과 무기력, 슬픔의 늪에 빠져 있는가? 그렇다면 이 책으로 거기서 빠져나와 건강하고 참된 행복을 되찾을 수 있다.

당신이 부정적인 기분과의 관계에서 어떤 식으로 건강한 변화를 경험할지 예측하기는 어렵다. 부정적인 기분과 맺는 관계를 변화시키는 방식은 사람마다 다르기 때문이다. 우리 저자들의 접근법이 어떤 유익함을 가져올지 아는 유일한 방법은 일정 시간(MBCT 프로그램의 경우 8주 동안) 판단을 중지한 채 온 마음으로 프로그램을 실천한 뒤 실제로 어떤 일이 일어나는지 보는 것이다. 우리가 프로그램 참가자에게 요청하는 바도 이것이다. 이밖에도 우리는 프로그램을 심화하고 독자에게 실질적인 도움을 주기 위해 책에 소개한 명상 수련의 안내음성을 부록으로 실었다.

우리 저자들은 여러분이 명상 수련에서 인내하는 마음과 자기 사랑, 열린 마음, 부드러운 끈기의 태도를 키우도록 독려할 것이다. 이런 마음의 성질을 키우면 기분이 처지는 순간, 그 문제를 '해결'하지 않아도 좋다. 그리고 문제 해결을 시도하지 않을 때 오히려 우울의 중력에서 벗어날 수 있다. 왜냐하면 우울의 경우, 문제를 해결하려는 습관적 시도가 종종 상태를 악화시키기 때문이다.

과학자이자 임상가인 우리 저자들이 재발성 우울증 치료에서 무엇이 효과적이고 효과적이지 않은지에 관하여 새로운 이해에 도달한 과정은 간단치 않다. 1970년대 초만 해도 과학자들은 급성 우울증의 효과적인 치료법을 찾는 데 집중했다. 즉, 재앙과 같은 삶의 사건들이 흔히 일으키는 최초의 우울 삽화를 치료하는 데 집중한 것이다. 과학자들은 항우울제 약물이 급성 우울증 치료에 효과가 있음을 발견했다. 그런데 문제가 있었다. 치료되었다고 생각한 우울증이 자주 재발한 것이다. 게다가 수차례 우울증을 경험할수록 재발 확률은 더 높아졌다. 이런 사정으로 우울증과 만성 불행감의 개념이 완전히 바뀌었다.

항우울제 약물은 우울증을 '고쳤지만' 환자가 약물을 복용하는 동안만 효과가 있었다. 복용을 중단하면 우울증은 몇 달 안에 재발했다. 게다가 우울증의 악령을 물리치려고 평생토록 약을 먹는다는 건 환자와 의사 모두에게 부담스러운 일이었다. 그래서 1990년대 초에 우리 저자들은 우울증에 대한 완전히 새로운 접근법을 모색했다.

우선, 우리는 무엇이 우울증을 재발시키는지 알고자 했다. 우울에 한 번 빠질 때마다 우울의 늪이 더 위험해지는 이유를 알고자 했다. 우리가 알아낸 사실은 우울에 한 번 빠질 때마다 뇌에서 기분, 생각, 몸, 행동 사이의 연결성이 강해져 우울이 더 쉽게 촉발된다는 사실이었다.

다음으로 우리는 우울증 재발이라는 상존 위험에 대해 무엇을 할 수 있을지 살폈다. 우리는 급성 우울증에 검증된 효과를 보이는 심리 치료법인 **인지치료**(cognitive therapy)(생각을 변화시킴으로써 힘든 감정을 다스리는 심리 치료법)가 많은 사람의 우울증 재발을 막고 있음을 알았다. 그런데 인지치료가 어떻게 우울증 재발을 방지하는지는 정확히 알지 못했다. 그 이유를 알아야 했다. 그것은 이론적 관심에서뿐 아니라 실용적인 가치도 엄청나게 컸다.

당시만 해도 항우울제 약물과 인지치료 등 모든 치료법은 '현재' 우울증을 겪고 있는 사람에게만 처방했다. 이에 우리 저자들은 인지치료의 핵심 치료요소를 판별한 뒤, 우울을 겪지 '않는' 사람에게 가르쳐도 좋겠다고 생각했다. 재앙처럼 들이닥칠 다음 번 우울 삽화를 마냥 기다리기보다 우울이 닥치기 전에 싹을 자르면 더 좋지 않을까 싶었다.

흥미롭게도 우리 저자들은 연구와 탐색을 개별적으로 진행하던 중 명상 수련의 임상적 활용을 검토하기에 이르렀다. 이 명상 수련은 동양의 지혜 전통에서 기원한 **마음챙김**(mindfulness)이라는 특정 형태의 의식을 계발하는 것이었다. 수천 년 동안 불교문화의 일부인 명상 수련을 오늘날 의료 장면에 적합하게 만든 사람은 매사추세츠 의과대학의 존 카밧진(Jon Kabat-Zinn)과 그의 동료들이었다. 카밧진은 1979년 매사추세츠 의과대학에 스트레스 완화 프로그램을 만들었다. **마음챙김에 기초한 스트레스 완화법**(Mindfulness-Based Stress Reduction), 줄여서 MBSR이라고 부르는 이 프로그램은 마음챙김 명상의 효과를 스트레스와 통증, 만성질환에 적용한다. 마음챙김을 **가슴챙김**(heartfulness)으로 부르기도 하는데, 이것은 마음챙김이 차갑고 냉정한 성질이 아니라 따뜻한 사랑을 담은 알아차림이라는 뜻에서다. MBSR은 불안과 공황 같은 심리 문제뿐 아니라 만성질환과 힘겨운 질병으로 고통 받는 환자에게도 도움이 된다고 판명되었다.[2]

이런 유익함은 환자들이 느끼고 생각하고 행동하는 방식이 변화하는 데서 확인할 수 있다. 뿐만 아니라 부정적 감정과 관련된 뇌 활동이 변화하는 데서도 MBSR의 유익함을 확인할 수 있다.[3]

우울증의 예방법으로 명상을 고려한다는 말에 우리 동료와 환자들은 처음에 회의적인 반응을 보였다. 하지만 우리는 개의치 않고 더 들여다보기로 했다. 우리는 서양의 인지과학과 동양의 명상을 결합하자 재발성 우울의 악순환을 깨트리는 치료법이 탄생했음을 알았다.

우울이 우리를 끌어내리기 시작하면 우울한 느낌을 억압하거나 벗어나고자 우울을 없애려는 반응을 보인다. 충분히 이해할 만한 반응이지만 이 과정에서 과거에 대한 후회를 들추고 미래에 대한 걱정을 지어낸다. 머릿속에서 이 해법, 저 해법을 시도해보지만 지금의 괴로운 느낌이 줄지 않으면 기분이 더 나빠진다. 자신의 지금 상태와 원하는 상태를 자꾸 머릿속에서 비교한다. 그 차이에 몰두해 세상과 주변 사람, 심지어 사랑하는 사람과 접촉하지 못한다. 삶의 경험이 선사하는 풍부함을 스스로 부정하며 낙담한다. 그런데 이때가 바로 사랑의 마음을 담은 명상적 알아차림이 도움을 주는 때다.

이 책을 최대한 활용하는 법

앞서 본 것처럼 마음이 우울에서 빠져나갈 방법을 궁리하면 할수록 우울의 나락에 더 깊이 빠지는 악순환이 일어난다. 이 책에 소개한 마음챙김 수련으로 우울의 악순환에 지금과 다르게 접근할 수 있다. 마음챙김 수련을 통해, 우울의 문제를 '해결'하려는 마음 활동에서 거리를 둘 수 있다. 마음챙김을 계발하면 과거의 후회와 미래에 대한 걱정을 내려놓는다. 마음의 유연성이 커져 조금 전 아무것도 못 한다고 느끼던 당신 앞에 새로운 선택지가 나타난다. 마음챙김 수련은 누구나 경험하는 정상적인 불행감이 우울로 악화되지 않게 한다. 자기 내면과 외면의 배움과 성장, 치유의 자원과 다시 접촉할 수 있다.

우울하든 우울하지 않든, 우리가 평소 무시하거나 당연시하는 내면의 자원이 바로 몸이다. 생각에 빠졌거나 느낌을 떨칠 때 우리는 몸의 감각에 제대로 주의를 기울이지 않는다. 사실, 몸의 감각은 감정과 정신에서 무슨 일이 일어나고 있는지 직접적인 피드백을 준다. 신체감각은 우울에서 벗어나는 데 필요한 소중한 정보원(源)이다. 몸의 감각에 집중하면 미래를 기웃대거나 과거에 붙들린 마음의 덫에서 벗어나 감정 자체를 변화시킬 수도 있다. 1부에서는 마음과 몸, 감정이 함께 작용해 우울을 악화시키고 지속시키는 과정을 살펴본다. 그리고 최신 과학연구에서 탄생한 이 관점이 우울의 악순환에서 벗어나는 법에 관해 어떻게 말하는지 본다. 1부는 우리들 누구나 삶의 기쁨과 희망을 좀먹는 생각과 느낌, 행동의 습관적 패턴에 희생되기 쉽다는 사실을 보인다. 그리고 이 순간 온전한 알아차림으로 머무는 것이야말로 우리에게 가장 큰 힘이 된다고 말한다.

최신의 과학 연구가 제공하는 논리와 지식은 설득력이 있지만 실용적인 쓸모를 보장하지 못한다. 과학은 사고와 추론을 통해 우리의 '머리'에만 호소하기 때문이다. 그래서 2부에서는 우리가 마음의 수렁에 빠져 자신의 불행한 상태를 '고치려' 할 때, 그리고 마음챙김을 비롯한 우리 존재와 지성의 다른 측면과 접촉하지 못할 때 무엇을 잃는지 직접 경험해본다. 직접 수련하지 않으면 몸과 마음, 감정에 대한 마음챙김은 추상적 관념에 불과하다. 2부에서는 여러분 스스로 마음챙김을 수련한 뒤 어떤 변화와 자유를 가져오는지 직접 확인해본다.

부정적 사고와 느낌, 신체감각, 행동은 함께 작용해 불행감을 우울로 악화시키는 정신적 소용돌이를 일으킨다. 3부에서는 명상 수련을 심화시켜 부정적 사고와 느낌, 신체감각, 행동에 적용해본다.

4부는 지금까지의 내용을 한데 엮어 재발성 우울의 악령에 맞서 온전한 삶을 살아가는 통합된 방법을 제시한다. 우울증을 딛고 마음챙김 수련으로 성장과 변화를 경험한 사람들의 이야기도 들어본다. 그리고 책에 소개한 치료 요소와 수련법을 한데 엮어 체계적이고 실천 가능한 8주 프로그램을 제시한다. 우리 저자들의 바람은 책에 소개한 수련법을 직접 실천해 여러분 본래의 지혜와 치유력에 닿는 것이다.

책에 소개한 방법으로 이로움을 얻는 방식은 여러 가지다. 처음부터 소매를 걷어붙이고 8주 프로그램에 돌입할 필요는 없다(물론 그것도 나름의 유익함이 있지만). 사실, 우울이라는 문제가 '있어야만' 이 책의 마음챙김 수련으로 유익함을 얻는 것은 아니다. 책에서 살펴볼 습관적이고 자동적인 마음 패턴은 그에 대처하는 법을 익히기 전까지 우리 모두를 괴롭히는 문제다. 그저 자신의 마음과 내면의 감정 풍경을 더 알고 싶어 이 책을 손에 들어도 좋다. 이 과정에서 2부에 소개한 마음챙김 수련법을 직접 해보려는 관심이 생길지 모른다. 그러다 더 큰 동기가 일어나면 마음을 다해 8주 프로그램을 실천한 뒤 자신에게 무슨 일이 일어나는지 볼 수도 있다.

여기서 주의할 점은 두 가지다. 첫째, 이 책에 소개한 여러 명상법은 그 효과가 온전히 나타나기까지 일정한 시간이 걸린다는 점이다. 이 명상법들을 **수련**(practice)이라고 부르는 이유도 그것이다. 책에 소개한 명상 수련은 당신이 들인 시간과 노력에 걸맞은 결과를 처음부터 기대하기보다 열린 마음과 호기심으로 자주 시도하는 편이 낫다. 이 명상 수련법들은 우리 대부분이 지금껏 경험하지 못한 완전히 새로운 종류의 배움이지만 시도할 가치는 충분하다. 이 책의 내용은 처음부터 끝까지 당신의 이런 노력을 지지하는 목적이다.

둘째, 우울 삽화의 한가운데 있다면 8주 전체 프로그램에 전면 돌입하지 않는 편이 현명하다.[4] 최신 증거에 의하면, 우울의 나락에 깊이 빠져 있다면 일단 거기서 빠져나오는 데 도움을 받아야 한다. 급성 우울의 짓누르는 중압감을 조금 덜어낸 뒤, 자신의 생각과 느낌을 다루는 새로운 방식에 접근하는 것이 바람직하다.

어디에서 시작하든, 책에 소개한 명상 수련은 인내와 자기사랑, 끈기와 열린 마음으로 임해야 한다. 성과를 기대하는 마음을 내려놓고, 매 순간 있는 그대로 존재하도록 놓아두는 태도가 필요하다. 당신이 가진 배움과 성장, 치유의 근본 능력을 신뢰하라. 당신의 '목숨이 거기 달린 것처럼' 수련에 전념하라. 실제로 그리고 비유적으로 당신의 목숨은 명상 수련(특히, 호흡 수련)에 달려있다.*
그렇게 하면 나머지는 스스로 알아서 되어갈 것이다.

---

* 존 카밧진이 자주 쓰는 표현으로 원어는 'as if your life depended on them (practices)'이다. 그만큼 명상 수련에 전념하라는 의미다. 평소 호흡을 잘 알아차리지 않는 우리는 호흡 명상에서 처음으로 자신의 호흡을 알아차린다. 실제로 몇 차례만 숨을 못 쉬어도 생명이 위태롭다는 의미에서 '실제로, 그리고 비유적으로'라는 표현을 썼다—옮긴이

차례

Part Three　　불행감을 변화시키다

Part Four　　삶을 되찾다

Part One

○

마음과 몸, 그리고 감정
Mind, Body, and Emotion

문제는 불행감 자체가 아니다.
불행하다는 느낌은
살아있음에 따르는 불가피한 느낌이다.

우리를 힘들게 하는 것은
불행한 기분으로 일어나는
자신에 관한 가혹하고 부정적인 사고다.

일시적 슬픔을
지속적인 불행감과 우울로 키우는 주범은
자신에 관한 부정적 생각이다.

"안 돼, 또 시작이야."

~~~~~~~~~~~~ **불행한 느낌이 사라지지 않는 이유** ~~~~~~~~~~~~

앨리스는 몸을 뒤척이며 잠을 이루지 못했다. 새벽 3시였다. 두 시간 전에 덜컹 하는 느낌에 잠을 깬 뒤 그녀의 마음은 줄곧 어제 오후 상사와의 미팅을 머릿속에 재방송하고 있었다. 그런데 방송에는 해설자가 있었다. 까칠한 질문으로 자책하는 자기 목소리였다.

왜 그렇게 말했을까? 상대에겐 바보처럼 보였을 거야. 상사의 '괜찮다'는 말은 무슨 의미일까? 내 업무 성과가 최근의 봉급인상에 못 미친다는 뜻일까? 크리스틴의 부서 얘기는 왜 꺼냈지?

그들이 이 프로젝트와 무슨 관련이지? 이번 프로젝트는 '내' 영역인데… 혹시 상사는 크리스틴의 부서와 내 부서를 비교 평가하려 한 걸까? 나 말고 다른 사람을 프로젝트 책임자에 앉히려는 걸까? 어쩌면 직장을 유지하기 어려울지 몰라. 미리 알았더라면….

앨리스는 다시 잠들지 못했다. 시계 알람이 울릴 즈음, 앨리스의 생각은 더 멀리 나아갔다. 직장의 자기 위치가 흔들린다는 생각에서, 다른 직장을 구해야 한다면 그녀와 아이들이 처할 곤란한 상황에까지 생각이 미쳤다. 쑤시는 몸을 침대에서 일으켜 힘겹게 욕실로 향하는 동안 고용주에게 차례로 거절당하는 자기 모습을 머릿속에 그렸다.

다른 사람을 탓해봐야 소용없어. 내 기분이 처지는 이유를 알아야 해. 다들 잘 사는 것 같은데 나만 사사건건 휩쓸리는 느낌이 드는 이유는 뭘까? 나는 직장과 가정을 제대로 꾸리지 못하는 게 틀림없어.

앨리스의 머릿속 테이프가 다시 돌기 시작했다. 한편, 짐은 잠을 자는 데는 문제가 없었다. 오히려 잠에서 깨는 것이 어려웠다. 사무실 주차장에 주차한 뒤 운전석에 앉아 그날 업무를 생각하며 중압감을 느꼈다. 온몸이 납덩이처럼 무거웠다. 그나마 안전벨트를 푸는 게 할 수 있는 전부였다. 차 문을 열고 사무실로 향할 힘조차 없었다.

평소 같으면 하루 스케줄을 머릿속에 짚은 뒤 운전석에서 일어났을 테지만 오늘은 달랐다. 오늘 약속과 미팅, 전화 통화를 떠올리자 쇠로 된 공을 목구멍으로 넘기는 느낌이었다. 그럴 때마다 짐의 마음은 그날 일에서 멀어져 매일 아침 떠올리는 성가신 질문으로 떠밀려갔다.

왜 기분이 이 모양이지? 난 모든 남자가 원하는 걸 다 가졌어. 사랑하는 아내와 착한 아이들, 안정된 직장, 멋진 집… 뭐가 문제지? 왜 기운이 안 날까? 왜 항상 이럴까? 아내와 아이들은 자기 연민에 빠진 내게 신물이 났을 거야. 오래 견디지 못할 거야. 이렇게 끔찍한 기분을 느끼는 이유를 알아야 해. 그러면 다른 사람들처럼 살 수 있을 거야. 그러나 지금 이대로는 안 돼. 반드시 해결책을 찾아야 해.

앨리스도, 짐도 그저 행복하고 싶었을 뿐이다. 앨리스도 한때 '좋은 시절'이 있었지만 오래가지 않았다. 어떤 일이 일어나 그녀를 우울의 나락에 빠뜨렸다. 예전 같으면 잠시 흔들리고 털어버렸을 일도 이제 그녀를 깊은 절망의 구덩이에 밀어 넣는 느낌이었다. 짐에게도 좋은 시절이 있었지만 그건 '기쁨의 시간'이 아니라 '고통이 없는 시간'에 불과했다. 짐은 무엇 때문에 둔중한 고통이 잠시 사라졌다 다시 찾아오는지 알지 못했다. 그가 아는 것이라고는 최근에 친구, 가족과 즐거운 저녁시간을 보낸 기억이 아련하다는 사실뿐이었다.

　실직 생각이 머리를 휘젓자 앨리스는 자신과 아이들을 위해 해야 하는 일을 제대로 못한다는 두려움이 고개를 들었다. 그녀는 한숨을 지으며 다시는 그런 일이 있어서 안 된다고 생각했다. 앨리스는 전 남편인 버트의 외도로 그가 집을 나간 일을 선명히 기억했다. 당연히 슬프고 화가 났다. 그런데 버트가 그녀를 대하는 방식이 수치스러웠다. 그는 부부관계에 충실하지 않았다. 앨리스는 자신이 부부관계를 구하는 전투에서 져 싱글맘의 처지에 발목이 잡혔다고 느꼈다. 처음에는 아이들을 위해 흔들림 없는 태도를 유지했다. 주변에서도 성심으로 도와주었다. 하지만 어느 순간, 더 이상 주변의 도움에만 기댈 수 없다고 느꼈다. 4개월 뒤 앨리스는 점점 슬프고 우울해졌다. 지휘하던 어린이 합창단도 흥미를 잃었고 직장에도 집중하지 못했다. '나쁜 엄마'라며 죄책감을 느꼈다. 잠을 제대로 못 잤고, 끊임없이 먹어댔다. 결국 가정의를 찾아간 앨리스는 우울증 진단을 받았다.

　의사는 항우울제 약물을 처방했다. 약을 먹고 앨리스는 기분이 한결 좋아져 두 달 뒤에는 거의 예전의 정상 상태로 돌아왔다. 그런데 9개월 뒤 일이 터졌다. 새 차가 수리가 어려울 정도로 부서지는 사고를 당했다. 다행히 몇 군데 찰과상을 입고 말았지만 죽음이 자신을 살짝 비켜갔다는 느낌을 떨치지 못했다. 이후 그녀는 계속해서 사고를 곱씹었다. 아이들의 한부모인 그녀가 왜 그토록 무모했는지 자신에게 캐물었다. 우울한 생각이 커지자 끊었던 약을 다시 처방해달라고 의사에게 부탁했다. 약을 복용하자 다시 기분이 나아졌다. 이후 5년 동안 이런 패턴이 몇 차례 반복되었다. 앨리스는 우울의 소용돌이에 빨려드는 신호를 감지할 때마다 더 두려웠다. 이제는 두려움을 감당할 자신이 없었다.

한편 짐은 우울증 진단을 받은 적은 없었다. 마음이 우중충하고 기분이 계속 처지는 일로 의사와 상담하지 않았다. 그는 어떻게든 견뎌내고 있었다. 외면적 문제가 없는 자신이 삶에 대해 불평할 권리가 없다고 생각했다. 짐은 그저 운전석에 앉아 차 문을 열고 나갈 일이 생기기만을 기다렸다. 정원 일을 생각하자 곧 피어날 아름다운 튤립 꽃이 떠올랐지만 지난 가을 꽃밭 청소를 제대로 하지 않은 게 마음에 걸렸다. 지금 청소하려면 일이 엄청 많았다. 이 생각만으로 짐은 지쳐버렸다. 또 아이들과 아내를 떠올렸지만 그날 저녁 식사의 대화만 생각해도 일찍 잠자리에 들고 싶었다. 실은, 어젯밤에도 대화를 피하려고 일찍 잠자리에 들었다. 아침 일찍 일어나 어제 끝내지 못한 일을 마무리할 요량이었지만 아침에 일어나기가 너무 힘들었다. 차라리 자정까지 직장에 남아 일을 마치는 편이 낫다고 생각했다.

앨리스는 재발성 주요우울장애를 앓고 있었다. 한편, 짐은 경미한 우울감이 지속되는 **기분저하증**(dysthymia)이었다. 기분저하증은 급성 증상이 아닌 만성적 상태다. 그러나 진단명은 중요하지 않다. 앨리스와 짐뿐 아니라 많은 사람이 행복을 절실히 바라지만 어떻게 행복에 도달하는지 모르고 있다. 왜 우리 중 어떤 이는 계속해서 기분이 처지는 걸까? 왜 어떤 사람은 한 번도 행복하다고 느끼지 못한 채 만성적으로 저조한 기분일까? 왜 주변과 단절되어 피곤하고 무기력한 상태로 살까? 왜 기쁨을 주고 삶을 가치 있게 만드는 일에 흥미를 잃는 걸까? 왜 마지못해 살아가는 걸까?

우울은 일반적으로 삶의 비극적 사건이나 좌절에 대한 반응으로 시작된다. 우울을 일으키는 사건에는 상실과 수모, 실패 등이 있다. 이런 사건을 겪으면 자신이 처한 상황에 갇혔다고 느낀다. 앨리스의 경우, 전 남편인 버트와의 오랜 관계를 상실한 뒤 우울에 빠졌다. 처음에 그녀는 '정당한' 분노를 느낀다고 생각하며 힘을 얻었다. 남편에 대한 복수심으로 한부모 역할에 전념했다. 그러나 밤늦게 직장에서 돌아와 집안일을 돌보는 게 점점 버거웠다. 전에 하던 즐거운 활동을 모두 그만두었다. 퇴근 후 친구를 만나는 일도, 친정엄마와의 저녁식사도, 다른 주(州)에 사는 언니와의 전화 통화도 그만뒀다. 얼마 안 가 앨리스는 외로움에 짓눌렸다. 버림받았다는 느낌에 시달렸다.

한편 짐의 경우 그가 겪은 상실이 무엇인지 언뜻 분명하지 않았다. 근무하던 컨설팅 회사에서 승진한 몇 달 뒤부터 짐은 친구들과 어울릴 시간이 모자랐다. 밤늦게까지 사무실에서 일해야 했기에 좋아하던 정원 동아리도 그만뒀다. 새로 맡은 관리 업무도 생각만큼 재미있지 않았다. 마침내 이전 업무로 복귀하기를 회사에 청했다. 원래 자리로 돌아오자 마음은 한결 편했다. 하지만 주변 누구도 짐이 행복하지 않다는 사실을 몰랐다. 처음에는 자신조차 몰랐다. 멍하니 일에 집중하지 못하는 경우가 점점 많았다. 자신이 내린 결정을 머릿속에서 자꾸 되새겼다. 상사와 잠깐 나눈 대화도 끝없이 분석했다. 회사와 자신의 기대에 미치지 못하는 자신을 계속 꾸짖었다. 이런 생각이 일어나면 무시하려 했지만 이후 5년이 지나면서 그는 점점 위축되었다. 건강에도 문제가 생겼다. 아내에 따르면 짐은 아내가 알던 사람이 아니었다.

상실은 인간이 처한 불가피한 조건이다. 우리 대부분은 앨리스처럼 위기를 겪고 나면 삶이 커다란 시련이라는 사실을 깨닫는다. 또 짐의 경우처럼 많은 사람이 자신과 타인에게 실망한 뒤 위축되었다고 느낀다. 그런데 왜 어떤 사람은 힘든 경험에 계속 고통당하는 걸까? 앨리스와 짐의 이야기에 이것을 이해하는 단서가 들어 있다.

불행감이 우울로 바뀔 때

오늘날 우울증은 수백만 명에게 커다란 부담이다. 서구뿐 아니라 경제가 서구화되는 개발도상국도 우울증은 흔한 질환이다. 40년 전에는 평균 40~50대에 우울증이 처음 발병했지만 요즘은 평균 20대 중반에 최초로 발병한다. 그밖에도 상자에 제시한 우울증에 관한 통계는 오늘날 우울증이 매우 광범위한 문제임을 보여준다. 하지만 가장 놀라운 데이터는 우울증이 재발하기 쉽다는 사실이다. 우울증을 경험한 뒤 완전히 회복한 사람 가운데 절반 정도가 우울증이 재발한다. 두세 차례 우울 삽화를 겪은 뒤에는 재발 확률이 80~90퍼센트로 높아진다. 그리고 20세 전에 처음 우울증을 앓은 사람은 재발 위험이 더 높다. 도대체 무슨 일이 일어나고 있는 걸까? 오랜 기간 우울증을 치료하고 연구해온 우리 저자들은 그것을 알고 싶었다. 1장의 나머지 부분과 2장에서는 우울증과 불행감의 속성에 대해 과학이 발견한 바를 설명한다. 그리고 우리 세 사람이 그 지식으로 또 다른 저자인 존 카밧진과 책의 근간이 되는 치료 프로그램을 만든 과정을 이야기한다.

우리가 알게 된 중요한 사실은 우울 삽화를 경험한 사람과 경험하지 않은 사람이 분명 다르다는 사실이다. 우울증은 슬픈 기분과 부정적 사고 사이의 연결을 당사자의 뇌에 형성시켜 우울증을 앓은 사람은 보통의 슬픔에도 더 크게 부정적 사고를 일으킨다. 이런 통찰은 우울증의 작동 방식에 관한 이해를 새롭게 했다. 수십 년 전 아론 벡(Aaron Beck) 등 선구적 과학자는 우울증에서 부정적 사고가 중심 역할을 한다는 사실을 통찰했다.[6]

벡과 그의 동료들은 기분이 상당 부분 생각에 좌우된다는 사실을 발견해 우울증의 이해에 큰 진전을 이루었다. 그들은 감정을 주도하는 것은 사건 자체가 아니라 사건에 대한 신념과 해석이라는 사실을 알아냈다. 그런데 생각이 기분에 영향을 미칠 뿐 아니라 우울한 사람의 경우, 역으로 기분이 생각에 영향을 미쳐 이미 저하된 기분이 더 나빠질 수도 있다. 쉽게 기분이 저하되는 사람은, 트라우마를 남기는 커다란 상실을 경험해야만 우울에 빠지지 않는다. 많은 사람이 가볍게 털어내는 일상의 어려움도 그들에게는 우울에 빠지는 계기로 작용하는 나머지 나날이 불행하다고 느낀다. 더욱이 이 연결성은 그들 내면에 깊이 각인되어 스스로도 인지하지 못하는 일시적이고 사소한 슬픔으로 부정적 사고가 일어나 우울로 악화된다.

이러니 아무리 노력해도 우울의 나락에서 빠져나오지 못한다고 느끼는 것도 무리가 아니다. 본인조차 어디서 우울의 나락에 떨어졌는지 알지 못한다. 불행히도 자신이 어떻게 지금의 우울에 빠졌는지 이해하려는 용감한 노력 자체가 우울의 나락에 더 깊이 빠져드는 복잡한 메커니즘으로 작용한다. 자기를 이해하려는 노력이 '해결책'이 아니라 '문제'를 더 키우는 이유는 뭘까? 이를 이해하는 과정은 그리 간단치 않다. 우선은 우울증의 해부학에 대한 기초 지식이 필요하다. 우울증을 구성하는 네 가지 핵심 요소인 느낌, 생각, 신체감각, 행동에 대해 알아야 한다. 우리는 느낌, 생각, 신체감각, 행동을 통해 삶의 사건들에 반응하는데, 이들 요소가 상호작용

오늘날 우울증의 발병률

- 전체 남성 중 12%, 전체 여성 중 20%가 일생에 한 번은 주요우울증을 겪는다.[7]
- 주요우울증의 최초 삽화는 보통 13~15세에 일어난다.[8] 우울증을 앓는 사람 중 절반이 18세 이전에 최초의 우울삽화를 경험한다.
- 주요우울증의 유병률은 전체 인구의 약 5%다.(유병률: 어떤 시점에 일정한 지역에서 나타나는 그 지역 인구에 대한 환자 수의 비율)
- 우울증이 오래 지속되는 경우도 있다. 증상 발발 1년 뒤에 임상적 우울 상태에 계속 머무는 사람의 비율은 15~39%이며[9] 2년 뒤에도 계속 우울 상태에 있는 사람은 22%에 이른다.[10]
- 우울 삽화가 한 번 일어날 때마다 또 다시 우울 삽화를 경험할 확률은 16% 더 높아진다.[11]
- 미국에서만 1천만 명이 항우울제 약물을 처방받고 있다.[12]

하는 과정을 이해하는 것이 핵심이다.

우울증 뜯어보기: 우울증의 해부학

우울증의 전체적인 발병 패턴을 간략히 살펴본 뒤 우울증을 구성하는 각각의 요소를 알아보자.

매우 불행하고 우울할 때면 **주요우울증***의 증상 표에 나오는 느낌과 생각, 신체감각이 한꺼번에 밀려와 그에 따라 행동하게 된다. 상실과 이별, 거부를 당했을 때 일어나는 굴욕과 패배감, 좌절의 거대한 감정적 격동은 정상 반응이다. 불편한 감정은 우리 삶에서 중요한 역할을 한다. 현재 나의 삶에 좋지 않은 일이 일어나 마음이 불편하다는 신호를 자신과 주변에 보낸다. 그런데 이때 슬픔이 부정적인 생각과 느낌으로 바뀌면 우울이 시작된다. 부정적 생각으로 일어나는 긴장과 통증, 피로와 혼란은 더 많은 부정적 생각을 일으킨다. 헤어나기 힘든 늪처럼 우울이 점점 악화되어 고통을 겪는다. 친구, 가족과의 만남 등 평소 활기를 주던 활동을 중단하면 소진된

---

* 우울증은 주요우울증(major depression)과 경도우울증(minor depression)으로 나눈다. 우울감과 절망감, 흥미나 쾌락의 현저한 저하가 2주 이상 지속되고 사회적, 직업적 장애를 일으키면 주요우울증, 증상은 비슷하나 정도가 경미하거나 지속시간이 짧아 사회적, 직업적으로 장애를 일으키지 않으면 경도우울증이라고 한다.

느낌이 더 악화된다. 더 노력하는 식으로 대응한다 해도 우리가 느끼는 소진감은 더 커진다.

느낌, 생각, 신체감각, 행동이 우울을 구성하는 요소라는 사실은 어렵지 않게 알 수 있다. 1장 시작부에 앨리스가 자신을 질책하

주요우울증의 진단 기준[13]

아래 증상 가운데 1번과 2번 중 하나가(또는 3번 이하의 증상 가운데 적어도 네 개 이상이) 최소 2주 이상 지속되어 정상 생활이 어려운 경우, 주요우울증으로 진단한다.

1. 하루 온종일 우울하고 슬픈 기분이 든다.

2. 이전에 즐겨 했던 거의 모든 활동에 흥미와 재미를 느끼지 못한다.

3. 식단 조절을 하지 않는데도 눈에 띌 정도로 체중이 감소하거나 증가한다. 거의 매일 식욕이 감소하거나 증가한다.

4. 밤에 잠들기가 어렵다. 또는 낮에 잠을 더 자야 한다고 느낀다.

5. 하루 종일 눈에 띄게 행동이 느려지거나 안절부절못한다.

6. 거의 매일 피로감을 느끼거나 활력이 없다고 느낀다.

7. 자신이 무가치하다는 생각이 든다. 극단적이고 부적절한 죄책감을 느낀다.

8. 다른 사람이 보기에 우유부단하다고 느낄 정도로 집중력과 사고력에 문제가 생긴다.

9. 죽음에 관한 생각이 반복적으로 일어난다. (자살 계획을 동반하거나 동반하지 않은) 자살 생각과 자살 시도에 관한 생각이 반복적으로 일어난다.

며 밤을 지샌 고통을 이야기했다. 또 짐이 하루를 생각할 때 '쇠로 된 공'을 목구멍으로 삼키는 느낌이라는 것도 이야기했다. 우리는 너무 잘 안다. 기분이 다운되면 무엇도 하기 어렵고 자신이 나아갈 방향을 선택하기도 어렵다는 사실을. 그런데 쉽게 알기 어려운 것은 우울증의 어떤 요소가 기분의 하강 소용돌이를 일으키는지, 또 각 요소가 어떻게 다른 요소를 강화시키는지 하는 점이다. 이 과정에서 불행감과 우울에 취약한 마음 상태는 점점 커진다. 우선 우울증을 구성하는 각각의 요소를 살펴보자. 그러면 우울증의 전체 그림이 더 분명하게 눈에 들어올 것이다.

우울과 느낌

최근에 기분이 안 좋았던 경우를 떠올려보자. 이때 당신의 느낌(feeling)을 표현하라고 하면 아마 슬픔, 우울, 무기력, 비참, 낙담, 침울, 자기연민 등의 표현이 떠오를 것이다. 느낌의 강도도 다양해 살짝 슬픈 느낌일 수도, 지극히 슬픈 느낌일 수도 있다. 감정이 일어나고 사라지는 것은 정상적인 현상이다. 그런데 우울한 느낌이 단독으로 일어나는 경우는 잘 없다. 대개 불안과 두려움, 분노와 짜증, 좌절이나 절망과 함께 일어난다. 특히 짜증은 우울증과 함께 흔히 나타나는 증상이다. 기분이 처지면 짜증을 잘 내고 쉽게 인내심의 한계에 이르러 평소보다 화를 더 잘 낸다. 특히 젊은 사람들은 우울에 빠졌을 때 슬픔보다 짜증을 더 두드러지게 경험한다.

우울증으로 진단내리는 느낌은 대개 결과를 가리킨다. 즉 우울한 결과, 슬프고 기분이 처지는 상태, 비참하고 낙담하는 절망적 상태를 가리킨다. 그러나 우울은 시작이기도 하다. 연구에 따르면 수차례 우울을 경험한 사람은 슬픈 기분이 더 많이 일어나며 자존감이 낮아져 자기 비난의 느낌도 더 자주 일어난다.[14]

이때 당사자는 슬픔뿐 아니라 자신이 실패자이며 쓸모없는 존재, 사랑받지 못하는 존재라고 생각한다. 이런 기분은 강력한 자기 비난의 생각을 일으킨다. 스스로를 공격 대상으로 삼아 지금 경험하는 감정을 빌미로 자신을 질책한다. '이런 바보 같으니라고. 이런 감정 하나 제대로 처리하지 못하다니.' 그러나 이런 생각은 그를 더 깊은 나락에 빠뜨린다. 자기 비난의 생각은 매우 강력하며 잠재적으로 독성을 지닌다. 느낌과 마찬가지로 자기 비난의 생각 역시 우울증의 결과인 동시에 시작이기도 하다.

우울과 생각

여기서 다음 상황을 머릿속에 생생히 그린 다음 당신의 마음에 어떤 일이 일어나는지 관찰해보자.

당신은 평소 자주 다니는 거리를 걷고 있다. 마침 길 건너편에 아는 사람이 보인다. 당신은 미소를 지으며 손을 흔든다. 그런데 그 사람은 반응이 없다. 당신을 보았는지 못 보았는지 그냥 당신을 지나친다. 이때 어떤 느낌이 드는가? 또 어떤 생각과 이미지가 떠오르는가?

이 질문에 정답이 있다고 생각할지 모르지만 당신의 친구와 가족에게 이 상황을 제시하면 서로 다른 반응을 보인다. 이때 어떤 기분을 느끼는가는 상대가 나를 지나친 이유를 무엇으로 생각하느냐에 달려 있다. 이 상황은 해석의 여지가 다양해 그에 따라 일어나는 감정 반응도 다르다.

우리가 일으키는 감정 반응은 자신에게 들려주는 이야기에 따라 달라진다. 여기서 '이야기'는 나에게 입력되는 감각 데이터를 해석하는, 24시간 연속되는 마음의 방송이다. 만약 기분이 좋은 상태에서 위 상황에 맞닥뜨리면 마음의 연속 방송은 그가 안경을 쓰지 않았거나 딴 일을 생각하느라 나를 못 보았다고 말할 것이다. 이때 우리는 별다른 감정 반응을 일으키지 않는다. 그런데 그날 약간 기분이 처진 상태라면 당신이 자신에게 들려주는 이야기는 그가 일부러 나를 무시했다고 말할 것이다. 또 내가 어떤 일로 그를 화나게 했는지 계속 곱씹을 것이다. 어쩌면 친구를 하나 잃었다고 이야기할 수도 있다. 이렇게 마음은 자꾸 곁가지를 친다. 이런 식의 자기 대화를 나누다 보면 처음에 별로 우울하지 않아도 점점 기분이 나빠진다. 만약 이 자기 대화가 내가 무시당했다고 속삭이면 화가 날 것이고, 내가 그를 화나게 만든 게 틀림없다고 말한다면 죄책감을 느낄 것이다. 또 내가 친구를 잃었다고 말한다면 외로움과 슬픔을 느낄 것이다.

동일한 사실을 놓고 다른 해석이 일어난다. 우리가 사는 세상은 소리 없는 무성영화와 같다. 우리는 삶이라는 무성영화에 자기만의 해석을 달며 살아간다. 더욱이 '지금' 일어난 일에 대한 해석이 다르면 '그 다음' 일어나는 일에 대한 해석도 달라진다. 만약 위 상황을 별것 아니라고 해석하면 간단히 잊어버리겠지만 부정적으로 해석하면 앞서 앨리스가 상사와의 미팅 뒤에 느낀 자기 질책에 빠질 수도 있다. '내가 뭘 잘못했지? 나에게 무슨 문제가 있는 걸까? 나는 왜 친구가 없지?' 이런 부정적 사고는 종종 정답이 있는 질문으로 위장해 나타나지만 답을 내놓지 않은 채 우리를 성가시게 만든다.

이처럼 삶의 많은 상황이 딱 잘라 말할 수 없는 모호한 성격을 지녔다. 그래서 상황을 어떻게 해석하느냐에 따라 반응도 달라진다. 이를 감정의 A–B–C 모형이라고 한다. 여기서 A는 비디오카메라로 촬영하고 녹음한 것과 같은 객관적 상황과 사실을 가리킨다. B는 상황에 대해 우리가 내리는 해석이다. 다시 말해 인식의 표층 아래서 지어내는 연재 이야기(running story)다. 종종 우리는 이 이야기를 사실로 간주한다. C는 상황에 대해 일으키는 감정, 신체감각, 행동 등의 반응이다. 그런데 우리는 상황(A)과 그에 대한 자신의 반응(C)은 보면서 상황에 대한 자신의 해석(B)은 잘 지각하지 못한다. 우리는 상황 '자체가' 감정과 신체의 반응을 일으킨다고 여기지만 사실 반응을 일으키는 직접 원인은 상황에 대한 해석이다.

"내가 일을 제대로 하지 못했다는 걸 '알고' 있었어요." 앨리스는 상사를 만난 뒤 이렇게 말했지만 상사가 미팅을 가진 이유는 그녀가 지쳐 보였기 때문이었다. 그래서 프로젝트에 대한 부담을 덜어주고 싶었다. 사실, 상사는 앨리스가 일을 못한다고 생각한 적이 한 번도 없었다.

"아내와 아이들은 자기 연민에 빠진 남편과 아빠에게 신물이 났어요." 짐은 이렇게 말했다. "이런 나를 못 견딜 거예요." 그러나 실제로 가족들은 짐을 걱정하고 있었다. 그래서 그의 활력을 북돋울 방법을 찾고 있었다. 짐은 자신에 대한 수치심에 빠져 가족들의 이런 노력을 알아보지 못했다.

여기서 문제를 더 복잡하게 만드는 사정이 있다. 우리가 일으키는 반응이 그 자체로 다시 영향을 준다는 사실이다. 기분이 다운되면 우리는 가장 부정적인 해석을 택해 살을 붙인다. 기분이 별로인 상태에서 누군가 나를 그냥 지나치면 '그가 일부러 나를 무시했다'는 해석이 마음에 일어난다. 이렇게 되면 기분이 더 나빠진다. 기분이 점점 나빠지면서 그 사람이 나를 무시한 이유를 자신에게 캐묻는다. 그러면서 사람들이 나에게 호감을 갖지 않는다는 주장을 뒷받침할 근거를 더 많이 주워 모은다. '그래, 지난주에도 아무개가 나를 무시했어. 아무도 나를 좋아하지 않아. 사람들과 지속적인 관계를 맺지 못하는 나의 문제는 도대체 뭘까?' 이런 생각이 이어지면 자신이 어디에도 끼지 못하는 무가치하고 부적절한 존재라는 생각이 더욱 굳어진다.
　　만약 당신이 이런 생각에 익숙하다면 당신만 그런 것은 아니다. 1980년에 필립 켄달(Philip Kendall)과 스티븐 홀런(Steven Hollon)은 우울증 환자들이 전하는 생각을 목록으로 작성했다. 아래 상자에 제시한 목록이 그것이다. 이 목록을 관통하는 전반적인 주제는 자신의 무가치함과 자기 비난이다. 기분이 나쁘지 않은 상

우울에 빠졌을 때 일어나는 자동적 사고[15]

1. 세상은 나를 좋게 보지 않아.

2. 나는 쓸모없는 존재야.

3. 나는 왜 잘 하는 게 하나도 없을까?

4. 아무도 나를 알아주지 않아.

5. 나는 사람들의 기대를 저버렸어.

6. 이렇게는 계속 못 살 것 같아.

7. 지금보다 더 나은 사람이어야 해.

8. 나는 약해빠졌어.

9. 삶은 내가 바라는 대로 되지 않아.

10. 나에게 크게 실망했어.

11. 좋아 보이는 게 하나도 없어.

12. 더 이상 이렇게 살 수 없어.

13. 아무것도 시작할 기운이 안 나.

14. 나는 무엇이 잘못된 걸까?

15. 상황이 지금과 다르면 좋겠어.

16. 아무 일도 제대로 처리하지 못해.

17. 이런 나 자신이 미워.

18. 나는 무가치한 존재야.

19. 내가 그냥 사라졌으면 좋겠어.

20. 도대체 내 문제가 뭘까?

21. 나는 루저야.

22. 내 삶은 엉망이 됐어.

23. 나는 실패자야.

24. 나는 결코 성공하지 못해.

25. 나는 구제불능이야.

26. 지금 이대로는 안 돼. 지금과 달라져야 해.

27. 나에겐 분명 문제가 있어.

28. 내 미래는 어두워.

29. 살 가치가 없어.

30. 나는 무엇도 해내지 못해.

"자동적 사고 질문지" © 1980 by Philip C. Kendall and Steven D. Hollon.

태라면 이런 무가치함과 자기 비난이 왜곡된 생각이라는 사실이 분명히 보이겠지만 우울에 빠지면 이런 생각이 절대적 진실로 보인다. 우울증은 온갖 부정적 선동을 무기로 자신과 벌이는 전쟁이다.

자신에 관한 해롭고 왜곡된 생각을 불변의 진실로 받아들이면 슬픈 기분과 자기 비난의 생각 사이에 강한 연결이 형성된다. 이것은 어떤 사람이 어떤 상황에서 우울증이 심해지고 또 심해지지 않는지 이해하는 데 결정적으로 중요하다. 독성을 지닌 왜곡된 생각이 특정 상황에서 영향을 미치고 나면 다른 상황에서도 언제든 일어날 수 있다. 그리고 이런 생각이 실제로 일어나면 기분은 더 추락한다. 힘겨운 경험을 처리하는 데 자신의 모든 자원이 필요한 때 그나마 남은 에너지마저 소진되고 만다. 힘겨운 경험에 필사적으로 대처하는 중에 누군가 뒤에서 당신이 얼마나 쓸모없는 존재인지 종일 떠들어댄다면 어떨까. 게다가 가혹한 자기 비난과 평가가 다른 곳도 아닌 자신의 마음에서 나온다면 어떨까. 이런 자기 비난과 자기 평가가 절대적 진실로 느껴지는 이유는 '나보다 나를 잘 아는 사람이 없다'는 생각 때문이다. 자기 비난과 자기 평가는 작은 슬픔을 끝없는 번민의 그물로 복잡하게 만들어 우리를 가두고 만다.

문제는 불행감 자체가 아니다. 불행하다는 느낌은 살아있음에 따르는 불가피한 느낌이다. 우리를 힘들게 하는 것은 불행한 기분으로 일어나는 자신에 관한 가혹하고 부정적인 사고다. 일시적 슬픔을 지속적인 불행감과 우울로 키우는 주범은 자신에 관한 부정적 생각이다. 자신에 관한 가혹한 부정적 사고는 마음뿐 아니라 몸에도 심각한 영향을 준다. 그리고 몸은 다시 마음과 감정에 큰 영향을 미친다.

우울과 신체

앞서 주요우울증의 증상에서 본 것처럼 우울증은 신체에 영향을 미친다. 우울에 빠지면 식습관, 수면, 활력 수준에 문제가 생긴다. 입맛이 떨어지고 체중이 감소해 건강에 악영향을 미친다. 너무 많이 먹어 체중이 급격히 불기도 한다. 수면 사이클이 깨져 하루 종일 기운이 없거나 너무 많이 자는 수도 있다. 잠을 자도 충분히 잤다는 느낌이 안 든다. 한밤중이나 새벽에 깨 다시 잠들지 못한다. 앞의 앨리스처럼 특정 사건을 곱씹으며 제대로 대처하지 못한 자신을 질책하기도 한다.

우울할 때 겪는 신체 변화는 자신에 관한 느낌과 생각에도 영향을 미친다. 신체적 변화로 자신의 부족함과 무가치함이라는 오랜 테마가 고개를 들면서 가볍고 일시적인 신체 변화로도 이미 나쁜 기분이 더 나빠지고 더 오래 지속된다.

우울로 힘들어하는 사람 중 80퍼센트가 원인 모를 신체 통증으로 병원을 찾는다.[16] 이것은 우울에 따르는 피로와 관련이 있다. 일반적으로 우리 몸은 부정적인 것에 부딪히면 긴장한다. 인간은 진화를 거치며 주변의 위험을 감지하고 그에 대처하는 신체를 물려받았다. 호랑이를 만나면 심박동이 빨라지면서 숨거나 도망친다. 혈액이 피부와 소화관에서 손발 근육으로 이동한다. 위험에 맞서 싸우거나 도망치는 준비 과정으로 손발 근육이 긴장한다. 그런데 2장과 6장에서 보겠지만 우리 뇌의 가장 오래된 부위는 호랑이 등의 외부 위협과, 미래에 대한 걱정과 과거의 기억 같은 내부 위협을 구분하지 못한다. 부정적 사고와 이미지라는 내부 위협이 일어나면 몸은 긴장한다. 얼굴을 찌푸리고 위장이 뒤틀린다. 피부가 창백해지고 허리가 긴장한다. 위협 대상과 맞서 싸우거나 도망가는 준비 과정이다.

부정적 사고에 이런 식으로 반응한 신체는 자신이 위협을 받아 불안하다는 정보를 마음에 다시 피드백 한다. 연구에 따르면 우리는 자신의 몸 상태가 마음에 미치는 영향을 잘 인지하지 못한다.[17] 어느 연구에서 사람들에게 만화를 본 뒤 얼마나 재미있는지 평가하게 했다. 어떤 사람은 연필을 이빨에 물고 만화를 봤다. 웃을 때 움직이는 근육을 사용한 것이다. 또 어떤 사람은 웃음을 짓지 못하게 입술을 오므려 연필을 물고 만화를 보았다. 그 결과, 웃음 근육을 사용한 사람이 만화가 더 재미있다고 평가했다. 또 다른 연구는 사람들에게 얼굴을 찡그리는 근육을 사용해 만화를 보게 했다. 어쩔 수 없이 얼굴을 찌푸린 사람들은 만화가 재미없다고 평가하는 성향을 보였다.[18]

또 다른 연구는 사람들에게 특정 정보를 주며 고개를 흔들거나 끄덕거리게 했다.[19] 이런 신체 동작이 정보에 대한 그들의 판단에 영향을 미쳤다. 이 모든 경우에 실험 대상자들은 자신의 몸 상태가 마음에 미치는 영향을 충분히 인지하지 못했다.

이 실험들은 불행감이 신체에 영향을 미쳐 주변 상황에 대한 왜곡된 평가와 해석을 내린다는 사실을 보여준다. 그러나 우리는 이것을 인식하지 못한다.

샘은 직장에서 고된 하루를 보낸 뒤 자동차로 귀가 중이었다. 힘든 하루를 잊으려고 저녁 식사 뒤 텔레비전 농구시합을 보려 했다. 그런데 샘은 운전할 때 오른팔 어깨 근육에 힘을 준 채 긴장한 상태로 핸들을 붙잡는다는 사실을 자각하지 못했다. 그때 골목에서 자동차 한 대가 튀어나와 급정거했다. 샘은 급브레이크를 밟고는 경적을 울리며 고함을 질렀다. "이런 멍청이! 다른 운전자는 안중에도 없는 거야!" 샘은 얼굴이 붉어져 놀랐다. 조금 지나서는 평소 골치를 썩이는 고객에 대해 속으로 투덜댔다. 상대를 배려하지 않는 그에게 화가 났다. 그러다 세상 모든 사람이 그를 배려하지 않는다는 생각에 미쳤다. 직장뿐 아니라 모든 일에 신물이 났다. 집에 도착해서는 밥맛이 뚝 떨어져 독한 위스키를 마구 들이켰다. 농구시합이 끝날 때까지 아내와 아이들에게 한마디도 하지 않았다.

신체와 감정이 긴밀히 연결되어 있다는 사실은 우리 몸이 민감한 '감정 탐지기'라는 사실을 보여준다. 몸은 순간순간 우리의 감정 상태를 알려준다. 그러나 우리는 생각하느라 너무 바빠 자신의 몸에 주의를 기울이지 않는다. 목표를 이루기 위해 몸을 무시하는 법만 배웠지 배움과 성장, 치유의 자원으로 자신의 몸에 관심 갖는 법을 배우지 못했다. 우리는 우울로 힘이 들면 몸이 보내는 신호를 거부한다. 몸이 보내는 긴장과 소진, 혼란의 신호를 무시한다. 우울이라는 내면의 난기류가 몸과 무관하다고 여기며 저절로 가라앉기만을 기다린다.

신체의 통증과 긴장을 다루지 않고 회피하면 몸과 마음은 자기도 모르게 더 위축된다. 몸이 굼뜨고 제대로 기능하지 못한다. 이제 우울은 삶의 네 번째 영역인 행동에 영향을 미친다.

우울과 행동

어렸을 때 우리는 낙담하거나 비참한 기분이 들면 견디거나 이겨내라는 말을 들었다. 물론 이 말에 나쁜 의도는 없다. 하지만 이 과정에서 우리는 자신의 감정을 드러내는 것은 수치스럽고 나약한 행동이라고 여기게 되었다. 내가 우울하다는 사실을 알면 사람들이 나를 형편없는 인간으로 여길 거라고 생각한다.

우울에 따라오는 핵심 테마는 자신의 부족함과 무가치함이다. 이 생각은 어떤 상황에도 무한정 옮겨 붙는다. 자기도 의식하지 못한 채 지금 겪는 스트레스와 곤란이 모두 '나의 잘못' 때문이라고 믿는다. 그러므로 문제 해결도 나의 책임이라고 여긴다. 노력해도 문제가 해결되지 않으면 그 역시 나의 책임이라고 철석같이 믿는다. 그 결과 완전히 탈진하고 만다.

앞의 앨리스는 기분이 처지고 활력이 떨어지면 친구를 만나는 등 기쁨을 주는 활동을 먼저 포기했다. 줄어든 활력을 더 중요한 일에 쏟아야 한다고 생각했기 때문이다(그녀는 활력을 지극히 제한된 자원으로 여겼다). 납득할 만한 방법이지만 문제가 있었다. '완벽한' 주부, 엄마, 직원이 되어야 하며 가족, 친구, 동료, 상사의 요구와 기대를 '모두' 만족시켜야 한다는 생각은 합리적이지도 현실적이지도 않았다. 그녀는 기분을 좋게 하는 여가 활동을 포기했다. 활력을 소진시키지 않고 키워주는 활동을 멈췄다. 이렇게 해서 우울의 과정을 역전시키는 간단하고 효과적인 방법을 스스로 빼앗고 말았다.

스웨덴 스톡홀름에 있는 카롤린스카 연구소의 정신과의사 마리 아스베리(Marie Asberg)는 이런 활동 포기를 **탈진 깔때기**(exhaustion funnel)에 비유한다(그림 참조). 삶의 반경이 좁아지면 깔때기 모양이 만들어지는데, 깔때기의 반경이 좁을수록 더 쉽게 탈진을 겪는다.

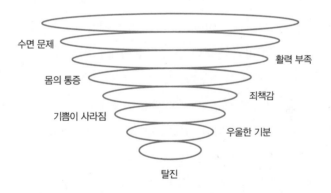

탈진 깔때기 원의 반경이 줄면 한때 좋아했지만 '선택사항'으로 여긴 활동을 포기해 삶의 범위가 점점 좁아진다. 그 결과 자양분을 주던 활동을 그만두게 되고 자원을 고갈시키는 일과 그 밖의 스트레스 요인만 남게 된다. 아스베리 교수에 따르면 깔때기 아래로 계속 내려가는 사람은 대개 직장에서 매우 양심적인 사람이다. 그들은 자신의 자존감을 일의 성취에 의존하며, 게으른 직원이 아니라 최고의 직원으로 평가받는다. 또 이 그림은 짐이 경험한 '증상'이 쌓여가는 순서를 보여준다. 깔때기가 좁아지면서 짐은 점점 탈진 상태에 가까워졌다.[20]

짐도 그랬다. 친구를 만나는 것이 예전처럼 즐겁지 않았다. 좋아하던 활동도 재미가 없었다. 밖에 나갈 때마다 이런 생각이 들었다. '나가봤자 기분이 좋아지지 않아. 수고를 덜어 집에서 쉬는 게 낫지. 그러면 기분이 좋아질 거야.' 짐은 소파에 누워 쉬었지만 불행히도 자기 비난의 오랜 관성에 떠밀렸다. 이 모든 것이 결합해 우울이 지속되고 악화되는 완벽한 조건이 만들어졌다. 휴식을 취하려다 오히려 기분이 악화되고 말았다.

우울에 한 번 빠져본 사람은 시간이 지나면 기분이 더 쉽게 처진다. 그 이유는 기분이 처질 때마다 생각과 느낌, 신체감각, 행동 사이에 더 강한 연결이 형성되기 때문이다. 마침내 이들 요소 가운데 하나만으로도 우울증이 촉발되기에 이른다. 나는 실패자라는 생각이 잠시만 스쳐도 어마어마한 피로감이 밀려온다. 가족의 사소한 말 한마디에 죄책감과 후회의 감정이 산사태를 이룬다. '나는 부족한 존재'라는 생각이 더 커진다. 사소한 사건과 기분 변화로 기분의 하강 소용돌이가 만들어진다. 그럼에도 어떻게 이 상태에 이르렀는지 알지 못한다. 이제 우울이 악화되지 않게 하거나 호전시킬 수 없다고 느낀다. 생각을 통제하거나 안 좋은 기분에서 빨리 벗어나려는 시도가 모두 허사로 돌아간다.

그렇다면 불행감이라는 정상적이고 이해할 만한 감정이 우울의 나락으로 추락하지 않으려면 어떻게 해야 할까? 우선은, 기분을 바꾸는 데 무력하다고 느끼는 이유를 알아야 한다. 또 기분을 바꾸려는 용기 있는 노력에도 불구하고 자꾸 우울의 덫에 걸리는 이유도 알아야 한다. '들어가며'에서 말했듯이 이렇게 되는 데는 그만한 이유가 있다. 그것은 노력이 부족해서도, 나에게 특별한 문제가 있어서도 아니다. '잘못된 방향으로' 노력하기 때문이다!

　우울에서 벗어나려면 무엇이 문제인지에 관하여 지금과 완전히 다른 관점과 이해가 필요하다. 이 관점은 우리를 새로운 존재와 경험의 영역으로 안내할 것이다. 이 영역에서 우리는 자신이 가졌다고 생각해보지 못한 마음의 깊은 자원에 접속할 수 있다.

/ 02 /

알아차림의 치유력

---〜〜〜〜〜〜 **자유로 갈아타다** 〜〜〜〜〜〜---

자꾸 우울에 빠져드는 것은 자기 잘못이 아니다. 기분이 안 좋아지면 자기도 모르게 우울의 소용돌이에 빨려든다. 빠져나오려 할수록 더 빠져든다. 기분이 안 좋은 데 대해 자기를 비난하면 기분은 더 나빠진다. 이때는 특정한 마음 패턴 또는 **마음 모드**(mode of mind)가 작동하고 있음을 알아야 한다. 이 마음 모드는 불쾌한 감정에 의해 자동적으로 촉발되기 때문에 자기 안에 실제로 무슨 일이 일어나고 있는지 알아채기 쉽지 않다.

그렇다면 이때 작동하는 마음의 메커니즘 또는 마음 모드는 무엇일까? 이를 알려면 우리가 감정에 반응하는 방식을 살펴야 한다. 그러면 우울한 기분에 맞서 싸울 때 오히려 우울의 나락에 더 빠져 든다는 사실을 알게 된다. 또 이때 자기를 비난하는 것은 소용이 없 다는 것도 알게 된다. 더 중요한 것은 우리를 우울의 덫에 가두는 주범이 마음의 특정 모드임을 알면 감정을 다루는 새로운 방법과 만날 수 있다는 사실이다. 그러면 지금과 다른 마음 모드로 갈아탈 수 있다. 우울이 일어나는 순간, 마음 모드를 갈아타는 연습을 하면 우울과 맺는 관계가 변화해 마침내 우울의 손아귀에서 벗어날 수도 있다.

감정의 역할

기본적으로 감정은 중요한 메시지를 전하는 전령이다. 감정은 자기보존과 안전, 개체와 종(種)의 생존이라는 기본적 필요를 충족 시키는 신호(signal)로 진화해왔다. 인간의 감정 레퍼토리는 매우 정 교하며 내면적, 외면적 감정 표현도 아주 풍부하고 복잡하다. 그렇 지만 행복, 슬픔, 공포, 혐오, 분노 등의 몇 가지 기본 감정을 따로 들 수도 있다.[21]

각각의 감정은 특정 상황에 대한 반응으로 일어난다. 공포는 위험이 닥쳤을 때, 슬픔은 소중한 것을 잃었을 때, 혐오감은 불쾌한 대상에 맞닥뜨렸을 때 일어난다. 분노는 중요한 목적을 달성하지 못했을 때, 행복은 욕구가 충족되었을 때 일어난다. 감정 신호에 주의를 기울이는 것은 자연스러운 일이다. 감정은 생존(survive)과 번창(thrive)을 위해 어떻게 해야 하는지 알려준다.

그런데 인간의 감정 반응은 대개 일시적인 것에 그치도록 진화해왔다. 다시 말해 감정은 일어난 뒤 사라져야 한다. 다음 경보를 울리기 위해 준비하고 있어야 한다. 그래서 처음의 감정 반응은 원인이 되는 경보가 존재하는 동안에만 지속되어야 한다. 몇 분은커녕 몇 초 동안만 지속될 수도 있다. 특정 감정 반응이 지나치게 오래 지속되면 끊임없는 환경 변화에 둔감해진다. 아프리카 초원에서 풀을 뜯는 가젤을 보자. 맹수가 가젤 무리를 전속력으로 좇으면 가젤은 공포심에 휩싸여 필사적으로 도망친다. 그러다 가젤 한 마리가 맹수에게 잡히고 나면 나머지 가젤들은 언제 그랬냐 싶게 한가로이 풀을 뜯는다. 외부 상황이 바뀌어 위험이 지나갔기 때문이다. 이제 가젤 무리는 배를 채우기 위해 다시 풀을 뜯는다.

물론 어떤 상황은 꽤 오래 계속되며 그에 대한 감정 반응도 그만큼 오래 지속된다. 소중한 사람을 잃은 슬픔은 몇 주, 몇 달 동안 예측하기 어려운 방식으로 우리를 집어삼킨다. 그러나 이 경우에도 인간의 마음은 스스로를 치유하는 방법을 가졌다. 극심한 슬픔을 경험하더라도 대부분의 사람은 결국 정상 상태로 돌아온다. 사람들은 다시 웃는다.

그렇다면 우울과 불행감은 왜 그것을 처음 일으킨 상황이 지난 뒤에도 사라지지 않는 걸까? 왜 불안과 불만족의 느낌은 계속되는 걸까? 여기에 간단히 답하자면 '감정에 감정적으로 반응하기 때문'이라고 할 수 있다.

감정에 대한 감정적 반응

캐롤은 잠자리에 들기 전 종종 살짝 비참한 기분에 빠지곤 했다. 무척 거슬렸지만 정확히 어떤 일로 이런 기분이 드는지 짐작이 가지 않았다. "지난 금요일에 앤지가 우리 집에 놀러왔어요. 텔레비전을 보며 저녁시간을 보냈죠. 아무 문제도 없었어요. 그런데 앤지가 돌아가고 청소를 하던 중 슬그머니 슬픈 기분이 밀려왔어요. 그러자 과거에 친구들 때문에 기분이 나빴던 일들이 떠올랐어요. 그런 일을 겪으면 늘 이런 생각이 들어요. '난 왜 자꾸 비참한 기분이 들까? 왜 과거의 안 좋은 일을 또 끄집어내지? 아니면 저녁 내내 비참한 기분이었지만 친구가 찾아오는 바람에 잠시 주의가 딴 데로 향했던 걸까? 그도 아니면 잠자리의 적막함이 비참한 기분을 부른 걸까?' 캐롤은 비참한 기분에서 벗어나려고 침대에서 책을 읽거나 텔레비전을 봤지만 별로 도움이 되지 않았다. 자꾸 이런 생각이 올라왔다.

"내가 왜 이렇게 비참한 기분인지 원인을 알아내려 해요. 오늘 무슨 좋지 않은 일이 있었던 걸까 하고요. 동료가 말없이 점심 먹으러 나간 일이 떠오르지만 나의 비참한 기분을 설명하진 못해요. 그렇다면 나에게 문제가 있는 걸까. 사람들은 다들 행복하게 사는 것 같은데… 그러면 안 좋았던 과거 일이 새록새록 떠올라요. '난 늘 이런 식이야. 평생 이런 기분이면 내 삶은 어떻게 될까? 사람들과 어떻게 관계를 맺고, 직장은 또 어떻게 다닐까?

내게도 행복이 찾아올까?' 이렇게 생각하면 더 깊은 우울의 나락에 빠져요. 결국 나는 형편없는 존재라는 생각이 들고, 친구와 직장 등 모든 게 버거워져요. 창밖의 작은 소리에도 비참한 기분이 몰려와요. 내가 얼마나 쉽게 기분이 추락하는지 알면 깜짝깜짝 놀라요. 이번 주 어느 날 뽀송뽀송한 이불보와 푹신한 베개를 느끼며 잠자리에 들었어요. 그런데 침대에서 몸을 살짝 뒤척이는 순간, 조금 전 아늑한 느낌은 온데간데없이 사라지고 다시 비참한 기분에 빠지더군요. '조금 전만 해도 괜찮았는데 왜 이럴까? 도움 되지 않는 생각을 왜 자꾸 떠올리는 걸까?' 이내 나의 문제에 관해 생각하는 악순환이 또 시작되죠."

캐롤은 슬픈 느낌에 대한 반응이 자신을 더 비참하게 만든다는 걸 알았다. 자기 마음에 일어나는 일을 제대로 알아보는 방법으로 기분을 회복하려 했지만 오히려 기분이 더 악화되고 말았다. 재발성 우울이 가진 문제는 애당초 슬픈 기분을 느끼는 것이 아니다. 슬픈 기분은 인간이면 누구나 느끼는 자연스러운 마음 상태다. 슬픔을 완전히 제거하는 것은 현실적이지도, 바람직하지도 않다. 중요한 것은 슬픈 기분을 느낀 다음 어떻게 반응하는가다.

"어서 나를 꺼내줘!"

감정이 나의 외부와 내부에 문제가 있다고 알려줄 때의 느낌은 불편하다. 아니, 불편하지 않으면 안 된다. 왜냐하면 감정이라는 신호는 문제 상황을 바로잡게 만드는 정교한 장치이기 때문이다. 만약 감정 신호가 불편하지 않아 행동에 필요한 자극이 없다면 우리는 엄청난 속도로 달려오는 트럭을 피하지도, 괴롭힘을 당하는 친구를 구하러 나서지도 않을 것이다. 문제 상황이 해결되었다고 마음이 인지했을 때 비로소 불편한 감정 신호는 꺼진다.

그런데 나를 향해 돌진하는 황소나 어마무시한 토네이도처럼 문제가 외부에 있을 때는 그것을 피하거나 도망가는 방법이 도움이 된다. 이런 외부적 위협에 뇌는 자동적으로 신체 반응을 일으켜 위협을 제거하거나 피한다. 특정 대상에 부정적인 느낌을 일으켜 회피하고 제거하려는 최초의 반응을 혐오반응(aversion)이라고 한다. 혐오반응은 현재 상황에 적절한 행동을 취함으로써 경고 신호의 스위치를 끈다는 점에서 꼭 필요하다. 심지어 우리의 생명을 구할 수도 있다.

그런데 내면의 생각과 느낌, 특히 '나'에 관한 생각과 느낌에 대해서도 외부 위협에 반응하듯이 행동하는 것은 비효과적일 뿐 아니라 위험할 수 있다. 문제는, 외부의 위협에서 달아나듯이 자기 내면의 경험에서 재빨리 벗어날 수 없다는 사실이다. 불쾌하고 강박적이며 위협적인 생각과 느낌에 맞서 싸우는 방법으로는 그것을 제거할 수 없다.

부정적 생각과 느낌에 대한 혐오반응은 신체적 회피와 복종, 방어적 공격과 관련된 뇌의 회피 시스템을 활성화시킨다. 회피 시스템에 불이 들어오면 도망과 공격을 위해 몸이 긴장한다. 혐오반응은 신체뿐 아니라 마음에서도 감지된다. 슬픔과 단절의 감정을 제거하려는 강박적이고 무익한 시도에 착수한다. 그러면 마음은 더 옥죄어오고 삶의 경험은 더 축소된다. 가능한 선택지가 계속 줄어 마침내 다양한 가능성에서 스스로 단절되었다고 느낀다.

우리는 살아오는 과정에서 자신과 타인의 두려움과 슬픔, 분노의 감정을 싫어하게 되었다. 당신이 만약 '너무 감정적이 되지 말라'는 말을 듣고 자랐다면 감정을 표현하는 것은 적절치 않다고 생각할 것이다. 특정 감정을 느끼는 것이 문제라고 여긴다. 또 비애 등의 감정 경험이 오래 지속되면 약간의 슬픈 기분에도 두려움으로 반응하게 된다.

부정적 감정에 혐오반응을 일으켜 그것을 없애야 할 적으로 간주하면 거기서 벗어나기 어렵다. 따라서 부정적 감정에 대한 혐오반응을 이해하는 것은 끝없는 불행감의 원인을 이해하는 데 매우 중요하다. 지금 느끼는 불행감이 오래되고 무익한 생각 패턴을 일으킬 때 문제에 부닥친다.

기분과 기억

성인이 되어 어릴 적 살던 동네를 가본 적이 있는가? 실제로 가보기 전엔 기억이 흐릿하지만 어릴 적 뛰놀던 길을 걷고 동네의 냄새와 소리를 몸으로 직접 경험하면 옛날의 기억이 생생히 떠오른다. 여기서 장소는 일종의 **맥락**(context)으로 작용한다. 맥락은 기억보다 생생한 경험을 선사한다.

맥락은 기억에도 영향을 준다. 기억을 연구하는 던컨 고든 (Duncan Godden)과 앨런 베들리(Alan Baddeley)는 심해 잠수부의 기억력에 대한 실험을 했다.[22] 잠수부들은 육지에서 특정 사항을 기억한 뒤 물속에 들어갔다. 잠수부들은 물속에서는 그 사항을 잘 기억하지 못했지만 육지로 나오자 쉽게 기억해냈다. 반대도 마찬가지였다. 물속에서 일련의 단어를 기억한 잠수부들은 육지에 나오자 단어들을 잘 기억해내지 못했다. 물속에 다시 들어가자 쉽게 기억해냈다. 바다와 육지라는 상황이 잠수부들의 기억력을 좌우하는 맥락으로 작용했다.

기분이 기억을 일으킨다

지난 몇 년간 심리학자들은 감정 상태가 마음에 미치는 영향에 관하여 중요한 사실을 발견했다. 그것은 감정 등의 기분이 특정 생각과 기억을 일으키는 '내면의 맥락'으로 작용한다는 사실이다. 잠수부들이 '물속'이라는 맥락에서 기억과 생각을 더 쉽게 떠올렸듯이 좋지 않은 기분 '속에' 있으면 원치 않는 불행한 생각과 기억이 자동으로 떠오른다.[23]

우리는 각자 자기만의 삶을 산다. 따라서 불행감을 일으킨 과거의 사건도 사람마다 다르다. 불행한 기분으로 촉발되는 과거의 기억과 생각도 사람마다 다르다. 만약 과거에 슬픔을 일으킨 주된 사건이 사랑했던 할아버지의 예견된 죽음이었다면 지금 슬픔을 느낄 때 할아버지가 기억날 것이다. 그런데 슬픔을 느끼더라도 할아버지의 상실을 인정하고 애도의 슬픔이 잦아들면 대개는 마음을 다잡는다.

그런데 만약 불행하고 우울한 기분이 할아버지의 상실이 아니라 '나는 쓸모없는 사람'이라는 생각에 의해 촉발되었다면? 또 삶의 기술이 미숙했던 아동청소년기에 경험한 버림과 학대, 외로움에 의해 지금의 우울한 기분이 촉발되었다면? 슬프게도, 성인이 되어 우울증을 겪는 사람 중 상당수가 어린 시절에 그런 경험을 했다고 한다. 아동기에 그런 경험을 여러 번 겪은 사람은 가벼운 우울감에도 자신이 쓸모없는 존재라는 우울한 기억과 생각이 더 쉽게 일어난다.[24]

열네 살 때 캐롤의 집은 다른 주로 이사를 갔다. 전학한 캐롤은 옛 친구들이 그리웠다. 계속 연락하고 싶었지만 여의치 않았다. 새 학교에서 친구를 사귀지 못해 혼자 지내다 보니 캐롤은 없는 존재나 마찬가지였다. 캐롤은 주변과 단절되었고 친구들이 자신을 싫어한다고 여겼다.

캐롤은 어서 고등학교를 졸업하고 싶었다. 대학은 처음 살던 주로 돌아와 다녔다. 그런데 들쭉날쭉한 기분 변화에 시달렸다. 에너지를 몽땅 빼앗겨 몇 주간 구석진 장소에 틀어박히곤 했다. 언제 기분이 나빠질지 몰랐다. 최근에는 사소한 슬픔에도 자신이 부족한 존재라는 예전의 느낌이 떠올랐다. 외롭고 쓸쓸한 기분에 자주 휩싸였다. 하던 일에 주의를 돌리기 어려워 아무것도 할 수 없었다.

캐롤의 경험은 많은 사람이 겪는 악순환을 보여준다. 불행한 기분으로 부정적인 기억과 생각, 느낌이 촉발되어 의식에 들어오면 두 가지 중요한 일이 벌어진다. 첫째, 캐롤의 경우처럼 불행감이 증폭되어 기분이 더 우울해진다. 둘째, 자신의 부족한 부분을 해결하는 데 매달린다. 문제 해결에 온 정신이 쏠려 다른 데 주의를 향하기 어렵다. 나에게 무엇이 잘못되었는지, 내 삶의 방식에 어떤 문제가 있으며 어떻게 고쳐야 하는지 집착한다.

급박한 문제 해결에 집중한 상태에서 다른 곳에 주의를 돌려 기분을 전환하기란 쉽지 않다. 나의 문제가 무엇인지, 불행감이 내 삶을 엉망으로 만들지 않으려면 어떻게 해야 하는지 아는 것이 이 순간 가장 중요하다고 여긴다. 그러나 이런 방식은 불행감에 접근하는 데 적합하지 않다. 이런 식의 접근은 우리를 불행한 생각과 기억에 더 집착하게 만든다. 무서운 공포소설을 읽으면서 거기서 고개를 돌리지 못하는 상황이다.

중요한 순간

불행하다고 느낄 때 과거의 기억이 일어나 자기를 비난하고 평가하는 것은 자연스럽고 자동적이다. 여기서 바꿀 수 있는 것은 우리의 다음 반응이다. 만약 캐롤이 따돌림 당했다고 여기는 오랜 마음이 사소한 기분 변화로 또 다시 일어남을 보았다면 어땠을까? 그러면 사소한 기분 변화가 그저 지나가도록 놓아두거나 심지어 자신에게 조금의 친절을 베풀었을지 모른다.

이런 식으로 지금과 다르게 불행감과 관계 맺는 법을 배울 수 있다. 첫 단계는 우리가 어떤 과정으로 자신을 꼼짝 못하게 얽어매는지 분명히 보는 것이다. 특히, 나에게 괴로움을 일으키는 마음 모드를 인식해야 한다.

마음의 행위 모드: 비판적 사고의 한계

우울한 기분으로 촉발된 생각이 '나'에게 문제가 있다고 속삭이면 우리는 당장 우울한 기분을 제거하려 한다. 그런데 더 심각한 문제는 오늘뿐 아니라 앞으로의 삶 전체가 제대로 흘러가지 않을 거라고 느낀다는 점이다. 감옥에 갇혔다고 느끼는 나머지 어서 빠져나갈 방법을 궁리한다.

이때 문제는 자신의 잘못된 점을 해결하는 식으로 우울한 기분에서 빠져나오려 하는 데 있다. '나에게 무슨 문제가 있는 걸까? 왜 늘 우울한 기분에 휩쓸릴까?' 자신과 자신의 삶의 방식에 문제가 있다고 여겨 그것을 고치려고 강박적으로 노력한다. 문제 해결에 온 정신력을 쏟는다. 이때 우리는 비판적 사고에 의존하지만 불행히도 비판적 사고는 우울한 기분을 해결하는 적절한 수단이 아니다.

물론 비판적, 분석적 사고에 자부심을 갖는 것은 타당하다. 비판적 사고는 인간이 진화의 역사에서 이룬 최고의 업적으로 삶의 수많은 곤경에서 우리를 구해주었다. 그러므로 내면의 감정 문제에 대해서도 외부 문제의 해결에 적용하는 비판적 사고의 마음 모드를 재빨리 동원하는 것은 이상하지 않다. 신중한 분석, 문제 해결, 판단, 비교의 마음 모드는 현재의 상태와 원하는 상태의 간격을 좁혀 문제를 해결하고자 한다. 이것을 **마음의 행위 모드**(doing mode of mind)라고 한다. 행동에 대한 요청이 있을 때 동원하는 마음 모드다.

마음의 행위 모드는 일상의 목표 달성, 업무와 관련된 기술적 문제의 해결에 효과적이다. 시내를 가로질러 차를 운전하는 경우, 마음의 행위 모드는 우선 내가 있는 장소(집)와 가고자 하는 장소(운동장)를 떠올린 뒤 둘 사이의 간격에 집중한다. 그런 다음 간격을 좁히는 행동을 취한다(운전). 마음의 행위 모드는 둘의 거리를 좁히는 행동을 계속 반복해 마침내 목적지에 이른다. 목적을 달성하고 나면 다음 과제에 착수한다.

이 전략은 목적을 달성하고 문제를 해결하는 보편적인 방식이다. 우리는 원하는 바가 있으면 현재 상태와 바라는 상태의 간격을 줄이는 데 집중한다. 반대로, 원하지 않는 상태가 있다면 그것과 현재 상태의 간격을 벌린다. 마음의 행위 모드는 일상생활뿐 아니라 피라미드, 고층건물, 달 착륙 등 외부 세상을 바꾸는 데도 두루 적용된다. 이 모든 성취는 고도의 정교한 문제 해결력을 요하며, 따라서 자신의 내면 세계를 바꾸는 데도—특히, 행복감을 얻고 불행감을 없애는 데도—행위 모드라는 마음의 전략을 사용하는 것은 자연스러워 보인다. 그런데 바로 여기서 끔찍한 문제가 시작된다.

감정은 '문제 해결 방식'으로 호전되지 않는다

어느 날 당신은 햇볕 좋은 강변을 걷고 있다. 불현듯 기분이 살짝 처지며 마음이 불편해진다. 처음엔 몰랐지만 이내 행복하지 않다고 느낀다. 따사로운 햇볕을 받으며 이렇게 생각한다. '이렇게 좋은 날, 행복해야 하는데…' 행복해야 한다는 이 생각에 잠시 집중해보자.

어떤가? 이 생각에 집중해도 기분이 좋아지지 않는다고? 당신만 그런 것이 아니다. 거의 모든 사람이 그렇다. 우리는 많은 경우 현재의 기분과, 느끼기 원하는 기분을 비교해 간격을 줄이려고 한다. 그러나 이것은 원하는 기분에서 멀어져 더 불행하다고 느끼는 방법이다. 원하는 대로 되지 않는 상황을 해결할 때 우리는 두 상태의 차이에 집중하는 방법을 습관적으로 사용한다.

강한 기분이 아니라면 현재 기분과 원하는 기분을 비교할 때 살짝 기분이 처지는 것을 관찰하기 쉽지 않다. 더욱이 이때 마음이 행위 모드에 있다면 안 좋은 기분에서 벗어나려고 동원한 생각 패턴에 오히려 걸려들고 만다. 즉, 마음의 행위 모드는 현재의 나(슬프고 외로운 나)와 되고 싶은 나(평화롭고 행복한 나)를 계속 떠올리며 둘 사이의 불일치를 없애는 데 집중한다.

현재의 나와 되고 싶은 나의 차이에 집중하면 처음에 행위 모드로 기분을 호전시키려 했던 때보다 기분이 더 나빠진다.[25] 이때 마음의 행위 모드는 정신적인 시간 여행을 떠난다. 예전의 좋지 않았던 기분을 떠올리며 자신의 잘못된 점을 알고자 한다. 또 불행감에 휩싸인 미래를 그리며 필사적으로 그 상황을 피하고자 한다. 그러나 실패한 과거의 기억과 두려운 미래의 모습은 기분의 하강 곡선에 힘을 실을 뿐이다. 나쁜 기분으로 떠올리는 과거의 고통이 클수록 지금의 기분으로 일어나는 이미지와 자기 대화도 더 부정적인 성격을 띤다. 그만큼 마음은 오래된 기분 패턴에 더 크게 지배당한다.

이 기분 패턴은 지금은 '진실'로 보이나 쓸모없고 외로운 존재라는 익숙한 느낌은 마음의 오랜 습관에 다시 빠지고 있다는 신호다. 그러면서 알아차리지 못한 채 이 느낌을 '진실'로 간주한다. 그래서 가족과 친구의 권유대로 당장 거기서 벗어나지 못한다. 오래된 기분 패턴에서 벗어나지 못하는 이유는 마음의 행위 모드가 지금 가장 먼저 할 일은 '문제'를 찾아내 고치는 것이라고 주장하기 때문이다. 이제 더 많은 질문으로 자신을 괴롭힌다. '나는 왜 늘 이런 식으로 반응할까? 다른 사람은 겪지 않는 문제를 왜 나만 겪는 걸까? 무엇을 잘못했길래 이런 일을 당하는 걸까?'[26]

자신에게 초점을 맞춰 비난하는 마음의 틀을 **곱씹기**(brooding)라고 한다. 심리학자들은 이를 **반추**(rumination)라고 부른다. 자기비난의 마음을 곱씹고 반추하면 불행하다는 느낌에 쉽게 빠진다. 불행감의 원인과 의미, 그것이 미치는 영향을 알고자 골몰한다. 연구에 따르면, 슬프고 우울한 기분에 반추의 방법으로 대응한 경험이 있으면 우울한 기분이 일어날 때마다 같은 방법을 동원할 확률이 더 높다고 한다. 또 벗어나려고 했던 기분에 꼼짝없이 걸려 계속해서 불행감을 느낄 확률도 높아진다.

그렇다면 우리는 왜 반추하는가? 반추할수록 불행감이 커지는

데 왜 캐롤처럼 자신의 불행감을 계속 곱씹는가? 반추를 많이 하는 사람들에게 물어보니 답은 간단했다. 그들은 반추를 통해 불행과 우울을 극복할 수 있다고 믿었다. 반추를 하지 않으면 상황이 더 악화된다고 생각했다.

기분이 저조할 때 곱씹고 반추하는 이유는 그렇게 하면 문제의 해결책이 나타난다고 믿기 때문이다.[27] 그러나 연구에 의하면 반추를 하는 동안 우리의 문제 해결력은 실제로 떨어진다고 한다.[28] 어느 증거를 보아도 반추가 문제를 해결하지 못한다는 엄연한 사실을 가리키고 있다.

자동차 여행에서 목적지를 확인할 때마다 거기서 멀어진다고 해보자. 마음의 행위 모드가 작동하면 감정과 느낌 등 우리의 내면 세계에도 이런 일이 일어난다. 우울할 일이 없는데 우울한 이유를 모르겠다고 말하는 것도 이 때문이다. 그러면서 자신이 더 불행해졌다고 느낀다. 행복이라는 목적지를 자주 확인할수록 더 멀어진다. 자신이 얼마나 기분이 나쁜지 스스로 떠올리는 일을 멈추지 못한다.

엎질러진 우유

아직 2차 세계대전이 한창이던 1940년대 영국. 전쟁 부상병이 사회복귀 프로그램의 일환으로 늙은 농장주의 목장에서 일하게 됐다. 병사는 소떼를 헛간으로 모는 법, 축사에서 먹이주고 씻기는 법, 젖 짜는 법을 배웠다. 우유 양동이를 냉각기와 교유기에 넣는 법도 배웠다. 그런데 어느 날 우유가 가득한 양동이를 엎지르고 말았다. 호스로 물을 뿌려 엎질러진 우유를 씻어내려 했지만 잘 되지 않아 고민에 빠졌다. 그때 지나가던 농장주가 일꾼을 보고는 이렇게 말했다. "자네의 문제는 이것이네. 엎지른 우유에 물이 섞이면 온통 우유처럼 보이지. 우유를 한 동이 쏟았다면 두 동이처럼 보일 테고, 두 동이 쏟았다면 세 동이, 네 동이처럼 보일 걸세. 이때는 쏟은 우유에 물을 뿌리지 말게. 일단 쏟은 만큼 우유를 그냥 흘려보내게. 그런 다음 호스로 물을 뿌려 깨끗이 씻어주게."

일꾼은 쏟은 우유에 물을 뿌렸지만 우유와 뒤섞여 커다란 우유 웅덩이가 만들어지고 말았다. 우리가 느끼는 기분도 마찬가지다. 기분을 깨끗이 청소하려는 좋은 의도가 실제로 기분을 더 나쁘게 만든다. 그러면서 무슨 일이 일어나는지 깨닫지 못한다. 애당초 일어난 나쁜 기분과 그것을 제거하려는 시도가 뒤엉켜 더 필사적으로 문제 해결에 매달린다. 이때 누구도 우리에게 이렇게 말해주지 않는다. "잠깐만요. 지금 당신이 느끼는 비참한 기분은 처음의 안 좋은 기분과 다른 것입니다." 주변의 누구도 우리 스스로 상황을 악화시키고 있음을 알려주지 않는다(물론 일부러 그러는 것은 아니다).

그런데 역설적이게도 이런 일이 일어나는 중에 처음 느낀 불행한 기분이 시들해지기도 한다. 그럼에도 우리는 애초의 비참한 기분을 없애는 데 골몰한 나머지 이를 알아차리지 못한다. 비참한 기분을 없애려는 시도 자체가 비참한 기분을 더 일으킨다는 사실을 모른다.

반추의 대안, 알아차림

캐롤이 만약 청소 중 일어난 비참한 기분에 다른 식으로 응대했다면 아마 생각의 소용돌이에 빠지지 않았을 것이다. 그랬다면 친구와 저녁시간을 보낸 뒤 느끼는 슬픈 기분이 일시적 기분이란 걸 알았을 것이다. 놀던 친구가 돌아가면 슬픈 기분이 일어날 수 있다. 그뿐이다. 슬픈 '이유'를 더 캐낼 필요는 없다. 우리가 슬픈 느낌을 싫어하는 이유는 그것이 자신에게 문제가 있다는 생각을 일으키기 때문이다. 그래서 우리는 지금 상태와 바라는 상태의 불일치를 머리로 해결하려고 한다. 둘이 일치하지 않으면 불편해 견디지 못한다. 그래서 (자신의 문제를 알려주는) 전령을 살해하고, 마침내 자기 스스로도 살해하려 한다.

그런데 반드시 그럴 필요는 없다. 부정적인 기분과 기억, 생각 패턴이 일어나는 순간, 그것을 다루는 방법이 있다. 오랜 진화를 통해 인간은 비판적 사고를 보완하는 다른 방식을 물려받았다. 우리는 자신을 변화시키는 이 방식의 위력을 이제 막 깨닫고 있다. 그것은 **알아차림**(awareness)이라는 방식이다.

마음챙김: 알아차림의 씨앗[*]

누구나 알아차림이라는 능력을 갖고 있다. 다만 마음의 행위 모드에 가려있을 뿐이다. 알아차림의 작동 방식은 비판적 사고가 아니라 일어나는 현상을 있는 그대로 아는 자각이다. 이렇게 알아차리며 자각하는 상태를 **마음의 존재 모드**(being mode of mind)라고 한다.

우리는 사물에 관해 머리로만 생각하지 않는다. 생각 외에 신체감각을 통해 사물을 직접 경험한다. 아름다운 튤립과 시원한 바람을 직접 느끼며 거기 반응한다. 사물과 느낌에 대한 직관을 가진 우리는 머리뿐 아니라 가슴과 느낌으로도 안다. 나아가 '생각하는 자신'을 알아차릴 수도 있다. 우리의 의식 경험에는 생각만 있지 않다. 마음의 존재 모드에 들어가 행위 모드와 완전히 다른 방식으로 알 수 있다. 어느 것이 더 좋다는 것이 아니라 그저 다를 뿐이다. 마음의 존재 모드는 행위 모드와 다른 삶의 방식을 제공한다. 감정과 스트레스, 생각, 신체에 대해 지금과 다른 방식으로 관계 맺는다.

---

[*]　여기서 마음챙김은 알아차림을 키우는 수단으로서의 마음챙김 명상을 가리킨다. '마음챙김'이 깨어있는 마음으로 대상에 주의를 기울이려는 의도와 노력의 측면을 부각한다면 '알아차림'은 깨어있는 마음으로 주의를 기울였을 때 얻게 되는 바른 앎의 상태를 더 강조한다. 그러나 마음챙김으로 주의를 기울였을 때 얻는 앎(mindful awareness)을 '마음챙김'이라고 부르는 경우도 있어 이 둘이 반드시 분명하게 구분되는 것은 아니다―옮긴이

존재 모드는 우리의 타고난 능력이다. 그럼에도 우리는 존재 모드를 등한시하며 계발하지 않았다. 마음의 존재 모드는 행위 모드의 문제점을 해결하는 좋은 해독제다. 존재 모드에 머물며 알아차림을 계발하면

- 끝없이 재잘대는 머릿속 생각에서 빠져나와 세상을 직접적으로 경험한다. 삶이 선사하는 무한한 행복에 활짝 열린다.

- 마음에 일어나고 사라지는 생각을 '사실'로 받아들이지 않고 하늘에 떠가는 구름처럼 한발 떨어져 바라본다. 나는 무가치한 존재라는 생각을 '절대적 진실'이 아닌 그저 머릿속에 떠오르는 생각으로 가볍게 받아들인다.

- 순간순간 지금−여기에 산다. 과거에 파묻히거나 미래를 걱정하지 않는다. 지금까지 놓치며 살았던 풍부한 정보원에 접속한다. 우울의 소용돌이에서 빠져나와 풍성한 삶을 산다.

- 머릿속 자동조종장치에서 벗어난다. 자신의 감각과 감정, 마음을 알아차린다. 진정으로 바라는 행동에 집중해 문제를 수월하게 해결한다.

- 우리를 우울하게 만드는 마음속의 온갖 사건에서 한발 비켜선다. 알아차림을 키우면 우울에 빠져드는 초기 단계를 감지해 우울의 나락에 떨어지지 않는다.

• 불편한 현재 상황을 내가 원하는 대로 만들려고 하지 않는다. 지금 상황과 다르게 되기를 바라는 마음 때문에 반추가 일어남을 안다.

지금부터는 알아차림을 키우는 방법을 이야기한다. 알아차림을 키우는 핵심 기술은 **마음챙김**(mindfulness)이다. 마음챙김은 당신의 삶을 크게 변화시킬 수 있다.

마음챙김이란 무엇인가

마음챙김이란 의도적으로, 현재 순간에, 판단하지 않는 태도로 주의를 기울일 때 일어나는 앎이다. 무엇에 주의를 기울이는가? 지금 일어나는 현상에 있는 그대로 주의를 기울인다. 특히 지금껏 당연시했거나 무시했던 대상에 주의를 기울여본다. 내가 지금 어떻게 느끼는가, 내 마음에 무슨 일이 일어나고 있는가, 사물을 어떻게 인식하고 아는가 등 자기 경험을 이루는 기본적인 요소에 주의를 기울인다. 마음챙김이란 어떤 순간에도 '내가 원하는 대로'가 아니라 '있는 그대로'에 주의를 기울이는 것이다. 마음챙김이 유익한 이유는 이런 방식의 주의 기울임이 우울을 지속시키고 재발시키는 반추 사고와 정확히 반대되기 때문이다.

첫째, 마음챙김은 의도적이다. 즉 마음챙김을 계발하면 현재의 사실과 자신이 가진 선택지를 알게 되어 알아차림을 지니고 행동할 수 있다. 반면, 반추는 자극에 대해 일으키는 자동 반응이다. 그것은 알아차림 없이 생각에 빠져있는 상태다.

둘째, 마음챙김은 경험적이다. 마음챙김은 현재 순간의 직접 경험에 초점을 맞춘다. 반면, 반추는 직접적인 감각 경험이 아닌 생각과 추상에 몰두한다. 반추는 이미 지난 과거와 아직 오지 않은 미래로 생각을 몰아간다.

셋째, 마음챙김은 판단하지 않는다. 마음챙김은 현재 순간의 사실을 있는 그대로 보며, 있는 그대로 괜찮다고 둔다. 반면, 반추와 행위 모드에는 항상 판단과 평가가 개입한다. 좋든 나쁘든, 옳든 틀리든 모든 종류의 판단에는 내면과 외면의 특정 기준에 부합해야 한다는 전제가 깔린다. 특히 자신에 대한 판단은 그것으로 더 나은 삶, 더 좋은 사람이 된다는 착각을 일으킨다. 그러나 실제로 자신에 대한 끝없는 판단은 만족을 모르는 무자비한 폭군이나 다름없다.

만약 캐롤이 마음챙김을 계발했다면 외부 사건과 자신의 느낌, 생각, 행동의 관련성을 자각했을 것이다. 이들 요소가 어떻게 다른 요소를 촉발시켜 자신을 우울한 기분에 빠트리는지 알았을 것이다. 이 순간의 경험에 새롭고 현명한 방식으로 관계 맺는 방법을 알아, 더는 끝없는 우울의 미로에 갇혔다는 느낌을 받지 않았을 것이다. 또 상처받기 쉽다고 느끼더라도 스스로에게 친절을 베푸는 방법을 찾았을 것이다. 새로운 관심사를 구하고 새 친구를 사귀며 삶의 활력을 일으켰을 것이다.

마음챙김을 닦는다는 것은 지금껏 못 보던 것을 보게 되는 것만이 아니다. 그것은 자신과 자신의 감정적 삶에 잘못 적용했을 때 걸려드는 마음의 행위 모드를 알아차리는 것이다. 3장부터는 무익한 행위 모드에서 유익한 존재 모드로 갈아타는 실제적인 기술을 배워본다. 마음챙김을 지속하는 능력이 커지면 알아차림 안에서 감정이 일어나 사라지도록 놓아둘 수 있다. 감정이 일어나도 판단하지 않으며, 자기 사랑의 마음으로 있는 그대로 놓아둔다. 그러면서 어떤 일이 일어나는지 관찰한다.

　3장에서 보겠지만 마음챙김 수련을 통해 자신의 감정과 평화로운 관계를 맺는 존재 모드로 이동한다. 감정은 우리의 적이 아니다. 그것은 기본적이고 친밀한 방식으로 우리를 살아있음의 모험과 경험에 연결시키는 메신저다.

Part Two

○

매 순간 깨어있기

Moment by Moment

존재 모드에 머물면
널따란 여유 감각이 생겨나
현재에 머물게 된다.

지금 있을 곳은 오직 여기이며,
이 순간 할 일은
지금 하고 있는 일임을 깨닫는다.

마음은 오직 지금-여기를
알아차리는 데 사용된다.

삶이 매 순간 선사하는 선물과
온전히 함께한다.

마음챙김 계발하기

～～～～～～ **처음 맛보는 마음챙김** ～～～～～～

유명한 여행 작가가 일본의 부잣집에 저녁 초대를 받았다. 많은 손님을 모신 주인은 귀한 복어 요리를 대접하겠다고 했다. 복어 요리를 대접받는 것은 커다란 영광이지만 독을 제대로 제거하지 않으면 생명이 위험할 수 있었다. 귀빈으로 초대받은 작가는 기대를 한껏 품고 복어요리를 한 입, 한 입 천천히 음미했다. 여태껏 경험하지 못한 맛이었다. 주인이 묻자 손님은 복어의 뛰어난 맛에 감탄했다. 작가는 자신이 먹어본 어떤 요리보다 뛰어났기에 맛을 과장할 필요가 없었다. 그제야 주인은 이 요리가 실은 복어가 아닌 평범한 생선이라고 털어놓았다. 다른 손님은 반대로 복어를 먹었지만 복어인 줄 모르고 먹었다. 작가는 비싸고 귀한 음식이 중요하지 않다는 것을 알았다. 평범한 음식이라도 한 입, 한 입 제대로 음미할 때 훌륭한 요리라는 것을 깨달았다.

알아차린다는 것

작가는 '평범한' 생선요리에서 '특별한' 경험을 했다. 그의 특별한 경험은 음식에 주의를 기울이는 방식이 달라진 데서 나왔다. 주인은 손님이 음식에 주의를 기울이는 방식과 그에 따른 알아차림의 질이 변화하도록 재치 있게 상황을 설정했다. 이 책의 중요한 교훈은 누구나 이 특별한 주의 집중을 자신의 경험에 적용시켜 경험의 질을 변화시킬 수 있다는 점이다. 마음챙김은 특별한 종류의 알아차림이다. '더 많이' 주의를 기울이는 것이 아니라 지금과 '다른 방식으로' 주의를 기울이는 것이다.

누가 물으면 우리 대부분은 이미 주의를 기울이고 있다고 말할 것이다. 어떤 일을 하려면 어쨌거나 거기에 주의를 기울여야 하지 않는가. 또 만성 불행감에 빠져있다면 불행한 느낌을 '이미' 알아차리고 있다고 답할 것이다. 적어도 우울의 고통만큼은 '너무 잘' 알아차리고 있다고 말이다. 그러나 우울한 기분에 빠지면 좁은 터널 시야(tunnel vision) 상태에서 주의를 기울인다. 2장에서 보았듯 이때는 코앞의 문제에 집중한 채 문제 해결과 무관한 것은 눈에 들어오지 않는다. 이때 마음챙김을 하면 삶의 매 순간을 있는 그대로 경험할 수 있다. 생각에 끌려 다니지 않으며 끝없는 반추의 덫에서 벗어난다. 나아가 우리를 불행과 우울의 나락에 빠뜨리는 모든 행위에서 벗어난다.

2장 마지막에 말했듯이 마음챙김은 의도적으로, 지금 이 순간에, 판단하지 않으며, 있는 그대로의 현상에 주의를 기울일 때 일어나는 깨어있는 마음이다. 또 마음챙김은 행위 모드에서 존재 모드로 전환하는 방법이기도 하다. 존재 모드로 전환하면 경험이 제공하는 정보를 놓치지 않고 받아들인 뒤 행동할 수 있다. 마음챙김으로 깨어있다는 것은 판단을 중지하고 미래의 목표를 잠시 접어둔 채, 지금 이 순간을 내가 원하는 대로가 아니라 있는 그대로 받아들이는 것이다. 두려운 대상에 열린 마음으로 다가가는 것이다. 과거에 대한 후회와 미래에 대한 걱정으로 작동하는 자동조종장치를 의도적으로 끄는 것이다. 지금 있는 그대로의 현상을 온전히 알아차리며 주의를 기울이는 것이다. 생각이 실체가 아니라 잠시 마음에 일어났다 사라지는 **정신적 사건**(mental event)임을 아는 것이다.* 검증되지 않은 습관적 사고가 아니라 몸과 감각을 통해 사물과 현상

---

* 여기서 '정신적 사건'이란, 마음에 일어나는 생각과 느낌을 '나' 개인에 관한 것으로 받아들이지 않고, 일시적으로 일어났다 사라지는 객관적 사건으로 경험한다는 의미다. 생각에 강하게 동일시된 상태에서 한발 떨어져 있으므로 생각에 끌려가지 않고, 생각이 미치는 부정적 영향에서 어느 정도 자유롭다—옮긴이

을 직접 경험하는 것이다. 삶과 더 많이 접촉하는 것이다.

평소 우리가 좁은 방식으로 주의를 기울이고 있음을 깨닫기는 쉽지 않다. 다음의 건포도 명상을 통해, 판단하지 않는 마음으로 현재 상황에 의도적으로 주의를 기울이는 것이 얼마나 생생한 경험인지 경험해보자.

practice

○ **건포도 한 알 먹기:** 처음 맛보는 마음챙김

1 쥐기
- 우선 건포도 한 알을 손바닥 위에 놓거나 엄지와 검지로 살짝 쥐어봅니다.
- 건포도에 마음을 둔 채 이 '물건'이 화성에서 떨어진 처음 보는 물건이라고 여깁니다.

2 보기
- 찬찬히 건포도를 살펴봅니다. 가만히 주의를 기울여 건포도를 응시합니다.
- 건포도의 구석구석을 훑어봅니다. 빛을 받아 밝게 빛나는 부분, 골이 져 어두운 부분을 살핍니다. 움푹 들어간 곳, 튀어나온 곳을 살피고 비대칭적인 부분, 특별한 모양을 이룬 부분도 자세히 살핍니다.

3 만지기

- 손가락에 쥔 건포도를 이리저리 굴려보며 질감을 느낍니다. 눈을 감아 생생하게 느껴봐도 좋습니다.

4 냄새 맡기

- 이제 건포도를 코 밑으로 가져옵니다. 숨을 들이쉬어 건포도의 향기를 마십니다. 이때 입과 위장에서 어떤 일이 일어나는지 관찰해봅니다.

5 놓기

- 이제 천천히 건포도를 입술로 가져와 입속에 넣습니다. 이때 건포도를 어느 위치에 둘지 정확히 알면서 넣습니다. 아직 이빨로 씹지는 말고 입속의 건포도가 어떤 느낌인지 가만히 지켜봅니다. 건포도를 입속에 담고 있는 느낌을 잠시 혀로 느껴봅니다.

6 맛보기

- 이제 건포도를 씹을 준비를 합니다. 어디서부터 어떻게 씹을지 정한다음, 매우 의식적으로 건포도를 한두 번 씹어봅니다. 그러면서 입에서 무슨 일이 일어나는지 가만히 지켜봅니다. 건포도를 씹었을 때 느껴지는 맛을 있는 그대로 느껴봅니다. 아직 삼키지는 말고, 건포도를 씹을 때 입안에서 느끼는 맛과 질감 등의 느낌을 있는 그대로 관찰합니다. 이 느낌이 순간순간 어떻게 변화하는지, 건포도 자체는 어떻게 변화하는지도 관찰합니다.

7 삼키기

- 이제 건포도를 삼킬 준비를 합니다. 먼저 삼키려는 의도가 일어날 것
  입니다. 이 의도를 관찰합니다. 실제로, 건포도를 삼키기 전에 삼키려
  는 의도가 반드시 먼저 일어나게 됩니다.

8 따라가기

- 이제 건포도를 목구멍으로 넘깁니다. 식도를 타고 위장으로 내려간
  건포도가 어떤 느낌인지 관찰합니다. 우리는 지금 깨어있는 마음으
  로 건포도 한 알을 먹었습니다. 건포도 한 알을 먹은 뒤 몸이 어떻게
  느껴지는지 가만히 관찰해봅니다.

~~~~~~

건포도를 한 알 더 먹고 싶다면 이번에는 처음보다 천천히 먹
어본다. 이때 처음의 건포도와 비교하는 마음이 일어나면 이 또한
알아차리며 먹는다. 단순한 건포도 명상이지만 온 마음으로 해보면
앞의 복어 이야기처럼 귀한 통찰을 얻을 수 있다. 마음챙김 수업에
참가한 톰은 건포도 명상이 평소 자신의 먹는 방식과 완전히 달라
놀랐다.

"건포도를 먹는다는 걸 '알고' 먹었어요. 그저 입안에 음식을 퍼
넣는 게 아니라 그보다 훨씬 생생한 느낌이었어요." 가브리엘라
도 비슷하게 말했다. "건포도 명상에서 나는 어떻게 먹는지 알

고 먹었어요. 이런 식으로 먹어본 적이 한 번도 없었어요. 건포도가 어떻게 생겼는지 관찰한 적도 없었고요. 처음엔 죽어있는 쭈글쭈글한 물건 같았지만 가만히 살펴보니 이리저리 빛나는 보석이었어요. 처음 입에 넣자 씹으려는 충동이 일어났지만 잠시 멈춰 혀로 느껴보았어요. 그러자 어디가 어디인지 알았어요. 아직 맛은 안 났지만 한 번 씹자 놀라운 경험이 일어났어요. 여태껏 경험하지 못한 건포도 맛이었죠."

톰과 가브리엘라 모두 건포도 한 알의 마음챙김 훈련으로 자신의 경험과 새롭게 관계 맺는 경험을 했다. 두 사람은 습관적인 행위 모드와, 매순간과 온전히 접촉하는 존재 모드가 어떻게 다른지 알았다. 이제 그들은 먹는다는 걸 '알고' 먹었다. 깨어있는 마음으로 음식을 먹었다.

속도를 늦추어 의도적으로 감각 경험에 주의를 기울이면 지금껏 몰랐던 걸 알게 된다. 예컨대, 건포도 향이 알던 것과 매우 다를 수 있고, 혀에 닿은 건포도가 뜻밖의 감촉으로 다가올 수 있다. 깨어있는 마음으로 먹는 건포도 한 알은 습관처럼 입에 털어 넣는 건포도 스무 알보다 풍부한 경험을 선사한다. 마음이 깨어있을 때 우리의 먹기 경험은 성질이 완전히 변화한다.

마음챙김으로 깨어있을 때 먹기 경험이 완전히 변화한다면 이것을 우리가 느끼는 슬픈 기분에도 적용할 수 있을까? 결론부터 말하자면 그렇다. 슬픈 기분이 드는 순간, 그것에 현존할 수 있다면 선입견과 가정을 내려놓고 온전히 그 순간을 경험할 수 있다. 슬픔을 느낀다고 해서 내 삶이 잘못된 것이 아니며, 그저 일시적인 슬픔으로 경험할 수 있다. 반드시 기분이 좋아지는 건 아니지만 적어도 지금껏 습관적으로 무기력하게 빠져들던 우울의 길이 아닌 다른 길에 들어설 수 있다.

현재에 살기

제나의 건포도 먹기 경험은 현재의 경험에서 멀어져 과거와 미래로 시간여행을 떠나기가 얼마나 쉬운지 보여준다.

제나는 여러 프로젝트로 지쳐있던 어느 날 건포도 명상을 처음 했다. 건포도 명상 중 그녀의 마음은 그날 있었던 일을 떠올렸다. '어제 딸아이가 건포도 간식을 남겼지.' 다음에는 이런 생각이 들었다. '배가 고파. 아직 점심도 안 먹었잖아. 제드가 방해하지 않았다면 벌써 먹었을 텐데.'

약간 짜증이 났지만 저녁식사 준비 생각에 짜증이 잠시 사라졌다. 이제 그녀는 머릿속으로 저녁 메뉴를 짜고 있었다. 그러는 동안 문득 아이들의 귀가 시간이 궁금했다. 건포도의 모양과 감촉, 맛과 향을 매 순간 느끼려 했지만 마음은 거기 있지 않았다. 그녀는 말했다. "생각이 꼬리를 물었어요." 생각 때문에 지금 이 순간 건포도를 온전히 알아차리지 못했다. 그녀의 마음은 딸아이의 간식과 제드의 방해를 떠올린 뒤 저녁식사와 아이들의 귀가 시간으로 옮겨갔다.

이 생각은 그녀가 '선택한' 것이 아니었다. 마음이 스스로 생각을 일으키며 자기 일을 하고 있었다. 마음이 과거와 미래로 시간여행을 떠나면 자신이 현재에 있다는 사실을 잊고 미래와 과거에 존재한다는 착각에 빠진다. 지난 감정을 다시 떠올리고, 오지 않은 감정을 앞당겨 겪는다. 그러는 중에 지금-여기에서 멀어진다. 더욱이 지나간 일과 오지 않은 일로 자신을 괴롭히다 보니 처음보다 기분이 나빠지는 것도 이상하지 않다.

그러나 우리는 마음의 존재 모드에 머물 수 있다. 존재 모드에 머물면 널따란 여유 감각이 생겨나 현재에 머물게 된다. 지금 있을 곳은 오직 여기이며, 이 순간 할 일은 지금 하고 있는 일임을 깨닫는다. 마음은 오직 지금-여기를 알아차리는 데 사용된다. 삶이 매 순간 선사하는 선물과 온전히 함께한다. 그렇다고 과거를 떠올리고 미래를 계획해서 안 된다는 말은 아니다. 과거와 미래를 생각할 때도 그것을 '생각'으로 알아차리며 할 수 있다.

생각은 지나가는 정신적 사건

어떤 것에 '관해' 생각하는 마음은 커다란 힘을 가졌다. 우리는 생각을 통해 문제의 해결책을 떠올린 뒤 실행에 옮긴다. 생각 덕에 우리는 소설을 구상하고 쓴다. 그런데 어떤 것에 '관한' 생각을 어떤 것 '자체'로 여길 때 문제가 시작된다. 생각에는 해석과 판단이 들어가게 마련인데 해석과 판단은 어떤 것 '자체'가 아니라 '더 많은 생각'에 불과하다.

우리는 마음에 그린 의자와 우리 집 거실의 의자가 다르다는 것을 어렵지 않게 안다. 반면, 애당초 손으로 만져지지 않는 생각(예컨대 나의 가치에 관한 생각 등)의 경우에는 생각과 사실의 차이를 깨닫기가 쉽지 않다. 나의 가치에 관한 생각은 마음에 그린 의자만큼 구체적이지 않기 때문이다. 이때 마음챙김을 통해 마음의 존재 모드로 이동하면 생각과 사실의 차이가 분명히 관찰된다. 마음챙김으로 깨어있으면 일어나고 사라지는 생각과 느낌을 있는 그대로 볼 수 있다. 지나가는 자동차 소리를 듣고 하늘의 새를 보듯이 내 마음에 떠오르는 생각을 관찰할 수 있다. 지금 내 마음에 떠오르는 생각 또한 스스로 일어나 한동안 머물다 저절로 사라지는 정신적 사건에 불과함을 알게 된다.

자신의 생각과 맺는 관계를 이렇게 간단히 변화시킬 때(물론 쉽지는 않다) 생각의 조종에서 벗어난다. 이제 '나의 불행은 영원해' '나는 사랑받지 못해' 같은 생각을 반드시 사실로 받아들일 필요가 없다. 생각을 사실로 받아들이면 끝없이 맞붙어 싸워야 한다. 생각은 변화무쌍한 날씨처럼, 특정 상황에서 특정 이유로 마음이 지어낸 것이다. 이런 생각을 깨어있는 알아차림으로 보고 받아들이면 생각이 언제, 어떻게 일어나는지 통찰을 얻는다. 이때 생각은 더 이상 제거해야 하는 폭군이 아니다.

자동조종장치를 꺼라

많은 사람이 건포도 명상으로, 자신이 지금껏 깨어있는 마음으로 음식을 먹지 않았음을 알게 된다. 건포도 한 알을 깨어있는 마음으로 먹는 것과 평소대로 먹는 것이 얼마나 다른지 깨닫는다. 파울라는 자신의 건포도 경험을 평소 식사 습관과 비교해 말했다. "건포도 한 알에서 기쁨을 느낄 거라곤 생각도 못했어요. 의식하며 먹는 일이 거의 없었거든요. 내게 식사는 진정한 즐거움을 주는 행위가 아니라 때가 되면 자동으로 해치우는 일에 불과했어요."

알아차림이 없는 상태(unawareness)는 우리의 삶에 보편적으로 스며있다. 먹는 것도 마찬가지다. 우리는 먹는 것에 관심이 많지만, 알아차리며 먹는 일은 잘 없다. 하루에 몇 번씩 밥을 먹으면서 무슨 맛인지 모른 채 먹는다. 이야기하며 먹고, 폰 들여다보며 먹는다. 식사 중에도 마음은 해야 할 일에 관한 생각에 빠져있다.

영양학자들은 이런 식습관 때문에 오늘날 비만이 유행병처럼 번졌다고 말한다. 우리는 몸이 느끼는 포만감에 주의를 기울이지 않는다. 마찬가지로, 우리가 불행감과 우울에 빠지는 이유도 오랜 습관으로 굳은 마음 패턴이 자기도 모르게 작동하기 때문이다. 오롯이 깨어있지 않으면 습관적인 마음 패턴이 기억에서 걸어 나와 통제권을 쥔다. 이것이 마음의 자동조종장치다. 자동조종장치가 통제권을 쥐면 자기도 모르게 불행감과 우울에 빠진다.

많은 경우 우리는 자동조종 상태로 일상을 살아간다. 그러다 보면 종종 처음에 의도하지 않은 결과에 이른다. 당신은 차로 퇴근 중에 소포를 부칠 계획이다. 그러려면 평소 운전하던 길과 다른 길로 가야 한다. 이때 다른 일을 계속 떠올리며 공상과 반추에 빠져 자동조종 상태로 운전한다면 어떻게 될까? 아마도 집에 도착했을 때 부치지 않은 뒷좌석의 소포를 발견할지 모른다. 운전 중 당신의 마음은 소포가 아닌 딴 곳에 가 있었다. 그래서 늘 다니던 길로 운전하고 말았다. 습관이 주도권을 쥔 것이다. 또 우유를 사러갔다 한가득 집에 안고 돌아온 장바구니에 우유만 쏙 빠진 적은 없는가? 이미 오래 전 이사 간 친구의 집으로 전화를 건 적은? 아들 나이가 서른인 걸 잊고 엉덩이를 두드린 적은?

자동조종 상태는 오래된 습관을 좋아한다. 오랜 습관이 나의 행동을 결정하지 않게 하려면 무엇이 필요할까? 바로 알아차림이다. 알아차림은 오랜 습관이 고개를 드는 순간, 그것을 알아본다. 알아차림을 두면 자녀가 이미 성인이고, 친구가 이사 갔으며, 우유를 사러간 사실을 잊은 실수를 초연하게, 자기 사랑으로, 유쾌하게 바라볼 수 있다. 행위 모드에 있을 때 마음은 일어나는 일에 '관한' 생각에 빠져 지금 실제 일어나는 일을 명료하게 알지 못한다. 한편, 마음이 존재 모드에 있으면 현재 경험을 직접적, 감각적으로 알게 되어 삶과 매 순간 접촉한다. 자신의 경험과 새롭게, 직접적으로 접촉할 때 완전히 다른 앎의 방식이 일어난다. 이것은 지금 일어나는 일을 그것이 일어나는 중에 전체적이고 직관적으로 아는 방식이다. 비개념적이고 직접적인 앎의 방식이다.

알아차림이 없으면 우리를 불행감과 우울에 빠트리는 반추적 사고 습관에서 벗어나기가 쉽지 않다. 자동적 사고 패턴은 우리를 계속해서 우울에 빠뜨리는데, 이에 늘 같은 방식으로 반응한다면 기분이 더 악화되는 수밖에 없다. 그러면 마침내 우울증을 구성하는 각 요소가 서로 강화되는 악순환이 만들어진다. 알아차림이 없으면 이것 외의 다른 가능성을 알아보지 못해 자신의 변화 가능성에도 눈뜨지 못한다.

사물을 직접 경험하다

변화 맹시: 바뀐 것을 모르다

코넬 대학의 심리학자 대니얼 사이먼스(Daniel Simons)와 대니얼 레빈(Daniel Levin)은 학생들이 캠퍼스를 걷는 동안 주변상황을 얼마나 알아차리는지 알아보는 실험을 했다.[29]

실험자는 실험 중임을 모른 채 캠퍼스를 걷는 학생들에게 특정 건물로 가는 길을 물었다. 학생이 질문자에게 길을 설명하는 중에 일꾼 두 사람이 커다란 문짝을 마주 들고 실험자와 학생 사이를 비집고 지나갔다. 잠시 질문자와 학생이 서로를 볼 수 없는 상황이 되었다. 이때 학생 모르게 질문자가 다른 사람으로 바뀌었다. 완전히 다른 옷을 입었고 키와 목소리도 전혀 달랐다.

이때 질문자가 바뀐 사실을 알아챈 학생은 얼마나 될까? 처음 연구에서는 47%, 두 번째 연구에서는 33%에 불과했다. 많은 학생이 자기 눈앞에서 벌어지는 일(질문자가 바뀐 일)조차 제대로 알아보지 못했다. 왜 이런 일이 일어났을까? 해결을 요하는 문제에 맞닥뜨리면 문제 해결이라는 목표에 몰두하기 때문이다. 앞에서 말했듯이 행위 모드에 있을 때 마음은 목표 달성에 필요한 정보만을 취사선택한다. 나의 감각에 전달되는 그 밖의 많은 정보를 알아보지 못한다. 심지어 앞의 실험처럼 눈앞의 대화 상대가 바뀐 사실도 알아채지 못한다. 심리학자들은 이것을 변화를 감지하지 못한다는 의미에서 **변화 맹시**(change blindness)라고 부른다.

행위 모드는 주의의 폭을 지금 몰두한 문제에 한정시킨다. 이때 생각의 장막이 드리워지면서 직접적인 경험과 멀어진다. 앞의 실험에서 학생들은 질문자를 있는 그대로 보지 못하고 '길 묻는 행인'이라는 관념으로만 보았다. 이렇게 된 이유는 문제 해결에 적합한 정보에만 주의를 기울였기 때문이다. 마찬가지로, 행위 모드에서 밥을 먹는다면 지금 당장 해치울 일에 관한 생각에 끌려 다니게 된다. 문제 해결에 골몰한 채 계획하고 궁리하면서 밥을 먹는다. 문제 해결이라는 행위 모드의 목적에서 볼 때 지금 내 앞에 놓인 음식의 색과 모양, 향과 맛, 감촉은 적절한 정보가 아니다. 따라서 거기에 주의를 기울이지 않는다. 그런데 이 때문에 삶의 많은 것을 놓치고 있다는 사실을 우리는 깨닫지 못하고 있다.

설거지하기

우리는 현재의 삶을 미래에 저당 잡힌 채 사는 일이 얼마나 많은가? 설거지를 생각해보자. 마음이 행위 모드에 있을 때 우리는 서둘러 설거지를 끝낸 뒤 '다음 일'을 계획한다. 그러면 마음이 급해져 설거지에 제대로 주의를 기울이지 못한다.[30] '다음 일'은 설거지를 끝낸 뒤 즐기는 커피 한 잔의 휴식일 수도 있다. 그러다 제대로 씻지 않은 접시 하나가 눈에 들어온다(더 나쁜 경우, 다른 사람이 그것을 발견한다). 신속하게 설거지를 해치우려던 당신의 바람이 좌절되어 기분이 나빠진다. 마침내 설거지를 마치고 자리에 앉아 커피를 마신다. 그러나 이번에도 당신의 마음은 계속 행위 모드에 있다. '다음 일'에 관한 계획과 목적에 사로잡힌다. 당신은 커피를 마시는 중에도 밀린 일과 공부, 전화와 이메일 답장, 밀린 청구서 지불 등 '다음 일'을 생각하고 있다.

그러던 중 문득 손에 들린 빈 커피 잔으로 의식이 돌아온다. '내가 커피를 다 마셨던가? 잔이 빈 걸 보니 분명하군. 근데 기억이 나지 않아.' 이렇게 당신은 설거지 중 기대한 커피 한 잔의 여유와 휴식을 놓치고 말았다. 게다가 설거지 중에도 놓친 것이 있다. 물의 감촉과 거품의 모양, 수세미 닦는 소리 등 수많은 감각 경험을 놓쳤다.

이런 식으로 지금-여기에 온전히 존재하지 않을 때 우리 삶은 매순간 조금씩 빠져나간다. 여기가 아닌 다른 곳에 가려는 생각에 사로잡혀 지금-여기에서 일어나는 일에 주의를 기울이지 않는다. '지금-여기'가 아닌 '그때-그곳'에서 더 행복하게, 제대로 쉴 수 있다고 생각한다. 그래서 지금의 경험에 열리기보다 행복을 자꾸 뒤로 미룬다. 그 결과 설거지와 커피 등 일상의 매 순간이 선사하는 다채로운 경험을 놓친다. 주의를 기울이지 않으면 우리의 삶은 대부분 이런 식으로 빠져나가 버린다.

목표 집중을 넘어

행위 모드의 본질은 현재 상태와 바라는 상태의 차이를 줄여 당면 목표를 달성하는 것이다. 반대로 존재 모드는 현재 상태와 바라는 상태의 차이에 크게 개의치 않는다. 적어도 원칙적으로 존재 모드는 목표 달성에 집착하지 않는다. 이 애쓰지 않는 태도로 우리는 목표 달성이라는 행위 모드의 협소한 마음에서 벗어난다. 여기에는 두 가지 중요한 의미가 담겨 있다.

첫째, 존재 모드에 있을 때는 현재 상황이 목표에 가까워졌는지 끊임없이 체크할 필요가 없다. 존재 모드에서는 판단을 보류하며, 있는 그대로 받아들이는 상태에서 주의를 기울인다. 당위와 선

마음의 평화

마음의 평화는 오직 지금 이 순간에만 존재합니다. "잠깐 기다려. 이 일만 끝내놓고 평화로워질게." 이 말은 엉터리입니다. '이 일'이란 도대체 무엇입니까? 당신이 따려고 하는 학위입니까? 구하려고 하는 직업입니까? 얻으려고 하는 주택입니까? 갚으려고 하는 빚입니까? 이런 식으로 생각한다면 마음의 평화는 결코 찾아오지 않습니다. 왜냐하면 '이 일'을 끝내면 '다음 일'이 기다리고 있을 것이기 때문입니다. 바로 지금, 마음이 평화롭지 않으면 앞으로도 평화로울 수 없습니다. 마음이 진정으로 평화롭기를 바란다면 바로 지금 평화로워야 합니다. 그렇지 않으면 그것은 언젠가 평화로워지겠다는 희망사항에 불과합니다.

_틱낫한, 「태양, 나의 가슴」 중에서

악, 우월과 열등, 성공과 실패, 기분의 좋음과 나쁨이라는 기준에서 내리는 자기 경험에 대한 평가를 일시 중단한다. 그저 매 순간을 온전한 깊이와 넓이, 풍부함에서 받아들인다. 지금의 상태와 원하는 상태를 비교 평가하려는 숨은 의도를 갖지 않는다. 얼마나 큰 위안인가!

자기 경험에 대한 평가를 내려놓는다고 해서 아무 목적 없이 행동하는 것은 아니다. 존재 모드에서도 분명한 의도와 방향성을 가지고 행동한다. 강박적이고 습관적이며 무의식적인 행위만이 동기를 부여하는 원천이 아니다. 존재 모드에 머문 상태에서도 행동을 취할 수 있다. 존재 모드에서는 목표 달성에 집중하지 않으므로 현실이 목표에 부합하지 않아도 화를 내거나 위축되지 않는다. 설령 화가 나거나 위축되어도 화와 위축의 느낌마저 알아차림으로 품어 안는다. 이 알아차림만으로 새로운 차원의 자유가 나타난다. 이렇게 자유로워질 때 현재 상황을 바꾸지 않고도 그것과 함께할 수 있다.

존재 모드에 머물며 목표에 대한 무의식적 집착을 알아차리는 **두 번째** 의미는 자신의 지금 느낌과 원하는 느낌이 다를 때 자동으로 일어나는 불쾌한 감정에 예전과 같은 방식으로 반응하지 않는다는 점이다. 행위 모드에서 존재 모드로 갈아타면 불필요한 불행감을 상당 부분 덜어낼 수 있다. 불필요한 불행감이란 나의 불행을 불행해하고, 두려움을 두려워하며, 화에 대해 화를 내고, 좌절에 대해 좌절하는 등 스스로 지어낸 추가분의 불행감을 말한다. 이런 식으로 불만족과 우울의 악순환을 강화시키는 근본 원인을 제거한다.

나의 지금 경험이 '잘못되었다고' 생각하지 않으며, 세상과 하나 되는 조화의 느낌도 커진다.

지금까지 우리는 목표를 위해 노력하면 그것을 달성할 수 있다고 배웠다. 이 '목표'에는 행복도 포함된다. 그러나 아무리 가치 있는 목표도 거기 집착하지 않을 때 오히려 불행감에서 벗어나는 길이 열린다. 무가치한 자신을 고치려는 집착이 우리를 반추와 우울의 나락에 떨어뜨리는 과정을 앞에서 보았다. 이제 우리는 애쓰지 않는 마음챙김의 태도가 우리를 우울의 덫에서 벗어나게 한다는 것을 알았다. 자신의 기분에 대한 평가와 비난을 멈출 때, 그리고 원치 않는 감정에서 도망가려는 시도를 멈출 때 우울한 반추라는 습관의 코드를 뽑아 그 영향에서 벗어날 수 있다.

회피하는 대신 다가가기

앞서 말했듯이, 애쓰지 않는 태도가 필요하다 해서 아무렇게나 행동하는 것이 아니다. 애쓰지 않는 태도를 지니면 목표 달성을 위한 정보 너머로 주의가 확장된다. 또 마음에 일어나는 수용하기 어려운 감정을 거부하기보다 받아들임의 태도로 만날 수 있다. 마음챙김은 수동적인 체념과 다르다. 마음챙김은 평소 싸우거나 회피하는 내면 경험 등 자신에게 일어나는 모든 현상을 의도적으로 맞이하며 다가가는 마음 태도다. 접근과 회피는 생명체의 기본적인 생존 메커니즘으로 뇌의 특정 부위에 각인되어 있다. 여기서 마음챙

김은 회피가 아니라 관심, 열림, 호기심, 선의, 자애 등의 다가가
는 마음 태도다. 마음챙김을 가르치는 크리스티나 펠드만(Christina
Feldman)은 마음챙김을 이렇게 말한다.

> 마음챙김은 아무 특성도 없는 빈 상태가 아닙니다. 진정한 마음
> 챙김은 따뜻함, 사랑, 관심의 성질을 갖습니다. 진정으로 이해하
> 는 사람을 미워하거나 두려워할 수 없듯이 대상 속으로 들어가
> 는 주의를 기울일 때 그 대상을 미워하거나 두려워할 수 없습니
> 다. 마음챙김은 대상 속으로 들어가는 성질을 지녔습니다. 대상
> 속에 들어가 관심을 가질 때 자연스럽게 거기에 주의를 기울이
> 게 됩니다.[31]

마음챙김은 열린 마음으로 대상에 다가가는 것이다. 이것은 반
추의 태도를 지속시키는 본능적 회피에 대한 강력한 해독제다. 대
상에 다가가는 마음 태도는 외부의 위협과 내면의 스트레스에 맞서
자신 및 세상과 새롭게 관계 맺는 방식이다. 자신의 주의에 대한 통
제권을 의도적으로 되찾을 때 불행감과 우울에서 벗어날 수 있다.

건포도 명상을 통해 우리는 의도적으로 주의를 전환하는 것이
어떤 느낌인지 보았다. 그렇다면 건포도를 먹을 때 기울인 주의를
일상의 다른 활동에 적용하면 어떨까?

일상 활동에 대한 마음챙김

우리는 주의를 기울이는 새로운 방식을 그것이 가장 필요할 때 사용하고 싶다. 불행감에 지혜롭게 대처하며 충만하고 자유로운 삶을 살고 싶다. 이렇게 하는 방법은 무엇일까? 우선은 지금까지 생각 없이 하던 일상 활동에 의도적으로 주의를 기울이는 연습이 필요하다. 조금 전 건포도에 주의를 기울였던 것처럼 말이다.

여기서 핵심은 모든 활동에 부드럽게 주의를 가져가는 것이다. 다시 말해, 일상의 모든 활동에 최선을 다해 의도적으로, 매순간, 판단하지 않는 알아차림을 가져가는 것이다. 이렇게 알아차리는 목적은 예민한 주의로 더 긴장하고, 자기를 더 의식하는 것이 아니다. 깨어있는 마음으로 알아차릴 때 적은 노력으로 수월하게 일상 활동을 할 수 있다.[32]

흥미롭게도, 아무리 단순한 활동도 알아차림으로 행하기란 만만치 않다. 사람들이 일상 활동에 대한 의도적 수련을 실제로 어떻게 경험하는지 보자. 제나는 올해 추수감사절도 예년처럼 분주하고 정신이 없을 거라고 예상했다. 더욱이 몇 주 뒤 이사가 예정되어 있었다. 제나의 말이다.

"추수감사절은 원래 정신없이 바쁜 시기죠. 게다가 올해는 이사도 겹쳤고요. 그런데 알아차림 덕분에 전에 없이 잘 대처했어요. 닷새 동안 열한 명의 가족이 함께 지내며 쉴 새 없이 일이 일어났죠. 그렇지만 나는 감자 손질과 청소 등 자질구레한 일을 알아차리며 했어요. 감자 껍질을 벗길 땐 손에 쥔 감자의 느낌에 집 중하는 식이었죠. 이렇게 하자 사람이 많아도 무리 없이 일을 처 리했어요. 이전에 이렇게 대처한 적이 있었나 싶어요."

제나는 무엇을 이전과 다르게 한 것일까? 그녀는 사소한 활동 이라도 거기에 초점을 맞추었다. 그러자 예상치 못한 유익함이 생 겼다. 미래를 앞당겨 사는 성향을 줄였고, 머릿속에 그린 상상의 재 난을 피하려고 마음이 행위 모드에 걸려드는 일도 없어졌다. 제나 의 말이다.

"이제 이것, 저것을 하지 않았을 때 일어날지 모르는 온갖 일을 떠올리지 않아요. 대신 현재 순간에 충실히 머물러요. 평소 '이 걸 안 하면 어떻게 될까?' 하고 미리부터 생각에 빠지는 편인데 그런 일이 줄었어요. 20년 살던 집에서 이사 갈 생각에 밤에 잠 이 오지 않았는데 '그래, 한 번에 하나씩 알아차림으로 해보자' 하고 생각했어요. 그러자 추수감사절이 힘들지 않았어요. 그 이 유를 알아차림 아닌 다른 데서 찾을 수 없어요."

제나는 잘못될지 모르는 일을 걱정하기로 스스로 '결정하지' 않았다. 지금 일어나는 일이 아닌 딴 곳에 마음이 가 있으면 오랜 마 음 습관이 주도권을 쥐어 자신의 관점과 행동을 결정해버린다. 이 로써 자기도 모르게 경험이 채색되어 자신이 희생되었다고 느낀다. 하지만 사실 자신에게도 일부 책임이 있다.

앞서 보았듯이 오랜 생각 패턴에 빠져드는 것은 지속적 불행감에 갇히는 주요 통로다. 먹기나 설거지 등 일상 활동에서 몽상과 문제 해결의 태도에 빠지기 쉬운데, 몽상은 반추와 가까운 관계다. 만약 오랫동안 우울해 있었다면 몽상으로 인해 더 쉽게 부정적 사고에 빠진다. 지금-여기서 일어나는 일을 관찰하지 못하면 기분이 나선을 그리며 아래로 추락한다. 이런 일이 없게 하려면 자동조종 상태에 있음을 알아차린 뒤 거기서 나와야 한다. 할 수 있는 한에서 널찍하고 현명한 자기 사랑의 알아차림에 발을 들여야 한다.

practice

○ 일상 활동 알아차리기

- 깨어있는 마음을 연습하는 방법 중 하나가 일상 활동을 알아차리며 하는 것입니다. 매일 하는 몇몇 활동을 가능한 한 의도적이고 부드럽게, 마치 처음 하듯이 순간순간 알아차리며 해봅니다.

- 이렇게 하면 마음이 행위 모드에서 자동조종 상태로 넘어가는 순간을 인지할 수 있습니다. 또 그 대안으로 마음의 존재 모드에 들어가 머물 수 있습니다. 이런 식으로 특정 활동을 하는 중에 그것을 온전히 알아차릴 수 있습니다.

- 이런 일상 활동에는 설거지, 쓰레기 버리기, 양치질, 샤워, 빨래, 세차, 외출, 귀가, 계단 오르내리기 등이 있습니다. 그밖에도 얼마든 추가할 수 있습니다. 매주 한 가지 활동을 정해 오롯이 알아차리며 해봅니다. 다음 주에는 다른 활동으로 바꿔봅니다.

알아차림이라는 신선한 공기

보통 우리는 이 일, 저 일 허둥지둥 쫓아다니며 하루를 보낸다. 그러는 중 이와 다른 식으로 하루를 보낼 수 있음을 깨닫지 못한다. 삶의 어느 순간에도 우리는 조금의 마음챙김으로 깨어날 수 있다. 적어도 한 순간이라도 관성적 행동을 줄일 수 있다. 약간의 마음챙김이면 충분하다. 하던 일을 멈추지 않아도 된다. 섣불리 단정 짓지 않으며 펼쳐지는 삶의 순간순간에 현명한 알아차림을 가져가면 된다. 기분 장애의 해결에 있어 내면의 느낌을 극적으로 변화시키는 시도는 필요치 않다. 사람, 장소, 일 등 외부 세계를 바꾸려는 엄청난 노력도 중요하지 않다. 내면과 외면 세계에 주의를 기울이는 방식을 바꾸는 것이 더 중요하다.

낡은 집을 구입해본 적이 있는가? 그렇다면 건조 부패균이 커다란 골칫거리라는 사실을 알 것이다. 가옥 목재에 건조 부패균이 생기면 치명적이다. 주택관리사들은 건조 부패균에 대처하는 법을 알려주는데, 그들은 공기 순환이 가장 중요하다고 말한다. 신선한 공기를 자주 순환시키면 건조 부패균이 증식하지 못한다는 것이다. 그들은 주택 구매자들에게 환기 장치를 설치해 신선한 공기를 목재에 순환시키도록 권한다. 환기 장치를 달면 건조 부패균이 완전히 없어지지는 않아도 최소한 목재가 썩는 일은 없다고 한다.

마찬가지로 알아차림이라는 신선한 공기가 환기되지 않으면 우리 내면에 스트레스와 피로감, 고통스러운 감정이 자라난다. 물론, 알아차린다고 해서 그것이 완전히 없어지는 것은 아니지만 적어도 그 주위에 약간의 공간이 만들어진다. 이 여유 공간에서는 자기를 비하하고 제약하는 생각이 커지지 않는다. 마음챙김을 하면 자기를 비하하고 제약하는 생각이 일어나도 조기에 탐지할 수 있다. 뿐만 아니라 그런 생각이 일어나고 사라지는 과정도 관찰할 수 있다. 마음챙김은 생각에 낚이지 않고 분명하게 관찰하는 법을 가르쳐준다. 자각과 알아차림은 마음이 가진 본래적 능력임에도 우리는 여기 머무는 일이 잘 없다. 지금부터 자각이라는 마음의 새로운 차원을 탐색하는 법을 알아본다.

호흡

────〜〜〜〜〜〜 **알아차림에 들어가는 문** 〜〜〜〜〜〜────

간단한 건포도 명상으로, 주의를 기울이는 방식이 바뀌면 경험의 질도 완전히 달라짐을 알 수 있다. 자각의 힘을 온전히 사용하면 반추라는 머릿속 연쇄 고리를 끊어내 만성적인 불만족의 악순환에서 벗어날 수 있다. 그런데 자각의 힘을 일으키는 데는 우리 대부분이 갖지 않은 기술이 요구된다. 그 기술은 4장과, 2부의 나머지 장에서 소개할 **마음챙김 명상**(mindfulness meditation)이다. 마음챙김 명상은 행위 모드에 있음을 자각한 뒤 깨어있는 알아차림으로 들어가는 효과적인 방법이다.

마음을 안정시키다

행위 모드에서 존재 모드로 이동하려면 지금-여기 온전히 존재하는 법을 알아야 한다. 그런데 문제가 있다. 우리는 일이 자기 식대로 되지 않으면 지금-여기에 머물고 싶어 하지 않는다. '지금-여기'가 아닌 '그때-거기'에 있고 싶어 한다. 더욱이 현재 순간에 주의를 집중하려는 시도 자체도 만만치 않다. 마음은 정글의 나무를 정신없이 옮겨 다니는 원숭이처럼 이 생각, 저 생각을 두서없이 헤매는 습성이 있기 때문이다.

집에서 가위나 책을 찾으러 작은방에 들어간 뒤 정작 방에 들어간 이유가 생각나지 않은 적이 없는가? 아니면 재미난 농담을 친구에게 들려주겠다 하고는 1~2분 뒤 밀린 카드 청구서가 떠오른 적은? 이때 우리는 농담 생각이 청구서 걱정으로 넘어간 과정을 자각하지 못한다. 이처럼 어떤 때 우리 마음은 그야말로 '제 마음대로'다.

이렇게 마음이 제 마음대로라는 사실을 아는 것만도 큰 발견이다. 그렇다면 이제 어떻게 해야 하는가? 어떻게 하면 제 마음대로인 마음을 다잡아 지금-여기에 오롯이 존재할 수 있는가? 어떻게 하면 마음을 산란하게 하는 수많은 일과 불쾌한 상황, 스트레스 앞에서 주의를 기울이는 능력을 튼튼히 키울 수 있는가?

우선은 무엇에, 어떤 방법으로 주의를 기울일지 정해야 한다. 이 방법이 효과를 내려면 마음의 습관적 반응에 휘둘리지 않아야 하는데, 그러려면 일정한 동기와 의도성이 필요하다. 그렇다고 무조건 노력하는 것만이 능사는 아니다. 다음 이야기가 이를 보여준다.

어느 초보 수행자 이야기

고대 히말라야 왕국에 전해오는 이야기다. 어느 초보 수행자가
처음 만나는 스승에 대한 기대감에 한껏 부풀어 있었다. 수행자
는 스승에게 묻고 싶은 것이 많았지만 첫 만남에 질문을 퍼붓기
엔 적절치 않다고 여겼다. 대신 스승이 내리는 수행 지침을 경청
했다. 지침은 짧고 명확했다. "내일 아침 일찍 일어나 뒷산 꼭대
기에 있는 동굴에 들어가거라. 새벽 어스름부터 땅거미가 질 때
까지 동굴에 앉아 있거라. 단, 어떤 생각도 일으켜서는 안 된다.
생각이 일어나면 방법을 가리지 않고 내쫓아야 한다. 이렇게 하
루를 보낸 뒤 결과를 보고하거라."
다음 날 새벽, 초보 수행자는 동굴을 찾아 산을 올랐다. 편하게
자리를 잡고 앉은 수행자는 마음이 고요해지기만을 기다렸다.
이렇게 앉아 있으면 얼마 안 가 생각이 사라져 마음이 깨끗해질
거라 기대했다. 그러나 웬걸, 시간이 지나면서 마음은 온갖 생각
으로 뒤덮였다. 이내 스승이 내준 과제를 제대로 못하는 자신이
걱정되었다. 억지로 생각을 몰아내려 할수록 생각은 더 많아졌
다. 생각이 일어나면 "꺼져." 하고 소리를 질러도 보았다. 하지
만 목소리는 텅 빈 동굴을 메아리칠 뿐이었다. 안절부절 못하며
숨을 참기도 하고 머리를 흔들어도 보았지만 생각은 멈추지 않
았다. 살면서 그때처럼 생각의 '융단 폭격'을 맞은 적이 없었다.

날이 저물어 수행자는 풀이 죽어 산을 내려왔다. 그날 자신의 경험에 스승이 뭐라고 꾸짖을지 걱정되었다. '아마 수행 부적격자로 평가받으리라.' 그러나 스승은 제자가 몸과 마음으로 애쓴 이야기를 듣고 웃음을 터뜨렸다. "잘했다. 열심히 노력했구나. 내일 아침에도 동굴에 오르거라. 이번에는 새벽부터 저녁까지 오직 '생각만' 하도록 해라. 하고 싶은 생각은 뭐든 해도 좋다. 단, 생각과 생각 사이에 틈이 생기면 안 된다."

이 말에 수행자는 아주 기뻤다. 이건 그저 쉬운 일이 아니라 잘할 수밖에 없는 일이 아닌가. 생각이 연달아 일어나는 건 전날 그가 하루 종일 겪은 일이었다. 자신감에 찬 수행자는 다음 날 동굴에 올라 자리를 잡고 앉았다. 그런데 얼마 안 가 이번에도 뜻대로 되지 않음을 알았다. 생각이 느려지기 시작했다. 즐거운 생각이 일어나면 한동안 따라갔지만 얼마 안 가 사라졌다. 이번에는 우주에 관한 거대한 생각과 철학적 사색을 떠올렸다. 무엇이든 마음에 일어나는 대로 생각했다. 그런데 생각이 조금씩 줄면서 심지어 지루하기까지 했다. '어, 그 많던 생각이 어디 갔지?' 이제 그가 떠올리는 '최고의' 생각마저도 올이 드러난 낡은 외투처럼 시시해 보였다. 어느 순간, 생각과 생각 사이의 빈틈도 보였다. '이런, 끊이지 않고 생각을 해야 하는데 또 실패군.'

이렇게 하루를 보낸 수행자는 낙담한 채 산을 내려와 스승을 찾았다. 이번에도 스승은 웃음을 터뜨리며 말했다. "축하하네! 아주 잘 했네! 자네는 이제 어떻게 수행하는지 완벽히 알았네." 수행자는 스승이 기뻐하는 이유를 알 수 없었다. '도대체 내가 뭘

배웠다는 거지?' 스승이 기뻐한 이유는 마음에서 억지로 어떤 것을 일으키거나 없앨 수 없다는 중요한 진실을 수행자가 깨달았기 때문이었다.[33]

그런데 이 중요한 진실을 깨닫기 위해 반드시 동굴에 들어가야 하는 건 아니다. 지금 바로 간단한 실험을 해보면 된다. 1분간 이 책에서 눈을 들어 내키는 무엇이든 생각해보라. 단 '흰곰'만은 떠올리면 안 된다.[34] 딱 1분이다. 흰곰 생각이나 흰곰 이미지를 떠올리지 않고 생각한다. (1분이 지남) 자, 어떻게 되었는가? 대부분의 사람은 흰곰 생각을 억누르기 어렵다는 걸 알게 된다. 대니얼 웨그너(Daniel Wegner) 교수와 동료들은 특정 생각을 억누르면 오히려 그 생각이 더 많이 일어난다는 사실을 발견했다.[35] 흰곰 생각을 억누르는 것은 쉽지 않았다. 게다가 흰곰 생각을 억누른 뒤 떠올려도 된다고 하면 애당초 억누르지 않았을 때보다 흰곰 생각이 더 많이 일어났다.

흰곰처럼 중립적인 생각도 억누르기가 쉽지 않은데, 극히 개인적인 성격의 부정적 생각과 이미지, 기억을 억누르면 어떨까? 이를 짐작하기란 어렵지 않다. 이전에 기분 저하를 겪은 사람은 부정적 사고를 억누르는 데 더 많은 정신적 노력을 쏟는다.[36]

웬즐라프(Wenzlaff)와 베이츠(Bates) 박사는 부정적 사고를 억누르는 시도가 잠시 효과가 있을지 몰라도 그 대가가 크다는 사실을 보였다. 즉, 부정적 생각을 마음에서 몰아내려 시도하는 사람은 그러지 않는 사람보다 결과적으로 더 우울한 기분에 빠졌다.[37] 많은 심리학자가 이 연구를 통해 오랫동안 명상적 지혜가 제시한 결론을 다시 확인했다. 그것은 원치 않는 생각을 억누르는 방법은 마음을 안정시키고 정화시키는 데 효과가 없다는 사실이다.

부드러운 의도가 필요하다

그렇다면 마음을 안정시키고 고요하게 만드는 더 효과적인 방법은 무엇일까? 손으로 물건을 만지며 노는 아기를 본 적이 있는가? 아기는 별다른 노력을 기울이지 않고도 몇 분 동안 집중해 주의를 기울인다. 이를 보면 마음은 주의를 지속시키는 작동 방식을 타고난 듯하다. 그렇다면 마음의 이 작동 방식을 이롭게 활용하는 법은 없을까?

그 중 하나는 한 가지 대상에 반복해 의도적으로 주의를 집중하는 것이다. 과거 많은 수행자들은 흔들리는 촛불을 응시하거나 속으로 '옴' 소리를 읊조리는 방법으로 마음을 집중하고 안정시켰다. 연구에 따르면 의도적으로 마음을 한 대상에 집중하면 그에 해당하는 뇌 연결망이 활성화되는 한편, 그 밖의 뇌 연결망은 억제되어 마음이 안정되는 효과를 낸다고 한다.[38] 뇌가 특정 대상에 빛을 비추면 나머지 대상이 어두워지는 것과 같다.

그런데 이런 기본적인 과정을 자신에게 이롭게 활용하려면 실제로 노력을 기울여야 한다. 그리고 이때 노력은 '부드러운' 노력이다. 선택한 대상에 주의를 기울이되 주의가 딴 데로 달아날 때마다 선택 대상으로 부드럽게 돌아온다. 이것은 특정 생각을 억지로 일으키며 그 밖의 생각을 몰아내 마음의 안정을 도모하는 목표 지향적 노력이 아니다. 또 원치 않는 생각과 느낌이 마음에 들어오지 못하도록 단단히 벽을 치는 노력도 아니다. 이것은 호기심과 관심, 탐험과 살핌의 마음 모드로 갈아타는 우아하고 부드러운 노력이다. 상황을 회피하지 않고 다가가는 마음의 능력을 활용하는 것이다.

마음이 가진 고요와 명료함의 능력을 가리킬 때 흔히 사용하는 비유가 유리컵에 담긴 진흙물이다. 컵을 휘저으면 물은 계속 흐려진다. 반면 인내심으로 기다리면 진흙이 바닥에 가라앉아 맑은 물만 남는다. 마찬가지로 마음을 고요하게 만들려는 시도는 종종 마음을 흔들어 더 흐리게 만든다. 이때는 주의를 기울이는 대상에 가볍게 내려앉아 한동안 머물며 마음의 혼탁함을 더하지 않는다. 특정 방식대로 되기를 강요하고 싶은 욕구를 의도적으로 내려놓는다. 이때 마음은 저절로 안정되어 고요하고 명료해진다.

주의를 기울일 때는 중립적인 대상을 택하는 것이 좋다. 감정의 무게가 많이 실린 대상, 강한 지적 호기심을 일으키는 대상은 마음을 안정시키는 데 적합하지 않다. 호흡은 이런 목적에 알맞은 대상으로 오래 전부터 사용되었다. 호흡을 주의 기울임의 대상으로 사용하는 목적은 숨이 몸에서 들고 날 때 일어나는 신체감각의 끊임없는 변화에 주의를 기울이기 위해서다.

호흡

〜〜〜〜〜〜〜〜〜〜〜〜〜〜〜〜〜〜〜〜〜〜〜〜〜〜〜〜〜〜
〜〜〜〜〜〜〜〜〜〜〜〜〜〜〜〜〜〜〜〜〜〜〜〜〜〜〜〜〜〜

○ 호흡 마음챙김(누워서)

- 지금 바로 몸에서 움직이는 호흡과 접촉해봅니다. 우선 등을 바닥에 대고 누운 채로 한 손을 배꼽 부근에 둡니다. 숨을 들이쉴 때 배가 불러오고, 숨을 내쉴 때 배가 꺼짐을 느낍니다.

- 처음에는 배에 손을 얹고 배의 움직임을 느낍니다. 그런 다음 배에서 손을 내리고 배에 '마음만 둔 채' 느껴봅니다.

- 호흡의 흐름을 통제할 필요는 없습니다. 숨이 쉬어지는 대로 놓아 둡니다. 호흡을 할 때 배의 움직임이 어떻게 변하는지 느껴지는 만큼 느낍니다. 배에서 느껴지는 호흡 감각을 계속 알아차립니다.

〜〜〜〜〜〜〜〜〜〜〜〜〜〜〜〜〜〜〜〜〜〜〜〜〜〜〜〜〜〜
〜〜〜〜〜〜〜〜〜〜〜〜〜〜〜〜〜〜〜〜〜〜〜〜〜〜〜〜〜〜

지금 누워 있다면 바로 호흡 마음챙김을 수련해보자. 누워 있지 않다면 조금 뒤 자리에 누워 해본다. 앉은 자세로 호흡 마음챙김을 수련할 수도 있다. 앉아서 하는 호흡 마음챙김에 대한 안내문은 안내음성④와 아래에 나와 있다.

지난 2천5백 년간 호흡 수련이 이어져 왔다는 사실은 명상 수련에 대한 커다란 영감을 제공한다. 호흡은 어디를 가든 나와 함께 있다(호흡을 집에 두고 나설 수는 없다!). 호흡은 우리가 무엇을 느끼고 경험하든 우리의 주의를 현재 순간에 연결한다.

호흡에 반복해 주의를 집중하는 연습은 우리가 언제 어디에 있건 지금-여기에 온전히 존재하는 훌륭한 방법이다. 호흡에 주의를 기울이면 현재에 존재하게 되는 이유는 무엇일까? 그것은 지금 호흡하는 동안에만 호흡의 움직임에 제대로 주의를 기울일 수 있기 때문이다. 호흡은 그때-거기로 달아난 마음을 지금-여기로 돌리는 닻줄 역할을 한다.

물론 마음이 생각과 느낌, 신체감각, 외부의 산만 요소에 끌리는 동안 호흡을 계속 알아차리기란 쉽지 않다. 그런데 마음의 이런 요동을 원래 그렇다고 받아들이면 어떨까. 그러면 호흡을 알아차리는 일이 반드시 어렵지만은 않다. 마음의 작용을 바다 표면에 일어나는 파도라고 생각해보자. '마음의 파도'를 자연스럽고 불가피한 현상으로 받아들이면 달아난 주의를 되돌리는 일이 그 자체로 수행의 중요한 일부가 된다. 그것은 실수나 이탈이 아니다. 달아난 주의를 되돌리는 연습을 통해, 행위 모드에 들어가는 순간을 알아차려 잠시 행위에서 거리를 두면서 존재 모드에 들어가 머문다.

○ 호흡 마음챙김(앉아서)

1 자리 잡기

- 등받이가 곧은 의자나 딱딱하지 않은 바닥에 편안히 앉습니다. 엉덩이 아래에 방석이나 명상 의자를 받쳐도 좋습니다. 의자에 앉는다면 등받이에서 등을 떼고 척추가 곧게 서도록 합니다. 바닥에 앉는다면 양 다리가 서로 겹치지 않도록 앉습니다. 적당한 높이의 방석과 의자로 편안하고 안정된 자세를 취합니다.

- 등을 바로 세운 채 위엄 있고 편안한 자세로 앉습니다. 의자에 앉는다면 다리를 꼬지 말고 양 발바닥을 바닥에 붙입니다. 눈은 가볍게 감습니다. 눈을 감는 게 불편하면 시선을 특정 지점에 고정하지 않은 채 1.2~1.5미터 앞의 바닥에 시선을 둡니다.

2 몸에 알아차림 가져가기

- 이렇게 자리에 앉았을 때 몸이 바닥에 닿는 느낌, 누르는 느낌을 알아차립니다. 1~2분간 이 느낌을 느껴봅니다.

3 호흡 감각에 집중하기

- 앞서 누워서 한 것처럼, 몸에서 숨이 들고 날 때 배의 감각이 어떻게 변화하는지 알아차립니다.

- 숨을 들이쉴 때 배가 부드럽게 불러오고 숨을 내쉴 때 배가 꺼지는 느낌을 알아차립니다. 들숨이 시작되어 끝날 때까지, 날숨이 시작되어 끝날 때까지 배의 변화하는 감각을 끊이지 않고 알아차립니다. 배가 아니라면 콧구멍 등 호흡이 분명하게 느껴지는 부위에 알아차림을 두어도 좋습니다.

- 호흡을 통제할 필요는 없습니다. 그저 숨이 쉬어지는 대로 쉬면 됩니다. 할 수 있는 만큼, 호흡 외의 다른 경험에도 있는 그대로 놓아두는 태도를 가져가봅니다. 어떤 것을 고쳐야 하거나 특정 상태에 도달해야 하는 것이 아닙니다. 지금 경험하는 것이 지금과 다르게 되기를 바라지 말고, 그저 일어나는 대로 놓아둡니다.

4 마음이 딴 곳으로 달아날 때

- 얼마 안 가 마음은 배의 호흡 감각이 아닌 딴 곳으로 달아날 것입니다. 마음은 늘 생각과 계획, 몽상 속에 빠져있습니다. 마음에 어떤 일이 일어나든, 마음이 어디에 끌리든 그것을 실수나 실패로 보지 않아도 됩니다. 마음은 원래 그렇습니다. 호흡을 알아차리지 못하는 자

신을 보았다면 오히려 축하할 일입니다. 적어도 호흡을 알아차리지 못하고 있다는 사실을 '알았기' 때문입니다. '생각… 계획… 걱정…' 등으로 가볍게 명칭을 붙이면서 조금 전 마음이 어디에 있었는지 간단히 확인한 뒤, 배의 호흡 감각으로 부드럽게 주의를 가져옵니다. 오직 지금의 들숨과 날숨의 느낌에 알아차림을 두면 됩니다.

- 마음이 달아날 때마다(이런 일은 계속 있을 것입니다) 마음이 어디에 가 있는지 관찰한 뒤 부드럽게 호흡으로 주의를 가져옵니다. 그러면서 숨을 들이쉬고 내쉴 때 일어나는 신체 감각에 단순하게 주의를 기울입니다.

- 이렇게 알아차리고 있는 자신을 부드럽고 친절하게 대합니다. 마음이 딴 곳으로 달아난다면 인내심과 받아들임, 자기 연민심을 키우는 기회로 삼습니다.

- 10분 동안 계속 수련합니다. 원한다면 더 오래해도 좋습니다. 이 수련의 목적은 매순간 자신의 경험을 알아차리는 것임을 떠올립니다. 마음이 배가 아닌 딴 곳으로 달아나 지금의 호흡과 접촉하지 못해도 호흡을 주의 기울임의 닻으로 삼아 지금-여기와 다시 연결하는 것이 수련의 목적입니다.

예상치 못한 고요와 만나다

빈스는 처음 호흡에 집중하자 마음이 안정되어 오랜만에 고요를 맛보았다. 그래서 회사 점심시간에 마음챙김 수련을 하겠다고 마음먹었다. 매일 점심시간에 사무실 방문을 잠그고 명상 CD를 들으며 호흡 마음챙김을 했다. 그러자 본인뿐 아니라 주변에서도 달라진 빈스를 느꼈다.

"한동안 상사는 내가 스트레스가 많은 것 같다며 괜찮은지 물었어요. 그런데 점심시간에 호흡 마음챙김을 수련한 뒤 많이 편안해졌어요. 어제 점심시간에는 수련을 끝내고 일을 시작하자 상사가 내 방에 머리를 들이밀고는 괜찮은지 물었어요. 나는 좋다고 말했어요. 상사는 오후가 되면 빈스가 훨씬 행복해 보인다고 말하는 사람이 한둘이 아니라고 하더군요. 업무상 만나는 사람들이 오후가 되면 내가 더 편안하고 행복해 보인다고 해요. 오후 컨디션이 더 좋다고는 느꼈지만 사람들이 알아볼 거라고는 생각하지 못했어요."
빈스는 자신의 무엇이 달라졌다고 느낀 걸까? "이제 대화중 짜증이나 화가 나면 호흡을 알아차려요. 대화하는 겉모습은 같지만 호흡을 알아차리며 지금-여기로 돌아오면 마음이 편해져요."

빈스는 직장에서 좋은 사람이 되려고 애쓰지 않았다. 사람들이 알아본 빈스의 변화는 그저 점심시간에 고요히 자리에 앉아 호흡에 집중한 뜻밖의 부산물이었다. 빈스는 나름의 정식 마음챙김 수련으로 중요한 사실을 알았다. 그것은 특정 방식으로 느끼려는 시도를 내려놓을 때 오히려 마음이 스스로 안정된다는 사실이었다. 빈스는 사무실의 간단한 수련으로 많은 상황에서 반사적으로 반응하지 않고 의식적으로 응대했다. 마음이 편안해지도록 놓아두는 것과 억지로 편안하게 만드는 것이 다르다는 것을 알았다.

오랜 세월 수많은 사람이 빈스처럼 호흡으로 마음이 스스로 안정되는 경험을 했다. 여기에는 두 가지 중요한 의미가 있다. 첫째, 호흡 마음챙김은 마음을 편안하고 자연스러운 상태로 안정시키는 효과적인 방법이다. 둘째, 우리 내면에는 고요와 평화의 능력이 존재하며 언제든 그것을 활용할 수 있다. 특정한 마음 상태에 이르려고 특별한 행동을 하지 않아도 된다. 그저 마음을 휘저어 탁하게 만들지 않으면 된다. 더욱 놀라운 사실은, 우리가 가진 내면의 평온과 행복은 삶이 드리우는 행복과 불행에 달려있지 않다. 적절한 방법을 통해 누구나 바로 지금, 자기 내면의 평온과 행복을 불러올 수 있다. 삶의 피할 수 없는 기복에도 마음의 균형과 평정을 찾는다. 타고난 행복을 참되게 경험하는 것은 바라는 대로 일이 되거나 특정 결과를 얻어야만 가능한 것이 아니다. 물론 내면에 간직한 평온과 행복의 능력을 기억하는 것이 언제나 쉽지만은 않다. 그래서 수련이 필요하다.

방황하는 마음 다루기

카트리나는 실망했다. 호흡 명상으로 마음의 평화와 고요를 얻어 정신없이 바쁜 상태에서 벗어나리라 기대했지만 그렇게 되지 않았다. "마음이 미래로 달려가지 않기가 어려워요. 이런 저런 생각에 빠지지 않는 것도 어렵고요. 마음을 통제하려 해도 2분이면 원래로 돌아가요."

카트리나는 마음을 '통제'하려고 전투 중이다. 명상 수행을 처음 하는 경우 이런 일이 흔히 일어난다. 습관적인 행위 모드에 대한 집착을 내려놓는 것이 인위적으로 느껴진다. 바쁜 삶에 익숙한 상태에서 의도적으로 삶의 속도를 늦추어 한 가지 대상에 집중하려고 하면 내면에 저항이 일어난다. 앉거나 누운 채 처음 명상을 할 때 알게 되는 것은 마음이 자기만의 생명을 가졌다는 사실이다. 호흡에 마음을 두겠다고 단단히 다짐해도 마음은 미래와 과거의 온갖 생각으로 달아난다.

그런데 마음이 이리저리 달아나는 것은 극히 정상적인 현상이다. 생각이 끝없이 일어난다 해서 명상을 하지 못하는 이유는 결코 아니다. 물론 마음의 이런 특성을 처음으로 알았을 때는 좌절할 수도 있다. 그러나 생각의 흐름이 가진 끝없는 변화의 성질과 주의가 지닌 불안정한 특성을 깨닫는 것은 오히려 명상적 알아차림이 시작되었음을 알리는 신호다. 물론 수그러들 줄 모르는 생각의 급류에 안절부절못하며 명상을 '잘못' 하고 있다고 생각하기 쉽다. 혼자 이렇게 속삭인다. '자리에 앉아 호흡을 관찰해 봤지만 쓸모 있거나 홍

미로운 일은 일어나지 않아. 아무리 호흡에 주의를 돌리려 해도 마음은 이 생각, 저 생각으로 계속 방황해. 지긋지긋해.'

마음이 이곳저곳 방황하면 자연스레 명상이 잘 안 된다는 생각이 일어난다. 그런데 바로 이때가 명상 수련이 흥미로워지며 실제로 활기를 띠는 순간이다. 마음이 방황하는 것은 존재 모드에서 행위 모드로 돌아가고 있음을(또는 이미 돌아갔음을) 알아차리는 또 한 번의 기회다. 이 기회를 통해 우리를 호흡에서 멀어지게 만드는 생각과 느낌, 신체감각을 더 잘 알아차릴 수 있다. 마음이 호흡에서 멀어져 딴 곳으로 떠도는 일은 매우 자주 일어난다. 이것은 행위 모드가 지닌 지긋지긋한 관성을 관찰할 기회가 그만큼 많다는 점에서 다행일 수 있다. 불편하기는 해도 마음의 방황을 관찰함으로써 행위 모드의 관성을 더 분명히 인지할 수 있다. 마음의 방황은 행위 모드에서 나와 존재 모드로 돌아가는 기술을 닦는 소중한 기회다.

호흡 마음챙김을 안내할 때 호흡에 알아차림이 있지 않음을 처음 관찰하면 축하하라고 하는 이유도 이 때문이다. 마음이 호흡이 아닌 딴 곳에 있는 순간, 자신의 마음에 무엇이 있는지 단순하게 관찰한 뒤 '생각, 생각… 계획, 계획… 걱정, 걱정…' 등으로 속으로 명칭을 붙인다. 마음의 내용물이 무엇이든 지침은 같다. 지금 이 순간 내 마음에 무엇이 있는지 알아본 다음 부드럽게 호흡으로 알아차림을 가져오는 것이다. 이렇게 들숨, 날숨과 새롭게 접촉한다.

이 지점에서 우리는 뜻대로 되지 않으면 자신의 경험에 대해 가혹한 평가를 내리기 쉽다. '나는 왜 잘 하지 못할까?' 자신에게 속삭인다. 이때는 잘 하지 못한다고 아는 마음을 친절로 대해본다.

자기를 비난하고 평가하는 생각과 느낌을 여느 생각이나 느낌과 다르지 않다고 보는 것이다. 이 생각과 느낌 역시 특별한 중요성이 없는, 시간이 지나면서 굳어진 '마음의 날씨' 정도로 간주한다. 더욱이 이 생각과 느낌은 정확하지도 않다. 자기를 비난하고 평가하는 생각과 느낌이 일어나면 인내하며 받아들이는 열린 마음을 키우는 기회로 삼자. 마음에 들지 않는 자신을 가혹하게 평가하는 것은 불필요한 마음의 짐을 더하는 꼴이다. 판단하는 마음을 알아차리지 않으면 이 순간 일어나는 현상을 제대로 볼 수 없고, 그러면 지금 이대로의 상태에 만족할 수 없다.

발견이 기대로 변질되다

여느 일처럼 명상도 마음의 행위 모드에서 접근하기 쉽다. 명상으로 마음의 폭풍이 저절로 가라앉는 경험을 몇 차례 하고 나면 다음 명상도 그래야 한다고 기대한다. 자리에 앉았는데 마음이 고요해지지 않으면 실망하고 좌절한다. 기대를 내려놓을 때 명상이 효과적이라는 걸 알면서도 이렇게 묻는다. '지난번엔 마음이 평온했는데 이번엔 왜 안 되지?' 이때 우리는 자신도 모르게 목표 달성의 태도로 명상 수련에 임하고 있다. 그러면서 명상 수련이 앞으로 나아가지 못하고 있다고 느낀다. 폴라는 말했다.

"명상이 짜증날 때가 있어요. 주로 퇴근 후 집에서 명상을 하는데 대개는 마음이 편해지지만 어떤 때는 잘 해야 한다는 생각에 초조해져요." 폴라에게 무슨 일이 일어나고 있는 걸까? 우선 폴라에게 지금 초조함이 존재하고 있다. 초조함은 몸에서 '느껴지는' 신체감각이다. 외면적으로는 짜증이 일어나고 있다. 폴라는 이 현상을 어떻게 다루었을까? "있는 그대로 놓아두고 호흡으로 돌아와요. 잠깐 괜찮아지는가 싶다가 조금 지나면 초조함과 짜증이 또 올라와요."

짜증은 대개 불만족에서 생기며 불만족은 기대와 목표가 좌절되었을 때 일어난다. 폴라가 세운 목표는 처음 어디에서 비롯했을까? 폴라는 명상 수련에 대해 이렇게 말했다. "명상이 잘 될 때는 지금-여기에 온전히 존재한다고 느껴요. 그러다 어느 순간, 짜증이 올라와요."

폴라는 명상을 하면 좋은 느낌이 일어나야 한다는 '목표'를 자기도 모르게 세웠다. 특히 명상 수련을 처음 시작할 때는 한 순간 '이거다' 싶은 느낌이 일어났다 바로 다음 순간 그것이 사라졌다고 느끼는 경우가 많다. 이때 이것을 알아차리며 마음의 행위 모드가 부리는 술수에 내면으로 미소 짓는다면 문제 되지 않는다. 하지만 마음의 행위 모드는 명상 수련에서 잠시 평온을 느낀 뒤에도 습관적으로 목표를 찾아 헤맨다. 그래서 다음 순간 또는 다음 수련에서도 마음이 평온해지는 경험을 해야 한다며 기대를 품는다. 만약 기대한 대로 평온해지지 않으면 실망하며 짜증을 낸다. 내면에 일어나는 기대와 짜증을 인식한다 해도 짜증을 내는 자신을 비난하기 쉽다. 판단하는 마음이 우리 내면에 일으키는 끝없는 소용돌이는 자신의 몸과 마음을 있는 그대로 받아들이지 못하게 한다. 우리는 명상의 고수들은 절대 짜증을 내지 않을 거라며 명상에 관한 환상을 품고 이상화한다.

그러므로 명상 중 짜증이 일어나면 판단하거나 명상에 관한 환상을 품기보다 단지 '짜증'으로, 있는 그대로 명칭을 붙여 관찰해야 한다. 그런 다음 호흡으로 다시 부드럽게 주의를 향한다. 우리는 자신도 모르게 명상 중에 '이렇게 느껴야 한다'는 기대를 습관적이고 자동적으로 품는데 이런 기대는 우리를 좌절하게 만든다. 이 기대를 오랜 친구를 대하듯 다정한 관심으로 단순하게 관찰해야 한다. '생각, 판단, 질책' 등으로 단순하게 알아본 뒤 호흡으로 주의를 돌리는 것이다.

이렇게 시간이 지나면 목표 지향적인 마음을 쉽게 알아볼 수 있다. 그러면 그것은 더 이상 명상 수련을 방해하는 적이 아니다. 이제 친절한 안내자로서 마음의 행위 모드가 우리 삶과 생각, 느낌, 동기에 얼마나 큰 영향력을 행사하는지 일깨우는 안내자가 된다. 그러므로 목표 지향적 마음이 일어나 명상을 제대로 못한다며 좌절할 필요는 없다. 오히려 우리들 누구나 목표 달성과 향상에 관하여 곤란한 감정에 쉽게 걸려들 수 있음을 상기시키는 단서로 삼아야 한다. 이 과정을 통해 생각과 느낌을 '단지' 생각과 느낌으로 바라볼 수 있다. 또 생각과 느낌이 많은 경우 사실과 다르며 그다지 유용하지 않다는 것도 알게 된다.

마음의 방황을 받아들인 뒤 다시 시작하기

마음챙김 수련 중 마음이 행위 모드로 돌아가면 명상이 효과가 없다거나 제대로 못하고 있다는 생각이 든다. 이때는 호흡 등 대상에 대한 깨어있는 마음을 계발하는 수련이 기본적으로, 딴 곳으로 주의가 달아날 때마다 거듭 처음 대상으로 주의를 돌리는 연습임을 기억하자. 빈스의 말이다.

"예전에는 마음이 달아나면 화나고 좌절했지만 이제 생각이 지나가도록 놔둬요. 그러면 불편한 마음이 줄고 생각의 세기도 줄어요. 생각이 그냥 둥둥 떠다니는 느낌이에요."

빈스는 마음이 호흡에서 달아나 이리저리 떠돌아도 개의치 않고 호흡으로 주의를 돌렸다. 주의가 생각에 낚여도 좌절하지 않은 이유는 생각이 일어나지 '않았기' 때문이 아니다. 일어나는 생각에 반사적으로 반응하지 않고 관찰하는 법을 배웠기 때문이다. 생각이 일어나는 과정을 관찰하자 자기 평가에 빠졌을 때보다 안정되게 호흡에 머물렀다.

마음이 방황하고 있음을 깨닫는 순간, 명상이 어렵다고 느끼기 쉽다. 그런데 이 순간은 훌륭한 배움의 기회이기도 하다. 반복적인 수련으로 매번의 들숨이 새로운 시작이며, 매번의 날숨이 또 다른 내려놓음이라는 사실을 거듭 알게 된다. 또 마음이 순간적으로 하나의 모드에서 다른 모드로 옮겨감을 본다. 이런 식으로 명상 수련은 언제나 지금 이 호흡과 함께, 지금 이 순간 다시 시작하는 기회를 자신에게 선사한다. 마음이 백 번 방황하면 마음을 호흡으로 백 번 돌리면 된다. 빈스가 말한 것도 이것이다.

궁극적으로 명상 수련이 우리에게 요청하는 바는 마음이 스스로의 생명을 가졌다는 사실을 알고 받아들이는 것이다. 또 호흡 등의 대상을 정해도 마음은 거기 머물지 않고 필연코 딴 곳으로 달아난다는 사실을 받아들이는 것이다. 그리고 마음이 대상에서 달아날 때마다 부드럽게 호흡으로 주의를 돌릴 수 있음을 아는 것이다. 궁극적으로 우리는 방황과 집착, 애씀을 비롯한, 마음에서 일어나는 모든 현상을 가볍고 부드럽게 알아차림으로 품을 수 있다. 명상 수련이란 어쩌면 이것이 전부인지 모른다. 명상 수련이 힘들어지는 순간이 가장 큰 배움을 얻는 순간이다. 명상이 잘 안 되어도 매번 다시 시작하는 순간, 우리는 잠시나마 기쁨을 느낀다. 집으로 돌아오는 느낌, 오랜 친구를 만나는 느낌이다. 이런 경험은 호기심과 모험감을 일깨워 수련을 포기하고 싶을 때에도 지속하게 한다.

통제를 내려놓고, 있는 그대로 두기

수잔은 호흡을 조절하려 하자 집중이 되지 않았다. "일부러 호흡을 느리게 조절하려 하니 제대로 하고 있나 하는 생각에 호흡이 자연스럽지 않았어요." 명상을 처음 시작할 때 흔히 호흡을 조절하려고 하지만 몸은 어떻게 호흡하는지 스스로 안다. 생각과 의심, 애쓰는 마음이 끼어들지 않으면 몸은 알아서 숨을 쉰다. 그럼에도 자신에 관대한 태도로 기대를 내려놓기란 쉽지 않다. 몸을 있는 그대로 두면 알아서 숨을 쉰다는 사실을 잘 믿지 못한다. 마침내 수잔은 호흡을 느리게 할 필요가 없음을 알았다. 사실, 그녀는 무엇도 '할' 필요가 없었다. 특정 현상을 일으키려고 호흡을 조절하는 대신, 그저 호흡과 함께 일어나는 느낌에 집중하면 되었다. 수잔이 말했다. "이젠 명상이 재미있어요. 이전엔 호흡을 의식적으로 조절하려 했지만 지금은 몸이 숨 쉬는 대로 그냥 놓아둬요. 그러다 마음이 딴 곳으로 달아나면 알아차린 뒤 호흡으로 돌아와요."

호흡 마음챙김으로 특정 상태에 이를 필요는 없다. 호흡 마음챙김의 목적은 매 순간 경험이 그저 '지금 이대로' 존재하도록 허용하는 것이다. 지금과 다르게 되도록 요구하지 않는다. 지금 있는 그대로를 알아차리며 머무는 것이 호흡 마음챙김의 목적이다.

한 번에 한 호흡: 오직 이 순간

한 번에 한 호흡에 마음을 두는 연습으로 우리는 한 번에 하나씩 받아들이는 법을 배운다. 오직 지금 이 순간에 존재하는 법을 터득한다. 일상의 많은 상황에서 우리는 처음부터 미래를 예상하고는 한다. 거대한 장작더미가 집 앞마당에 배달되었다. 당신은 장작더미를 바라보며 한숨을 쉰다. 뒷마당에 옮길 생각에 기운이 빠져 엄두를 내지 못한다. 갑자기 텔레비전 시청이 더 매력적인 대안으로 다가온다. 그러나 우리는 한 번에 장작 한 개씩을 온 마음을 기울여 옮길 수 있다는 사실도 안다. 이렇게 알면 성가신 일이 어느 순간

해볼 만한 일이 된다. 여기서 핵심은 옮길 장작이 산더미 같다는 사실을 모른 체하는 것이 아니다. 그보다 지금과 다른 마음 모드에 들어갈 수 있는지 보는 것이다. 새 마음 모드에서는 오직 지금 이 순간이 가진 성질에 주의를 기울인다. 일을 다 끝낸 뒤 얼마나 녹초가될지 미리 예상하지 않는다.

이는 장작더미뿐 아니라 삶의 다른 영역에도 해당된다. 오늘 하루, 이번 한 주, 이번 한 달이 아닌 앞으로 할 일 '전부'에 초점을 맞추면 스스로 지쳐버린다. 한꺼번에 질 필요가 없는 짐을 굳이 지려는 꼴이다. 의도적으로 지금 이 순간, 바로 내 앞에 존재하는 것에 의식의 주파수를 맞춰보자. 그러면 활력이 자연스럽게 흘러 이 순간 할 일을 멋지게 해낼 수 있을 것이다.

깨어있는 마음으로 걷기

이 책에 소개한 모든 수련법은 현재 순간에 자기 경험의 특정한 측면에 의도적으로 주의를 기울이는 연습이다. 이런 방식으로 수련하면 깨어있는 알아차림이 커져 마음이 안정된다. 자신의 경험을 명료함과 알아차림으로 대하려면 마음의 안정이 중요하다. 그런데 마음이 들뜨고 산만할 때면 자리에 가만히 앉거나 누운 채 호흡에 집중하기 쉽지 않다. 이런 때는 우리에게 익숙한 또 하나의 일상 경험인 걸을 때 느끼는 몸의 감각에 주의를 향한다. 깨어있는 마음으로 걷는 수련은 오래 전부터 깨어있는 마음으로 하는 호흡과 함께 닦아온 수련법이다. 걷기 마음챙김은 그 자체로도 훌륭한 명상 수련이다.

여기서 깨어있는 걷기 수련 등 몸을 움직이는 명상 수련이 어떻게 우리의 마음 모드를 변화시키는지 궁금할지 모른다. 태극권, 기공, 하타요가는 모두 몸을 움직이는 명상이다. 머리가 복잡할 때 강아지 산책이나 달리기를 하면 머릿속이 깨끗해진다. 다가오는 주말 파티에 춤 출 생각만으로 생생히 살아있는 느낌이 들어 지난주 골치 아팠던 마음의 짐이 덜어지는 경험도 했을 것이다. 마음이 답답하고 울적할 때 몸을 움직이는 신체 활동으로 답답함을 풀고 끝도 없는 고민에서 벗어날 수 있다. 어떤 신체 활동이든 주의를 기울이는 방식을 의도적으로 바꾸어 알아차림으로 한다면 그 자체로 마음챙김 수련이 된다. 깨어있는 걷기 수련은 몸을 움직이며 마음챙김을 키우는 좋은 방법이다. 다음 명상 안내를 통해 직접 확인해보자.

깨어있는 걷기를 수련하는 방법은 여러 가지다. 그중 하나는 걸을 때 바닥에 닿는 발의 느낌에 집중하는 것이다. 잠시 다음 명상 안내문을 읽고 걷기 명상을 직접 수련해보자.

○ 걷기 명상: 깨어있는 마음으로 걷기

- 사람들의 시선을 의식하지 않으면서 왔다 갔다 걷기에 적합한 장소를 찾아봅니다.

- 양 발을 몸 너비로 나란히 벌린 채 무릎은 살짝 힘을 뺍니다. 양 팔은 몸 옆에 자연스럽게 떨어뜨리거나 몸의 앞과 뒤에서 가볍게 붙잡아도 좋습니다. 시선은 힘을 빼고 부드럽게 정면을 향합니다.

- 이제 서 있는 발바닥에 알아차림을 가져갑니다. 발이 바닥에 닿는 느낌을 알아차립니다. 다리와 발을 통해 바닥에 전해지는 내 몸의 무게 감을 느껴봅니다. 이때 무릎을 몇 차례 살짝 굽혀 발과 다리의 감각을 더 분명히 느껴봐도 좋습니다.

- 이제 왼쪽 발꿈치를 천천히 바닥에서 들어 올립니다. 이때 들어 올리는 발꿈치의 감각을 온전히 알아차립니다. 왼발을 천천히 앞으로 나아갑니다. 앞으로 나아가는 왼쪽 발과 다리의 감각을 알아차립니다. 나아간 뒤에는 왼쪽 발을 바닥에 내려놓습니다. 이때 왼쪽 발꿈치가 바닥에 닿는 것을 알아차리며 내립니다. 보폭을 너무 크게 하지 말고 자연스럽게 걷습니다. 왼쪽 발꿈치가 바닥에 닿은 다음에는 왼쪽 발바닥 전체가 바닥과 닿을 것입니다. 이때 몸이 앞으로 나아가면서 몸

의 무게중심이 왼쪽 다리로 옮겨가는 동시에 오른쪽 발꿈치가 바닥에서 떨어지는 것을 알아차립니다.

- 이제 몸의 무게가 왼쪽 다리로 더 많이 옮겨갑니다. 모두 옮겨갔으면 오른발의 나머지 부분이 바닥에서 떨어지며 천천히 앞으로 나아갑니다. 이때에도 발과 다리의 감각이 어떻게 변화하는지 알아차립니다. 오른발이 앞으로 나아간 뒤 바닥에 닿는 순간, 오른쪽 발꿈치의 감각에 주의를 집중합니다. 그런 다음 오른발이 부드럽게 바닥에 닿을 때 몸의 무게가 오른발 전체에 실리는 것을 알아차립니다. 또 왼쪽 발꿈치가 들리는 것도 알아차립니다.

- 이런 식으로 한쪽 끝에서 다른 쪽 끝까지 천천히 걷습니다. 발이 바닥에 닿을 때는 발꿈치와 발바닥의 느낌에 집중해 알아차리고, 발이 앞으로 나아갈 때는 발과 다리 근육의 감각을 주로 알아차립니다. 이때 알아차림을 확장시켜 이렇게 걷는 동안 호흡은 어떻게 하고 있는지 느껴볼 수도 있습니다. 숨이 몸으로 들어오고 나가는 동안 호흡의 감각을 느껴봅니다. 아니면 이렇게 걸으며 호흡하고 있는 몸 전체를 알아차려도 좋습니다.

- 이렇게 해서 다른 쪽 끝에 도착했으면, 잠시 그 자리에 멈춥니다. 서 있는 자신의 몸을 알아차린 뒤 천천히 뒤로 돕니다. 뒤로 돌 때도 몸이 움직이는 복잡한 패턴을 알아차리며 돕니다. 또 뒤로 도는 동안 눈에 들어오는 여러 모습들을 알아차려도 좋습니다.

- 이런 식으로 한쪽 끝에서 다른 쪽 끝까지 왔다갔다 걷습니다. 발과 다리의 감각, 발이 바닥에 닿는 느낌 등 걸을 때 일어나는 모든 경험을 매순간 최선을 다해 알아차립니다. 시선은 힘을 빼고 부드럽게 정면을 향합니다.

- 걸음을 알아차리지 못하고 마음이 딴 곳으로 달아났을 때는 지금 걷고 있는 동작으로 부드럽게 주의를 되가져옵니다. 지금 걷고 있는 몸을, 주의를 되가져오는 '닻'으로 활용합니다. 만약 마음이 들떠 걸음에 집중이 안 된다면 잠시 걸음을 멈추고 양 발을 어깨 너비로 벌린 채 자리에 서 있는 자신의 몸과 호흡을 전체적으로 느껴봅니다. 이렇게 해서 몸과 마음이 차분해지면 깨어있는 마음으로 다시 걸음을 걷습니다.

- 이렇게 10~15분 동안 걷습니다. 원한다면 조금 더 오래 걸어도 좋습니다.

- 처음에는 평소보다 느린 속도로 걷는 것이 걸음의 감각을 온전히 알아차리는 데 좋습니다. 천천히 걸으면서 발의 걸음을 알아차렸다면 이제 평소 걷는 속도로(또는 약간 빠르게) 걷는 실험을 해봐도 좋습니다. 마음이 들떠 있다면 우선은 조금 빠르게 걷다가(이때도 알아차리며 걷습니다) 자연스럽게 천천히 걸어도 됩니다.

- 걸음의 폭을 너무 크게 하지 않습니다. 또 눈으로 발을 쳐다보지 않

습니다. 눈으로 보지 않아도 마음은 지금 나의 발이 어떻게 움직이는지 압니다. 그저 발의 감각을 느끼면 됩니다.

- 걷기 명상으로 키운 알아차림을 일상의 다른 걷기 동작에도 적용해봅니다. 달리기를 할 때도 걷기 명상에서 키운 주의력을 매 순간, 매 호흡마다 적용할 수 있습니다.

〜〜〜〜〜〜〜〜〜〜〜〜〜〜〜〜〜〜〜〜〜〜〜〜〜〜〜〜〜

걷기에서 배우다

걷기 명상은 마음이 들떠 한곳에 머물지 못하거나 자리에 가만히 앉기 어려울 때 하면 좋다. 우리가 힘겨운 시기에 있을 때 걷는 감각은 앉아서 하는 명상보다 감정적인 안정감을 준다. 깨어있는 걷기는 움직이는 명상이다. 목적지를 정하지 않은 채 한 걸음, 한 걸음 깨어있는 마음으로 걷는다. 말하자면 '걷기를 위한 걷기'다. 목적지가 없다는 것은 앞서 호흡 명상에서 매번의 들숨과 날숨에 새로 시작한 것과 같은 맥락이다. 목적지를 정하지 않는다는 것은 특정 상태에 도달하려는 행위 모드와 다른 마음의 모드에 들어갔다는 의미다. 같은 길을 왕복해 걷는 단순한 동작은 우리가 반드시 가야 하는 곳, 반드시 해야 하는 일, 반드시 이뤄야 하는 목표란 존재하지 않음을 상징적으로 표현한다. 지금 이 순간, 지금 이 걸음에 오롯이 존재하는 것으로 충분하다. 수잔의 말이다.

"걷기 명상이 좋아요. 퇴근 후 아이를 데리러 학교에 가요. 차에서 내려 학교 건물까지 걸어 오르는데 이전에는 허둥지둥 걸었다면 이젠 걸음을 알아차리며 걸어요. 호흡과 함께하며 천천히 걸어 엄마를 기다리는 아이에게 이를 즈음엔 마음이 평온해져요." 걷는 속도를 조금 늦추자 마음은 더 평온해졌다. 차를 세운 뒤 운전석에서 내리기 전에 잠시 자리에 앉아 호흡을 알아차리기도 했다. "마음이 바쁘면 행동도 허둥대죠. 이럴 땐 몸을 조금 천천히 움직이며 지금 일어나는 일을 알아차려요. 전에는 학교 건물까지 1분이 걸렸다면 지금은 3~4분이 걸려요. 하지만 그만큼 값어치가 있어요. 몇 분 늦어도 큰일 나지 않아요. 단 1분이지만 그걸 알아차리면 더없이 소중한 시간이죠."

수잔의 경험은 지극히 짧은 순간도 깨어있는 시간으로 활용할 수 있음을 보여준다. 수잔에게 깨어있는 걷기 수련은 집에서 조용히 하는 규칙적인 마음챙김 수련을 소란스러운 일상의 활동에 적용하는 방법이었다.

알아차림 없는 상태에서 알아차림 상태로

4장의 처음에 소개한 초보 수행자는 처음에 마음에서 생각을 몰아내려 했고, 다음엔 생각으로 가득 채우려 했다. 어쨌거나 마음을 '통제'하려고 했다. 자신이 세운 목표에 얼마나 가까워졌는지 계속 확인하다 보니 마음이 고요하지 못했다. 깨어있는 마음으로 호흡하고 걷는 목적은 마음에서 생각을 몰아내기 위해서가 아니다. 호흡과 걸음을 더 잘 알아차리기 위해서다. 일어나는 현상을 있는 그대로 알아차리며 놓아둘 때 마음의 명료함과 안정감은 자연스레 따라온다. 잠깐 마음이 평온해졌다고 수행이 향상한 신호로 받아들일 필요는 없다. 또 잠시 마음이 들떴다고 수행이 퇴보한 징표로 받아들일 필요도 없다. 그것은 이후 수련에서 좌절과 실망의 씨앗을 뿌리는 것과 다름없다. 이때 우리는 자신이 이룬 바와 원하는 바를 행위 모드의 기준에서 비교 평가하고 있다.

마음챙김을 수련하는 목적은 마음을 억지로 통제하기 위해서가 아니다. 건강한 마음 패턴과 해로운 마음 패턴을 지혜롭게 분별하기 위해서다. 호기심과 열림, 받아들임의 태도로 자신의 몸과 마음에 다가가기 위해서다. 그렇게 해서 지금-여기에서 드러나는 현상을 있는 그대로 보기 위해서다. 일어나는 현상에 맞서 싸우지 않고 함께할 때 오래된 마음 습관에서 조금씩 벗어날 수 있다. 내가 지금 무얼 하고 있는지 그것을 하는 중에 직접적으로 알게 되며, 알아차림 없는 상태에서 알아차림의 상태로 자연스럽게 옮겨간다.

다른 앎의 방식

"하늘을 나는 기분이야." "어제 일은 정말 역겨워." "심장이 덜컥 내려앉았어." 우리는 흔히 신체적 비유를 통해 자신의 감정 상태를 드러낸다. 여기에는 그럴 만한 이유가 있다. 몸에서 일어나는 감각은 감정의 저장소이자 감정이 보내는 메시지를 전하는 전령이다. 기쁠 때 우리는 '실제로' 하늘을 나는 것처럼 느낀다. 또 토가 나고 심장이 내려앉는 '것처럼' 느낀다. 그만큼 신체적 표현은 우리가 느끼는 감정을 실감나게 전한다.

여기서 핵심은, 나의 몸이 지금 내가 어떻게 느끼는가에 관하여 많은 것을 말하고 있다는 점이다. 그럼에도 우리가 몸이 보내는 메시지에 지혜롭게 귀 기울이지 않는 이유는 끊임없이 생각과 판단을 일으키는 방식으로 몸의 메시지에 반응하기 때문이다. 따라서 우리가 할 일은 존재 모드에 머물며 몸에서 느끼는 감각에 열리는 것이다. 몸의 감각을 제대로 알고 친숙해지며 그것을 받아들이는 것이다. 열린 마음으로 신체감각에 귀 기울일 때 즐겁든 불쾌하든 중립적이든 지금 이 순간의 경험과 함께하는 효과적인 방법을 새로 알게 된다.

"세상 고민 혼자 다 진 것 같아." 우리는 때로 이런 말을 한다. 많은 사람이 우울하고 불행하다고 느낄 때 하는 말이다. 무거운 짐이 몸을 짓누르며 일상의 평범한 행동에도 엄청난 힘이 필요하다고 느낀다. 앞서 1장에서 우울증의 해부학을 이야기할 때 우울증에서 몸이 중요한 부분을 차지함을 보았다. 또 건포도 명상과 걷기 명상을 통해 우리가 평소 몸의 메시지를 담은 직접적 감각 경험에서 얼마나 멀어져 있는지도 비로소 알았다. 이때 몸에 터 잡은 채 생각과 감정에 휩쓸리지 않고 현재 순간의 신체감각에 열린다면 어떨까? 그럴 수 있다면 우리 앞에는 풍성하고 다양한 풍경이 펼쳐질 것이다.

앞서 말했듯 신체감각과 생각, 느낌, 행동이 함께 작용해 우울한 상태를 일으킨다. 여기서는 신체감각이 부정적 사고를 일으키는 방식을 살펴보자. 당신이 한동안 우울한 기분에 빠져 있었다고 하자. 그렇다면 아침잠에서 깨자마자 당신이 가장 먼저 아는 것은 몸의 무거움과 피곤함, 통증일 것이다. 잠을 자도 잔 것 같지 않다. 에너지가 바닥나 전날 잠자리에 들었을 때보다 더 피곤하다.

신체감각 외에 생각도 일어난다. '오늘 아무것도 못할 것 같아. 또 하루를 버리는구나.' 이런 생각이 고개를 들면서 좌절하고 슬퍼진다. 자신이 실망스럽다. 어떻게든 침대에서 몸을 일으키려 하지만 천근만근 무거운 몸은 다시 침대에 눕고 만다. 이에 당신은 무기력한 생각을 몰아내려 한다. 이 생각에 함께 따라오는 느낌이 너무 싫기 때문이다. 활력이 바닥나는 일도 신물이 났다. '어쨌거나 일어나 움직여야 해. 이렇게 누워 있으면 좋을 게 없어.' 이렇게 속삭이며 이윽고 자리에서 일어난다. 그렇게 일상의 바쁜 활동에 파묻힌다. 그러다 보면 어느새 무기력한 느낌이 사라진 것 같다. 하지만 매일 아침 이렇게 힘들 게 일어나야 한다고 생각하니 마음이 편치 않다.

1장에서 신체감각, 생각, 느낌, 행동이 한데 뭉뚱그려 우울이라는 하강 소용돌이를 일으킴을 보았다. 앞의 사례에서도 아침에 일어나자마자 몸의 무거운 신체감각과 더불어 그에 '관한' 생각과 감정이 함께 일어났다. 생각과 감정은 무거운 신체감각을 더 무겁게 만들어 우리를 우울의 나락에 빠뜨린다.

이때 마음에서 일어나는 생각과 감정에 휩쓸리기보다 직접적인 몸의 감각에 열린다면 어떨까? 앞서 우리는 현재 순간의 신체감각에 깨어날 때 몸의 메시지가 새로운 차원으로 변하는 것을 보았다. 깨어있는 마음으로 건포도 한 알을 먹으면 지금껏 몰랐던 감각을 처음으로 알게 된다. 깨어있는 마음으로 걸으면 일상의 걷는 동작이 근육의 기적이라는 사실을 깨닫는다. 몸의 감각에 익숙해져 직접적으로 알 때 강력하고 새로운 방식으로 신체감각을 경험할 수 있다. 아침잠에서 깬 순간의 경험이 즐겁든 불쾌하든 '모든' 순간과 더 현명하게 관계 맺을 수 있다. 5장에서는 신체감각에 대한 마음챙김을 자세히 살펴본다. 특히, 마음챙김이 어떻게 자신의 몸을 아는 새로운 가능성을 제시하는지 살펴보고, 몸에 관한 습관적 사고 때문에 빠져드는 함정을 피하는 방법이 무엇인지 알아본다.

직접 경험은 생각과 다르다

불행감을 일으키는 악순환의 심리 기제는 매우 자동적으로 일어난다. 그래서 알아차리기 쉽지 않다. 그렇다고 악순환을 멈출 수 없는 건 아니다. 불행감을 일으키는 악순환에는 몸-생각, 생각-느낌, 느낌-몸 등의 연결고리가 존재한다. 각각의 연결고리는 불행감이라는 악순환의 진행 방향을 역전시키는 기회가 된다. 특히, 깨어 있는 마음으로 몸을 알아차리는 것만으로 불행감의 악순환에 틈을 낼 수 있다. 당장은 믿기 어려울 것이다. 자기 경험으로 직접 확인하는 것이 가장 확실하다. 당신은 지금 자신의 지친 몸을 '이미' 알아차리고 있다고 생각할 것이다(사실 '너무 많이' 알아차려서 문제다). 여기서 2장과 3장에서 다룬 주제를 떠올려보자. 마음챙김이란 단지 대상에 '더 많이' 주의를 기울이는 것이 아니라 이전과 '다른 방식으로' 더 현명하게 주의를 기울이는 것이란 점이다.

앞서 보았듯이 행위 모드에 있을 때 우리는 '생각하기'와 '이름 붙이기'라는 렌즈로 세상을 본다. 평소처럼 자기 몸에 대해 머리로

만 생각한다면 아침잠에서 깨 무기력함을 느끼는 순간, 마음은 몸 뿐 아니라 삶의 잡다한 일에 관한 생각으로 가득 찰 것이다. 그러나 이런 식의 주의 기울임은 상황을 악화시킬 뿐이다. 이때 존재 모드에 들어가 몸에 집중한다면 몸이 전하는 직접적인 감각에 열린다. 매순간 몸의 감각을 알아차리되, 이전과 다른 방식으로 알아차린다. 몸의 느낌에 관한 생각에 빠지지 않으면 몸의 무거운 느낌이 안개 걷히듯 옅어지거나 사라질 수 있다. 몸의 무거운 느낌을 억지로 없애려 하지 않는다. 부정적 생각으로 몸의 무거운 느낌을 키우지 않으면 자신도 모르게 사라질 수 있다. 이 과정을 거쳐 무기력한 느낌에서 벗어나 몸과 마음에 일어나는 모든 현상과 효과적으로 관계 맺는다.

마음챙김이란 알아차림에 자리를 잡고 머무는 것이다. 하늘은 거기 떠가는 구름과 새, 변화무쌍한 날씨와 다르다. 마찬가지로 마음챙김은 마음에서 일어나는 생각이나 느낌과 다르다. 마음챙김은 몸과 마음에 일어나는 모든 현상을 담을 수 있는 커다란 **그릇** (container)이다. 마음챙김은 새로운 앎의 방식인 동시에 새로운 존재의 방식이다. 마음챙김은 인간으로 태어난 누구나 가진 능력이다. 우리는 그것을 신뢰할 수 있다. 누구나 알아차림이라는 새로운 앎과 존재의 방식에 머무는 법을 연습할 수 있다. 또 알아차림은 그 자체로 삶의 스트레스를 피하는 안식처다. 행위 모드의 습관적이고 해로운 악순환과 우울의 먹구름에서 벗어나게 한다.

앞서 말했듯 마음의 행위 모드와 그 생각 패턴은 존재 모드가 가진 경험적 성질을 흐리게 만든다. 마음챙김을 수련하는 이유는 나에게 펼쳐지는 삶의 직접 경험과 매순간 접촉하기 위해서다. 이때 몸은 새로운 존재 방식을 터득하기에 적합한 영역이다. 무엇도 덧붙이지 않은 날것 그대로의 신체감각은 직접적이고 체험적인 앎의 방식을 키우기에 좋은 출발점이다.

놀랍게도 언제 어디서도 자신의 몸에 마음챙김을 가져갈 수 있다. 다음의 간단한 실험을 통해 지금 앉은 자리에서 실험해보자. 앉은 채로 자신의 손을 눈으로 보지 말고 머릿속으로 생각한다. 자기 손의 이미지를 머릿속에 떠올린다. 이때 머릿속의 관찰자는 손이 지금 어디에 있는지, 어떤 모양인지 안다. 하지만 손을 '직접' 아는 것은 아니다. 손에서 거리를 둔 채 손에 '관한' 생각을 떠올리는 데 불과하다. 내 손의 모양이 마음에 안 들 수도 있고, 친구의 손보다 늙었다고 생각할 수도 있다. 그런데 이와 다르게 '직접적으로' 자신의 손을 아는 방법도 있다.

practice

○ 깨어있는 마음으로 손 알아차리기

- 우선, 지금 이 순간 자신의 손이 어디에 있건 손을 쳐다보지 말고 손 '속으로' 주의를 가져갑니다. 손의 속을 알아차리다가 손의 바깥까지 알아차림이 가득 차도록 합니다. 손의 뼈에서 손을 감싼 피부로, 또 손톱으로 주의를 이동시켜봅니다. 손가락 끝과 손가락의 감각에

열린 채 알아차립니다. 손가락 사이의 빈 공간도 알고, 손가락을 감싼 공기도 느껴봅니다. 손등과 손바닥, 손목의 느낌도 느껴봅니다.

- 손이 다른 물건과 닿아있는 감촉도 느낍니다. 손을 무릎 위에 올려놓았다면 무릎과 닿는 느낌, 의자나 방석과 닿았다면 그것과 닿은 느낌을 느껴봅니다. 닿아있는 감촉이 어떤지, 온도는 어느 정도인지, 시원한지 따뜻한지, 딱딱한지 부드러운지 등 어떤 감촉이라도 지금 존재하는 그대로 느낍니다.

- 이제 지금 앉아 있는 의자에 손을 가져갑니다. 손가락 끝을 의자 측면에 가볍게 댑니다. 손가락에서 느껴지는 느낌을 알아차립니다. 이제 손으로 의자의 옆 부분을 잡습니다. 이때에도 손에서 느껴지는 느낌에 주의를 기울입니다. 손가락과 손 속으로 알아차림을 가져갑니다. 손이 의자와 닿는 느낌, 손으로 의자를 잡았을 때 눌리는 느낌을 직접 느껴봅니다. 손가락과 의자가 실제로 닿는 느낌을 알아차림으로 살펴봅니다. 손가락 근육의 조이는 느낌, 시원하거나 따끔하거나 얼얼한 느낌 등 끊임없이 바뀌는 느낌을 느껴봅니다.

- 손에 대한 알아차림을 자연스럽고 편안하게 지속하면서 손의 감각이 조금 전과 어떻게 바뀌었는지 봅니다. 잠시 멈추어 지금 자신의 손에 어떤 일이 일어나고 있는지 느껴봅니다.

이 간단한 연습으로 손에 관한 생각과, 손을 직접 느끼는 것이 어떻게 다른지 알 수 있다. 손에서 직접 느끼는 느낌은 손의 모양과 상관이 없다. 자신의 손을 다양한 감각의 변화 패턴으로 경험한다. 누르는 감각, 따뜻하고 시원한 감각, 따끔거리는 감각, 무딘 감각 등 매순간 변화하는 다양한 감각 패턴으로 손을 경험한다.

이처럼 몸에 관한 생각과, 몸의 감각을 직접 느끼는 것이 어떻게 다른지 아는 것은 중요하다. 보통 우리는 머리로 몸을 생각하며 이렇게 생각한다. "맞아, 여기 통증이 있고 저기 가려움이 있군. 어떻게 좀 해야겠어." 그러나 이와 다른 접근법도 있다. 지금 바로 몸속으로 마음을 가져가는 것이다. 몸을 알아차리는 상태로 존재하는 것이다.

몸을 집적 경험할 때 알게 되는 것

낸시의 손 알아차리기 경험을 보자. 낸시는 손의 모양과 이미지를 머릿속에 그리는 일은 어렵지 않았다. 안 그래도 최근에 쉽게 지치던 터라 자신의 손을 생기 없고 늙었다고 여기는 일은 자연스러웠다. 이렇게 자신의 손에 관해 생각하자 이번에는 엄마의 손이 떠올랐다. 낸시가 어릴 적 그토록 강인했던 엄마의 손은 오랜 뒤 그녀가 엄마를 돌보게 되었을 때 늙고 약해 있었다. 그게 벌써 20년 전이다. 이제 낸시 차례다. 손이 늙어가고 삶이 속절없이 흘러간다고 느끼는 것 말이다. 이 생각과 기억은 행위 모드가 지닌 앎의 방식이다. 생각과 기억은 그녀를 현재의 경험에서 먼 곳으로 데려갔다.

낸시는 손을 직접 알아차리는 연습에서 손의 감각에 의식을 맞췄다. 그러자 손가락이 따끔거리는 게 느껴졌다. 처음엔 혈액순환이 걱정되었지만 조금 지나 따끔거리는 느낌에 있는 그대로 집중하자 약해졌다. 이제 손이 따뜻해지는 느낌이 들었다. 이 감각에 주의를 기울이자 그것 역시 일어난 뒤 사라졌다. 의자에 손가락을 대자 시원한 금속의 감촉이 느껴졌다. 또 손으로 의자를 붙잡자 약간 저린 느낌이 들었다. 낸시는 손에 느껴지는 감각에 집중했다. 그것은 손의 모양과 무관했다. 이것은 그녀에게 완전히 새로운 경험이었다. 연습 마지막에 낸시는 손의 감각에 오롯이 집중한 채 마음이 다른 대상으로 달아나지 않았다. 몸의 감각을 직접 느끼자 잠시나마 마음의 재잘거림도 줄었다. 존재 모드의 직접적인 앎을 경험했다. 생각에 휩쓸리지 않는 채로, 있는 그대로의 경험에 머물렀다.

여기서 낸시는 무엇을 배웠을까? 지금과 다르게 주의 기울이는 법을 배웠다. 또 지금과 다른 방식으로 자기를 아는 법을 배웠다. 만약 지금껏 하던 대로 자기 몸에 관한 생각에 빠져 있었다면 생각과 개념으로 마음이 가득했을 것이다. 이제 낸시는 몸에 집중하면서도 그것을 직접적인 감각으로 경험했다. '손 실험'을 통해 마음의 행위 모드에서 존재 모드로 이동하고 있었다.

행위 모드에서 존재 모드로 이동하는 것은 만성적인 불행감에 빠졌을 때 특히 중요하다. 자기를 비난하는 부정적 생각은 매우 쉽게 우리를 우울의 나락에 빠뜨린다. 이때 몸에 관한 생각에 끌리지 않고 온전한 알아차림으로 몸에 머문다면 몸과의 관계에서—더 넓게는 삶 전체와의 관계에서—심원한 자유를 경험한다.

손에 마음챙김을 가져가는 간단한 실험을 몸 전체로 확장할 수도 있다. 이 과정에서 우리가 기울이는 주의에 눈에 띄는 변화가 일어난다. 지금껏 삶의 대부분 시간을 머릿속에서 살았다면 이제 몸 전체를 알아차리며 산다. 우리 저자들이 제공하는 마음챙김 프로그램에서 가장 먼저 이런 변화를 일으키는 도구가 있다. 바로 바디스캔(body scan)이라는 명상 수련이다.

바디스캔

바디스캔은 누워서 하는 명상 수련으로 우리 저자들이 제공하는 마음챙김 프로그램의 첫 세션에서 소개한다. 참가자들은 최소 2주 동안 매일, 수련 안내음성에 따라 집에서 바디스캔을 수련한다. 바디스캔은 직접적이고 체계적으로 몸의 각 부분에 차례대로 주의를 기울이는 연습이다. 이를 통해 현재 순간 자신의 몸과 흥미롭고 친밀하며 따뜻한 관계를 맺는다. 몸의 각 부위에 주의를 기울이는 것이 언제나 쉽지만은 않다. 이런 이유로 호흡을 도구 삼아 몸의 각 부위에 알아차림을 가져갈 수도 있다. 다시 말해 호흡이 실제로 몸 이곳저곳을 돌아다닌다고 상상하며 해당 부위를 직접 경험하고 느끼며 안다. 지금 바로 안내음성에 따라 바디스캔을 수련해보자. 지금 당장 어려우면 나중에 해도 좋다.

○ 바디스캔 명상

- 춥지 않고 방해받지 않는 장소에서 등을 바닥에 대고 편안히 눕습니다. 매트를 깔아도 좋고 침대에 누워도 좋습니다. 눈은 가볍게 감습니다.

- 지금 자신의 호흡과 몸의 감각이 어떤지 잠시 몇 분간 느껴봅니다. 그런 다음 바닥과 닿는 부위의 신체 감각에 알아차림을 가져갑니다. 숨을 내쉴 때마다 몸이 바닥 아래로 가라앉는다고 상상해봅니다.

- 바디스캔에 임하는 의도를 바로 세웁니다. 즉, 지금 이 시간은 잠에 떨어지는 시간이 아니라, 반대로 잠에서 깨어나는 시간임을 떠올립니다. 바디스캔의 목적은 지금 펼쳐지고 있는 어떤 경험이라도 알아차리는 것임을 상기합니다. 느낌을 변화시키는 것도, 더 편안하고 고요해지는 것도 아닙니다. 바디스캔의 목적은 몸의 각 부분에 체계적으로 주의를 집중하면서, 느껴지는 모든 감각에 알아차림을 가져가는 것입니다. 아무 감각도 느껴지지 않는다면 '감각 없음의 상태'마저 알아차립니다.

- 이제 배의 감각으로 알아차림을 가져갑니다. 특히 숨이 들고 날 때 복벽이 어떻게 변화하는지 느낌을 알아차립니다. 숨을 들이쉬면 배가 불러오고 내쉬면 배가 꺼집니다. 이 느낌을 몇 분 동안 관찰합니다.

- 배의 느낌을 관찰했으면 이제 왼쪽 다리를 따라 왼쪽 발, 왼쪽 발가락까지 주의를 내려 보냅니다. 발가락에 주의를 머물며, 발가락 하나하나에 부드럽고 따뜻하며 호기심 어린 주의를 보냅니다. 그러면서 지금 발가락의 감각이 어떤지 가만히 살펴봅니다. 발가락이 서로 닿는 느낌을 관찰해봅니다. 따끔거리는 느낌, 따뜻한 느낌, 저린 느낌 등 어떤 느낌이라도 지금 발가락에 존재하는 느낌을 관찰합니다. 아무 느낌도 없다면 느낌이 없는 상태는 어떠한지 느껴봅니다. 무엇이든 지금 경험하는 것을 느끼면 됩니다. 지금-여기에 존재하는 것이면 무엇이든 좋습니다.

- 이제 들숨과 함께 숨이 폐로 들어가 몸을 타고 아래로 내려간다고 상상합니다. 폐에서 왼쪽 다리, 왼쪽 발, 왼쪽 발가락까지 숨이 내려간다고 느끼며 상상합니다. 이제 숨을 내쉬면서 거꾸로 발가락에서 왼쪽 발, 왼쪽 다리를 타고 가슴, 코로 숨이 올라온다고 느끼며 상상합니다. 몇 차례 이런 식으로 호흡해봅니다. 숨을 들이쉬면서 발가락까지 숨을 내려 보낸다 상상하고, 숨을 내쉬면서 발가락에서 숨이 위로 올라온다고 상상합니다. 처음에는 익숙하지 않아 어려울 수 있습니다. 하지만 너무 심각하게 할 필요는 없습니다. 가볍게 재미삼아 몸속에 '숨을 불어넣는' 연습을 해봅니다.

- 이제 날숨과 함께 왼쪽 발가락에 가 있던 알아차림을 내려놓습니다. 그리고는 왼쪽 발바닥의 감각에 알아차림을 가져갑니다. 부드러운 호기심으로 왼쪽 발바닥을 알아차려봅니다. 발바닥 가운데의 오목한 아치 부분, 발꿈치의 감각을 차례로 알아차립니다(발꿈치를 알아차릴 때는 발꿈치가 바닥과 닿는 느낌을 알아차립니다). 이때 모든 감각을 '호흡과 함께' 알아차릴 수 있는지 봅니다. 즉, 의식의 전면에서 발의 감각을 느끼며, 의식의 배경에서 호흡을 의식해봅니다.

- 이제 왼쪽 발바닥과 발꿈치에 대한 알아차림을 확장해 왼발 전체를 알아차려봅니다. 발목과 발등의 감각을 알아차리고, 발 속의 뼈와 관절도 느껴봅니다. 이제 한차례 깊은 숨을 들이쉬며 왼발 전체에 숨을 불어넣습니다. 숨을 내쉬면서는 왼발을 완전히 내려놓으며 편안히 이완시킵니다. 다음에는 왼쪽 아랫다리로 알아차림을 가져갑니다. 뒤쪽의 종아리, 앞쪽의 정강이, 그리고 무릎에서 느껴지는 감각을 차례로 알아차립니다.

- 이런 식으로 몸을 훑으며 각 신체 부위에 잠시 머물러봅니다. 왼쪽 정강이, 왼쪽 무릎, 왼쪽 넓적다리의 감각을 차례로 느꼈다면 이제 오른쪽 발로 주의를 이동합니다. 오른쪽 발가락, 오른쪽 발, 오른쪽 발목, 오른쪽 아랫다리, 오른쪽 무릎, 오른쪽 넓적다리의 감각을 차례로 알아차립니다. 그런 다음 골반 부위로 이동합니다. 사타구니, 생식기, 엉덩이, 고관절의 감각을 차례로 알아차립니다. 이제 허리와 배 부위로 이동해 그곳의 감각을 관찰합니다. 다음에는 등과

가슴, 어깨를 차례로 알아차립니다. 이제 손의 감각으로 이동할 차례입니다. 이번에는 양쪽을 동시에 알아차립니다. 먼저 양 손가락의 감각에 머물러봅니다. 다음으로 양쪽 손바닥, 손등, 손목, 아래팔, 팔꿈치, 윗팔의 감각에 차례로 머뭅니다. 이어서 어깨와 겨드랑이, 목, 얼굴 부위, 턱, 입, 입술, 코, 뺨, 귀, 눈, 이마에서 느껴지는 감각을 차례로 알아차립니다. 마지막으로 머리 전체를 잠시 동안 알아차리며 머뭅니다.

- 만약 몸의 특정 부위에 긴장이나 강한 감각이 느껴진다면 해당 부위의 감각에 숨을 불어넣는다고 상상합니다. 들숨과 함께 그 부위에서 일어나는 감각을 알아차리고, 날숨과 함께 그 부위를 편안히 내려놓으며 이완합니다.

- 이렇게 하더라도 마음은 시시때때로 호흡과 몸이 아닌 다른 곳으로 달아날 것입니다. 이것은 극히 정상적인 현상입니다. 마음은 원래 그렇습니다. 마음은 한곳에 가만히 있지 못합니다. 이런 때는 마음이 지금 어디에 가 있는지 알아본 다음, 처음에 집중하려 했던 신체 부위로 부드럽게 주의를 되가져옵니다.

- 이런 식으로 몸을 전체적으로 훑은 뒤, 몇 분 동안 몸 전체를 알아차립니다. 이때 자연스럽게 몸에서 들고 나는 호흡을 알아차려도 좋습니다.

- 만성 수면부족에 시달린다면 누워서 바디스캔을 하는 동안 잠에 떨어지기 쉽습니다. 만약 잠에 떨어지려고 하는 자신을 보았다면 머리 밑에 베개를 받치거나 잠시 눈을 뜨고 바디스캔을 해도 좋습니다. 아니면 아예 눕지 않고 자리에 앉아서 바디스캔을 하는 방법도 있습니다.

명상은 이완이다?

바디스캔의 핵심은 이완 상태에 이르는 것이 아니라, 있는 그대로의 자기 몸을 알아차리는 것이다. 물론 바디스캔으로 깊은 이완 상태에 이를 수 있지만 이 때문에 잠에 빠지기 쉽다. 이 경우 잠에 빠진 자신을 비난하며 스스로를 괴롭힌다. 이때는 눈을 뜨거나 자리에 앉아 바디스캔을 할 수 있다. 하루 중 시간대를 바꿔 해볼 수도 있다. 아니면 일어난 졸음을 친절하게 대하며 졸음이 과연 어떤 느낌인지 가만히 살펴볼 수도 있다. 이런 식으로 우리는 누워서 명상하는 중에 졸음에 떨어지지 않고 깨어있는 법을 차츰 터득한다.

재은 바디스캔을 할 때면 몸이 이완되어 둥둥 떠다니는 느낌이었다. "너무 이완되어 바디스캔이 끝날 즈음이면 팔다리와 몸이 사라진 느낌이었어요. 호흡과 심장박동 등 몸 전체가 느려진 것 같았어요." 재은 바디스캔으로 마음의 온갖 잡동사니를 내려놓자 마음이 매우 편안해졌다.

바디스캔의 목표가 이완이 아님에도 몸이 이완되는 이유는 무엇일까? 바디스캔은 4장 호흡 명상처럼, 특정 신체부위의 감각이라는 비교적 좁은 영역에 주의를 집중한다. 또 일정 시간 몸의 각 부위를 옮겨가며 체계적으로 주의를 기울인다. 이런 연습으로 마음이 안정되며, 그 결과 신체도 더 이완된다. 만약 잰이 머릿속에서 살며 생각을 통해 간접적으로 자신을 경험했다면 오롯이 몸에 주의를 기울이지 못했을 것이다. 계속해서 변화하는 생각은 한 순간도 현재에 머물지 않는다. 생각은 연관된 다른 생각과 기억을 끊임없이 일으키며 여기가 아닌 다른 곳으로 우리를 데려간다. 마음이 고요해지고 평안해지려면 안정되게 머물 초점이 필요한데, 생각은 그런 초점을 제공하지 않는다. 반면, 신체 특정 부위의 미세한 감각에 주의를 기울이는 마음챙김을 순간순간 계발하면 주의를 매어두는 생생한 대상을 매순간 갖게 된다. 잰도 이런 식으로 한 순간 한 대상에 집중함으로써 자연스럽게 마음의 고요와 평안을 얻었다.

그밖에 4장에 소개한, 애쓰지 않는(non-striving) 마음챙김의 성질도 마음의 평안을 키운다. 마음챙김은 지금 이 순간 깨어있는 것 외에 다른 것이 아니다. 마음챙김은 지금-여기가 아닌 다른 곳에 가려고 애쓰지 않는다. 지금과 다른 상태에 이르려 하지 않는다. 바디스캔에서 어떤 감각과 만나더라도(아무 감각이 없거나 심지어 불쾌하고 고통스러운 감각과 만나더라도) 그 상태를 지금과 다르게 바꾸려 하지 않는다. 다만, 지금 있는 그대로 존재하도록 허용한다. 지금 존재하는 상태와, 행위 모드가 원하는 상태의 차이를 좁히려 하지 않는다. 대신 지금-여기 존재하는 대로 순간순간 경험하며 머문다. 생각을 통하지 않고 매순간의 경험을 직접적으로 안다. 이를 '존재 영역에 머문다' '알아차림에 머문다'고 한다. 이때 마음이 평온해진다고 예상하기는 어렵지 않다.

바디스캔을 이완 훈련 정도로 간주하는 것은 바람직하지 않다. 이완을 바디스캔의 목표로 삼으면 목적 지향의 오랜 마음 습관이 다시 고개를 든다. 4장 호흡명상처럼 우리는 명상 수련을 통한 '발견'을 자기도 모르게 명상 수련에 대한 '기대'로 바꿔버리기 쉽다. 이완을 바디스캔의 목적으로 삼는 것이다. "아, 이렇게 편안해지려고 바디스캔을 하는구나. 이완되는 걸 보니 잘 하고 있어."

재의 경험도 그랬다. 바디스캔으로 몸이 편해진 재은 하늘을 나는 황홀함을 느꼈다. "이틀 뒤 바디스캔에서 '아, 그 느낌이다. 아주 좋아' 하고 생각하는 순간, 그것이 사라졌어요. '안 돼. 다시 느끼고 싶어.' 하고 생각하며 마지막 2~3분 내내 그 느낌을 되찾으려 했지만 다시 오지 않아 실망했어요."

재은 이완의 경험을 너무나 '원했기에' 오히려 이완하지 못했다. 모래 한 줌을 너무 세게 쥐면 손가락 사이로 모래알이 빠져나가버리는 것과 같다. 그렇다면 이때 재은(또 우리는) 어떻게 해야 할까? 바디스캔으로 몸과 마음의 평화와 고요가 찾아와도 그저 또 하나의 경험으로 알아차려야 한다. 또 하나의 경험으로 알아차린다는 것은 느낌이 일어났다 사라짐을 아는 것이다. 즐겁고 괴롭고 즐겁지도 괴롭지도 않은 느낌을 있는 그대로 직접 아는 것이다.

바디스캔에서는 어떤 일이 일어나도 또 하나의 경험으로 알아차린다. 이때 우리는 심오한 통찰을 얻는다. 즐거운 느낌을 구하지 않을 때 오히려 그것이 찾아올 가능성이 높아진다는 사실을 깨닫는다. '이미' 자기 안에 평안과 행복의 능력을 갖고 있다는 사실도 깨닫는다. 앞서 말했듯 평안과 행복을 위해 특별한 자격을 얻거나 어떤 것을 찾아 헤매야 하는 것은 아니다. 단지 지금까지의 습관적인 삶의 방식에서 지혜롭게 벗어나는 법을 알면 된다. 그러면 우리 내면에 존재하는 평온과 행복의 깊은 저장고가 스스로 모습을 드러내 수월하게 거기 닿을 수 있다. 삶의 대부분을 불행감에 맞서 '싸워온' 사람에게 이것은 커다란 자유를 선사하는 변화다.

바디스캔 등의 마음챙김 수련에 임할 때는 기대를 최대한 내려놓는다. '기대'를 '목표'로 바꾸는 과정에서 현재 순간을 있는 그대로 경험하지 못하기 때문이다. 그러나 잰처럼 자신이 기대를 일으키고 있음을 알면 자기 경험의 일부를 고정된 목표로 삼기 쉽다는 사실을 알 수 있다. 이는 그 자체로 중요한 교훈일 뿐 아니라, 이렇게 알면 자신이 언제 행위 모드에 들어가는지 알 수 있다. 잰은 규칙적인 바디스캔으로 마음챙김을 계발해 자신의 이런 패턴을 알아보았다. 그녀는 이제 마음이 부리는 술책에 미소를 지었다.

마음이 방황할 때: 행위 모드를 알아차리는 기회

마음이 가진 유용한 기능 하나는 마무리해야 하는 일을 기억에 떠올려 중요한 일을 빠트리지 않는 것이다. 마음의 이런 '메모'

기능 덕에 우리는 마감일을 놓치지 않고, 위태로운 친구 관계를 살린다. 그런데 못 끝낸 일을 자꾸 떠올리는 마음의 기능에는 한 가지 문제가 있다. 필요하지 않은 경우에 자꾸 나선다는 점이다. 로렌은 바디스캔 중에 이를 보았다.

로렌의 가족에게 많은 일이 일어나고 있었다. 최근 연로한 시아버지가 낙상으로 고관절이 부러졌다. 자녀 모두 직장을 다니는 터라 그녀는 시아버지 간호가 걱정되었다. 로렌은 바디스캔에서 자신의 고관절의 감각에 집중하던 중 마음이 방황하는 것을 보았다.

"바디스캔 중 고관절의 감각을 느끼고 있었어요. 그러다 고관절의 모양이 머릿속에 그려지더니 생물학 교과서에 나오는 고관절 그림이 떠올랐어요. 다음에는 시아버지의 부러진 고관절이 떠오르더니 마침내 병원에 계신 시아버지가 걱정되더군요."

로렌이 마음의 방황을 시작한 과정은 알아차리기 어려울 정도로 미묘했다. 자기 고관절의 감각을 느끼는 데 집중하던 어느 순간 고관절에 '관한' 생각으로 옮겨갔다. 생각의 판도라 상자가 한번 열리자 온갖 생각과 기억이 떠올랐다. 마음의 행위 모드가 작동하자 처음에 의도한 고관절의 감각에서 점점 멀어졌다. 처음에는 과거의 기억이, 다음에는 입원한 시아버지가 떠올랐다. 마음의 방황은 거기서 멈추지 않았다.

"그러자 시누이가 시아버지 간호에 시간을 낸다 하면서 그러지 않은 일이 떠올랐어요. 다음으로 부모님을 모실 수 없다고 한 시댁 가족들의 말도 기억났어요." 이렇게 바디스캔 중 몸의 감각에서 멀어진 로렌의 마음은 가족을 돌보는 생각으로 계속 방황했다. 어떤 때는 몇 분간 졸음에 빠지기도 했다.

처음엔 마음이 몸에서 멀어져 딴 곳으로 떠도는 데 화가 났지만 2주간 바디스캔을 하자 내면에 변화가 일어났다. "전에는 속으로 혼자 난리를 피며 생각했어요. '아무도 신경 쓰지 않아. 시아버지를 돌보는 건 온전히 내 몫이야. 시누이도 못한다고 한 걸.' 혼자 속으로 끙끙대며 힘들어했는데 이젠 몸의 스트레스를 직접 느끼며 도망가지 않아요. 화가 나도 거기에 다시 화를 내지 않아요."

로렌은 마음이 딴 곳으로 떠돌면 단지 그것을 알아본 뒤 자신에게 미소 지었다. 그리고 처음 의도한 신체 부위로 부드럽게 마음을 가져왔다. 이 방법이 더 효과적이라는 것을 알았다. 이렇게 신체감각으로 마음을 가져오자 스트레스에 과잉 반응하지 않았다. 스트레스와 직접 접촉한 상태로 그것을 느낄 수 있었다.

'잘못된' 명상은 없다

바디스캔으로 처음부터 이완과 평온을 기대하기 쉽다. 마음이 딴 곳으로 방황하면 자신을 비난한다. 명상에서도 일정한 목표를 정한다. 그래서 수련이 끝나면 '좋았다, 나빴다,' '효과가 있었다, 없었다' 등으로 평가를 내린다. 명상에서 초조함과 불편함, 몸의 가려움, 더위와 추위, 통증을 경험하면 명상을 '잘못했다고' 생각한다. 효과가 없어 보이면 다시는 바디스캔을 하지 않는다. 안내음성에 문제가 있었던지, 가르치는 지도자나 명상법이 잘못되었다고 생각한다. 아니면 명상은 나와 맞지 않는다고 여긴다. 더욱이 주변 사람들이 바디스캔으로 멋진 경험을 하는 듯 보이면 자신의 소질 없음에 또 하나의 근거를 댄다.

그러나 분명한 것은 자기 경험을 있는 그대로 알아차리는 한, 명상에 실패란 없다는 사실이다. 실은 이것이야말로 바디스캔이 강력한 효과를 내는 이유다. 바디스캔은 존재 모드로 돌아와 머무는 기회를 끝없이 제공한다. 강한 감정과 생각, 감각이 올라와도 바디스캔으로 직접적이고 경험적으로 그것을 알 수 있다. 바디스캔도 다른 명상 수련과 마찬가지로 배움과 성장을 위한 실험실이다. 바디스캔이라는 실험실에서 우리는 무엇을 배우는가? 생각에 빠져 불행하다고 느끼는 악순환에서 벗어나는 법을 배운다. 이 실험실에서 우리는 어떻게 성장하는가? 나를 더 잘 알고, 나에게 편안해지는 과정에서 성장한다. 바디스캔에서 순간순간 일어나는 즐겁고 괴로운 모든 현상이 우리의 배움과 성장을 이끄는 교사가 된다.

바디스캔의 목표라면 상황이 지금과 다르게 되길 원하는 괴로움에서 벗어나는 것이다. 바디스캔을 할 때는(삶도 마찬가지지만!) 평온해지려는 욕망, 깨달으려는 욕망, 평온과 기쁨에 가득 차려는 욕망을 잠시 내려놓는다. 그러면서 지금 느끼는 바로 그것에 현존한다. 이때 우리는 더 힘 있고 더 자유로운 위치에 선다.

바디스캔에서는 신체 특정 부위에 긴장과 불안이 느껴져도 그것을 알아차리며 있는 그대로 놓아둔다. 내가 스트레스를 받는 이유에 관하여 마음속의 장광설을 늘어놓지 않는다. 이렇게 지친 느낌을 전체적으로 관찰하되, 당장 그것을 해결하라며 자신을 다그치지 않는다. 또 평온과 기쁨을 억지로 의식에 끌어올려 지금 이 순간 그 느낌이 충만하도록 강요하지도 않는다. 우울과 긴장, 초조함의 아래에 평온과 기쁨이 존재한다는 사실을 어렴풋이 느끼며 지금- 여기에 머문다.

깨어있는 마음으로 아침에 깨기

이제 앞에 말한 아침잠에서 깼을 때의 무기력과 피로감으로 돌아와 보자. 많은 사람이 이런 느낌을 다루기 어려워한다. 피할 수만 있다면 이 느낌을 경험하지 않으려 한다. 그런데 바로 이때가 바디스캔 수련이 가장 필요한 때다. 며칠이라도 바디스캔을 하면 자신이 원하는 대로가 아닌, 있는 그대로의 몸과 관계 맺을 수 있다. 바디스캔을 통해 지금과 다른 관점에서 현상에 접근하는 가능성을 발견한다. 그러면 언제라도(심지어 바디스캔을 하지 않을 때도) 그것을 유익하게 활용할 수 있다.

그렇다면 아침잠에서 깰 때 느끼는 무기력을 어떻게 해야 할까? 이때는 우울의 악순환이 시작되는 조짐을 알아차리며 마음의 존재 모드에 머무는 연습을 한다. 있는 그대로의 몸의 감각에 주의를 기울여 알아차린다. 불쾌한 신체감각을 회피하지 않는다. 불쾌감에 관한 생각으로 그것을 악화시키지 않으며 신체감각과 함께한다. 이 방법은 마음의 행위 모드에 대한 대안으로, 바디스캔을 막 시작한 단계에서도 효과를 볼 수 있다. 아침에 몸이 무겁게 느껴지는 증상은 종종 부정적 사고 때문에 더 심해지는데 이때는 몸의 감각을 변화시키려 하지 말고, 있는 그대로의 신체감각을 부드러운 사랑의 마음으로 알아차린다. 그러면서 신체감각과 나 자신에 관한 (또는 모든 것에 관한) 생각을 내려놓는다. 이것이 마음챙김이다. 마음챙김은 몸의 활기를 북돋는다.

바디스캔을 어느 정도 경험하면 아주 잠깐 동안에도 직접적이고 경험적인 알아차림을 일으킬 수 있다. 한 차례 숨을 들이쉬고 내쉬는 짧은 시간에도 몸을 훑을 수 있다. 또 5분간 몸 전체로 호흡하는 동안, 또는 아침에 일어나기 전 1~2분에도 몸을 훑어 직접적이고 경험적인 알아차림을 일으킬 수 있다. 이렇게 하면 그날 하루가 완전히 바뀐다.

2주간 바디스캔을 계속하는 이유

우리 저자들의 마음챙김 프로그램에서 바디스캔은 중요한 의미를 갖는다. 프로그램 참가자들은 바디스캔으로 당장 효과를 보지 못해도 프로그램 시작과 함께 최소 2주간, 1주일에 6일, 하루 45분간 바디스캔을 한다. 만약 바디스캔을 꾸준히 하기 어렵다면 우리가 프로그램 참가자에게 전하는 조언을 따라보자. 그것은 "효과가 있든 없든 최선을 다해 바디스캔을 지속하라"는 것이다. 효과가 있든 없든 이 수련을 지속하는 것 자체가 새로운 가능성을 열어준다.

왜 그럴까? 다음 이유 때문이다.

- 바디스캔은 전에 없던 새로운 앎의 방식, 즉 직접 경험을 통한 앎의 방식을 계발하는 훌륭한 기회다.

- 바디스캔은 감정을 경험하고 표현하는 데 중요한 역할을 하는 몸과 다시 연결하는 기회다.

- 몸의 감각을 깨어있는 마음으로 알아차리면 반추와 불행감의 악순환을 지속시키는 신체감각과 생각의 연결고리를 끊을 수 있다.

- 몸의 각 부위에(설령 불쾌한 감각이 느껴져도) 지혜롭고 열린 마음으로 주의를 기울이는 바디스캔은 몸뿐 아니라 삶의 다른 측면에도 적용 가능한 기술이다.

이때 머지않아 자신의 행복과 안녕을 스스로 가로막은 상태에서 벗어날 수 있다.

"자기 경험을 있는 그대로 알아차리는 한,
명상에 실패란 없다."

Part Three

○

불행감을 변화시키다

Transforming Unhappiness

열림의 감각으로
품어 안을 때 아픔은
조금 더 견딜 만한 것이 된다.

'아픔'은 여전히 존재하지만
아픔으로 인한 '괴로움'은
줄어들 수 있다.

/ 06 /

느낌과 다시 연결하기

~~~~~~~~ **좋은 느낌, 싫은 느낌, 몰랐던 느낌** ~~~~~~~~

존은 자동차로 퇴근 중이었다. 앞 트럭이 급정지하는 바람에 차 앞부분에 접촉사고가 났다. 심하게 부서지진 않았지만 보험회사에 연락해야 했다. 게다가 트럭 운전자는 자신이 급정지한 일이 없고, 존의 차가 뒤에서 들이받았다고 우겼다. 존은 집으로 차를 몰며 속이 부글거렸다. 몸이 조여오고 얼굴이 붉어지면서 혈압이 올랐다. 얼굴은 잔뜩 찡그리고 있었다. 집에 오자마자 의자에 몸을 던졌다. 차 걱정은 내일 하기로 했다. 기분이 좀 풀리자 집에 도착한 우편물을 집어 들었다. 제일 먼저 눈에 띈 것은 연금

지급에 관한 전화를 요청하는 은행 안내장이었다. 존은 의자에서 몸을 일으켜 쾅 하고 테이블을 내려치고는 집밖으로 나갔다. 존은 나중에 이 일을 아내에게 말했다. 그때서야 자신이 접촉사고로 일어난 긴장 때문에 평소 같으면 그냥 넘겼을 은행 안내장에 예민하게 반응했음을 알았다. 아내와 가족은 존을 보자마자 그가 긴장되어 있음을 알았다. 온몸이 뻣뻣했고 자세도 구부정했다. 존은 자신이 왜 그렇게 기분이 나쁜지 스스로도 알지 못했다. 아내가 괜찮으냐고 물으면 존은 흠칫 놀라며 자동차 사고와 은행 안내장에 대한 찜찜한 기분은 이제 없다고 했다. 잠깐 그 일이 거슬렸지만 지금은 괜찮다며 어색한 웃음으로 대수롭지 않게 넘겼다. 그러나 아내가 보기에 존의 웃음은 찡그림에 가까웠다.

존은 몸이 보내는 신호와 단절되어 있었다. 이번 경우만이 아니라 거의 항상 그랬다. 그 결과 자신의 감정 반응을 관찰하지 못했다. 기분이 곤두박질친 뒤에야 알아차렸지만 이미 늦었다. 은행 안내장에 예민하게 반응한 것은 트럭 운전자와 벌인 실랑이로 인한 긴장의 결과였다. 이 사실을 자각하지 못한 존은 스스로도 놀랄 만큼 자신의 몸과 감정에 지배당하고 있었다. 2장과 5장에서 보았듯이 몸 상태는 마음에 관한 중요한 정보를 제공한다. 이를 알아차리지 못하면 판단과 생각, 느낌이 크게 영향을 받는다. 예컨대 얼굴을 찌푸리면 자신의 경험을 더 부정적으로 판단하게 된다. 몸의 긴장과 찌푸린 얼굴은 존의 불만감에 불을 지폈고 이 때문에 은행 안내장에 평소보다 예민하게 반응했다. 존은 원치 않는 느낌을 회피하려는 나머지 자신의 감정적, 신체적 반응을 온전히 알아차리지 못했다.

몸의 메시지에서 멀어지는 이유

2장에서 본 것처럼, 과거에 괴로운 기분과 느낌을 경험하면 자신의 감정을 위험한 적으로 간주하기 쉽다. 이는 납득할 만한 일이다. 그런데 자신이 느끼는 불행감을 위협으로 인지하고 반응하면 뇌의 회피 시스템이 활성화된다. 그런 나머지 호기심, 참여, 선의 같은 접근성 행위마저 억누르게 된다. 이런 마음이 자기 안에 존재함에도 존재하지 않는 것처럼 행동한다. 그러면 부정적이고 불편한 느낌과 신체감각에서 차단될 수는 있어도 긍정적이고 부정적인 것을 느끼는 능력마저 줄어든다. 불행감에 효과적으로 대처하기 어려워진다. 살아 있음의 온전한 경험과 접촉하지 못한다. 그러면서 왜 그런지 이유를 알지 못한다.

감정, 생각, 느낌, 신체감각을 피하려는 시도를 **경험 회피**(experiential avoidance)라고 한다. 경험 회피가 습관으로 굳어지는 현상은 놀랍지 않다. 특정 주파수의 뉴스가 너무 자주 불쾌하면 채널을 돌리는 것은 당연하다. 마찬가지로 불편한 느낌과 신체감각이 일어나면 우리는 '의식의 주파수'를 다른 채널로 돌린다. 그런데 특정 느낌을 회피하는 것은 고속도로에서 라디오 볼륨을 높여 엔진 소음에 귀를 닫는 것과 다름없다. 엔진 소음이 안 들리게 하는 데 효과적일지 모르나 엔진이 퍼져버릴 수 있다. 심리학자 스티브 헤이스(Steve Hayes)와 그의 동료들은 백 편 이상의 연구 논문을 리뷰한 결과, 여러 형태의 감정 장애가 생기는 원인은 감정을 회피하고 거기서 도망가려는 건강하지 못한 시도 때문이라고 결론 내렸다.[39] 감정 경험을 구성하는 신체감각과 생각, 느낌을 차단하면 '마음의 엔진'에도 고장이 난다.

장기적으로 감정 회피는 원치 않는 불쾌한 느낌을 다루는 적절한 방법이 아니다. 감정을 회피하면 불쾌한 느낌을 느끼지 않을지 몰라도 그것은 계속 곁에 남아 습관적 반응을 일으킨다. 그러면 일시적 불쾌감이 지속적인 괴로움으로 변한다. 불쾌감을 '알아차리지 못하면' 직간접적으로 자신의 태도와 판단에 영향을 미쳐 불행감이 더 굳어진다. 문제는 '알아차리지 못하는' 것이다. 우리는 습관처럼 불쾌감을 회피하며 의식의 주파수를 다른 채널로 돌린다. 그렇다면 불쾌감을 회피하거나 도망가지 않고 거기에 주파수를 맞추는 방법은 없을까? 여기서 우리의 내면 경험을 구성하는 한 가지 측면인 내면 기압계(internal barometer)가 도움이 된다.

내면 기압계

새 집을 구할 때면 여러 곳을 돌아다닌다. 방이 여러 개이고 평수도 넓으며 주변 편의시설도 완벽하지만 실제로 가보면 내가 살 곳이 아니라고 느끼는 경우가 많다. 이유를 콕 집어 말할 순 없어도 직감으로 안다. 당장 밖으로 나가고 싶어진다.

우리가 느끼는 느낌에는 여러 차원이 있다. 그런데 모든 느낌의 아래엔 특정 경험을 '좋다, 나쁘다, 좋지도 나쁘지도 않다'고 평가하는 척도가 존재한다. 이 척도는 우리 내면에 존재하는 일종의 기압계다. 기압계가 매순간 대기의 압력을 표시하듯이, 내면의 기압계는 매순간 우리 내면의 기압을 나타낸다. 날씨 정보를 얻으려면 기압계를 읽어야 하듯 내면 기압계도 읽는 법을 알아야 하고 모르면 배워야 한다. 그렇다면 내면 기압계는 어떻게 읽을까? 그것은 자신이 매순간 실제로 어떻게 느끼는지 알아차리는 것이다. 이런 식으로 힘겨운 상황에서도 마음의 균형을 잃지 않고 적절한 행동을 할 수 있다.

내면 기압계를 읽으려면 먼저 사람, 장소, 사건 등 모든 대상에 연쇄적으로 일으키는 자신의 반응을 면밀히 살펴야 한다. 그러면 특정 경험을 '즐겁다, 괴롭다, 즐겁지도 괴롭지도 않다'고 느끼는 직관적 감각이 존재함을 알 수 있다. 즐겁다고 느끼면 그 경험을 오래 지속시키려는 반응을 일으키고, 괴롭다고 느끼면 어서 사라지길 바라는 반응을 보인다. 이런 반응은 무의식적이고 자동적으로 일어난다.

따라서 특정 순간과 상황에 일으키는 자신의 연쇄 반응을 알아차리는 연습이 필요하다. 그럴 때 앞서 말한 '좋다, 싫다' 등의 직감적 느낌과 그에 대한 자동적이고 무의식적인 반응(특히 혐오반응) 사이에 형성된 질긴 연결고리를 끊을 수 있다. 슬픔, 분노, 혐오, 불안 등 모든 부정적 감정의 아래에는 불쾌한 느낌이 자리 잡고 있다. 불쾌한 느낌이 일어나는 순간 알아차리는 수련은 해로운 감정을 미리 탐지하는 조기경보장치다. 내면의 기압계가 보내는 메시지에 충분히 주파수를 맞출 때 지금껏 외면한 불쾌한 느낌을, 그것이 일어나는 순간, 있는 그대로 알 수 있다. 불쾌한 느낌이 일어나는 순간 알아차리면 마음에 미치는 영향이 상당 부분 약화된다. 그러면 불쾌한 느낌으로 혐오반응이 일어나 우울의 나락에 빠지는 일도 준다.

그렇다면 내면의 조기경보장치에 주파수를 맞추는 방법은 무엇일까? 5장에서 힌트를 주었다. 그것은 자기 몸에 특정한 방식으로 알아차림을 가져가는 것이다. 몸을 알아차릴 때 자기 내면의 기압계를 지혜롭게 사용할 수 있다.

새로운 가능성이 열리다

이를 위해서는 신체감각과 느낌에 의식의 주파수를 맞추는 효과적인 방법이 필요하다.[40] 자신이 특정 순간의 경험에 본능적으로 평가를 내리고 있음을 스스로 알아야 한다. 이렇게 하면 평소의 습관적이고 자동적인 감정 반응을 일으키지 않는 동시에 특정 상황에 효과적으로 응대할 수 있다.

문득 어떤 기억이 떠올라 불행하고 슬픈 기분이 일어났다고 하자. 이때 기억의 정확히 어느 부분이 슬픈 감정을 일으켰는지 알아야 하는 것은 아니다. 더 중요한 것은, 이 기억과 그것이 일으키는 감정을 자신이 '불쾌하게' 느끼고 있다고 아는 것이다. 지금까지 불쾌한 느낌은 연쇄반응을 일으켜 기분을 나락으로 떨어뜨렸지만 이제 그러지 않아도 된다. 자동으로 일어나던 연쇄반응이, 선택이 가능한 일련의 지점으로 변화되었기 때문이다.

중요한 것은, 슬픈 기분을 불쾌하다고 느끼는 순간에 일어나는 혐오반응을 관찰하는 것이다. 이렇게 관찰하는 것이 마음챙김이다. 마음챙김을 하면 새로운 가능성이 열린다. 불행감과 함께 일어나는 신체감각을 알아차리면 신체감각과 기분에 들어있는 정보를 지혜롭게 활용해 마침내는 깨어있는 마음으로 불행감 자체에 응대할 수 있다. 불행하다는 느낌이 즉각 사라지거나 조금씩 줄어들 가능성이 커진다.

우리는 신체 경험을 알아차리면 지금껏 회피하던 감정과 다시 연결된다는 것을 알아가는 중이다. 처음에는 경험의 불쾌한 느낌과 그에 대한 혐오반응을 뭉뚱그려 하나로 경험하므로 둘을 구분하기 어렵다. 그러나 무엇이든 한 번에 하나씩만 취할 수 있다는 점에서 이것은 문제가 아니다. 우선은 불쾌한 느낌과 그에 대한 혐오반응이 뭉뚱그려진 전체를 몸 어딘가의 위축된 느낌으로 알아차린다. 위축된 느낌에 익숙해지면 불쾌한 느낌과 혐오반응이 뭉뚱그린 전체를 점점 또렷하게 알아볼 수 있다. 이것 자체로 큰 진전이다. 그런 다음, 바디스캔이나 6장의 몸 알아차림 수련을 통해 느낌에 들어있는 불쾌한 성질을 가려낼 수 있다. 그러면 불쾌한 느낌과 그것이 일으키는 혐오반응이 별개임을 마침내 알아본다. 즉, 처음에 불쾌한 느낌이 일어나 혐오반응을 일으키며, 그렇게 일어난 혐오반응이 다시 불쾌한 느낌을 일으키는 식의 악순환이 지속됨을 관찰할 수 있다.

어깨와 허리가 뻐근하거나 이마가 당기고 턱과 배가 조이는 느낌은 몸이 흔히 일으키는 혐오반응이다. 호랑이를 만났건, 자신의 느낌과 만났건 우리는 싸움-도망 반응을 일으킨다. 그런데 '호랑이'가 우리 내면에서 오래 지낸 경우에는 몸이 일으키는 혐오반응을 관찰하기가 쉽지 않다. 존이 그랬다.

그렇다면 불쾌한 느낌과 혐오반응이 뭉뚱그린 '전체'를 한 번에 하나씩 알아보는 방법은 무엇일까? 어떻게 하면 '불쾌'라고 표시된 내면 기압계와 그에 따라 연쇄적으로 일어나는 습관적 반응이 뭉뚱그린 신체감각을 알아볼 수 있을까? 바디스캔을 통해 우리는 이 과정에 들어선다. 바디스캔을 수련할 때마다 신체감각을 알아보는 무수한 기회가 생긴다(5장). 바디스캔을 통해 유쾌하고 불쾌한 느낌과 그것의 즉각적 표현인 신체감각을 매순간 알아차린다. 바디스캔을 지속적으로 수련하면 신체 특정 부위의 느낌뿐 아니라 바디스캔 마지막에 하는 몸 전체에 대한 느낌도 알아차릴 수 있다.

이 장에 소개하는 수련은 자신의 경험을 '좋다, 싫다' 등으로 평가내리는 성향을 깨닫게 한다. 또 이런 평가가 몸에서 어떻게 나타나는지 알아볼 수도 있다. 이를 위해서는 무엇보다 전체로서의 자기 몸에 대한 알아차림을 키워야 한다. 이럴 때 자기 내면의 기압계를 제대로 읽을 수 있고, 내면의 바람이 어느 방향으로 부는지 알 수 있다. 우선은 알아차림의 질과 수련에 임하는 기본 동기에 대해 살펴보자. 이것은 6장에 소개한 수련뿐 아니라 지금부터 배울 모든 마음챙김 수련에서 매우 중요하다.

미로 속의 쥐: 접근이냐 회피냐

어릴 적 풀었던 퍼즐이 기억나는가? 점을 연결해 모양을 완성하는 퍼즐도 있었고, 틀린 곳을 찾는 퍼즐도 있었다. 연필을 떼지 않고 출구를 찾는 미로 찾기 퍼즐도 있었다.

수 년 전 심리학자들은 대학생들을 상대로 흥미로운 미로 찾기 퍼즐을 실험했다.[41] 미로에 갇힌 쥐가 출구를 찾는 퍼즐이었다. 두 가지 방식으로 진행했다. 하나는 접근 위주의 긍정 조건, 다른 하나는 회피 위주의 부정 조건이었다. 긍정 조건에서는 출구에 치즈 한 조각을 그려놓았고, 부정 조건에서는 날카로운 발톱을 가진 올빼미를 출구에 그려놓았다.

미로를 빠져나오는 데는 2분도 걸리지 않았다. 실험 참가자 모두 출구를 제대로 찾았다. 긍정 조건과 부정 조건의 차이는 퍼즐을 푼 뒤 창의력 테스트에서 나타났다. 올빼미 미로 퍼즐을 푼 학생들의 창의력 점수는 치즈 미로 퍼즐을 푼 학생의 절반에 불과했다. 올빼미에 신경 쓰느라 회피하고 경계하는 마음이 일어났기 때문이다. 이런 마음 상태는 학생들의 창의력을 떨어뜨렸으며 다른 선택의 가능성마저 닫아버렸다. 뿐만 아니라 다음 과제에 반응하는 유연성도 떨어뜨렸다.

이 실험은 미로 찾기 같은 간단한 행동도 뇌의 접근 시스템이 활성화되느냐, 회피 시스템이 활성화되느냐에 따라 결과가 달라짐을 보여준다. 학생들은 올빼미 그림처럼 사소한 장치에도 혐오반응을 일으켜 모험적이고 창의적인 행동이 위축되었다. 이 실험에서 보듯이, 상징적인 위협만으로 회피 시스템이 촉발되어 삶의 폭이 좁아질 수 있다. 같은 맥락에서, 어떤 동기와 마음 태도로 마음챙김 수련에 임하는가가 매우 중요하다. 관심, 호기심, 따뜻함, 선의 등 다가가는 마음으로 자신의 신체 경험에 주의를 기울일 필요가 있다. 이때 매 순간의 느낌과 더 많이 접촉할 뿐 아니라 회피와 혐오 반응의 영향을 줄일 수 있다. 다른 배움과 마찬가지로 명상 수련도 특정 방식의 주의 기울임을 익히는 것만큼이나 건강하고 친절한 의도와 동기가 중요하다.

깨어있는 마음으로 하는 요가 •

이제 바디스캔에서 처음 경험한 몸 알아차림을 심화시키는 수련을 해보자. 선 자세로 10분간 부드럽게 요가를 하며 몸의 감각과 느낌에 주의를 가져간다. 안내음성③이나 다음 안내문에 따라 깨어 있는 마음으로 요가를 해보자. 전체 MBCT 프로그램에서는 앉기 명상을 하기 전에 요가를 먼저 한다. 또 하타 요가에 기초해 매일 조금씩 확장된 움직임과 스트레칭 자세를 수련한다. 처음에는 동작 순서를 기억하기 어려우므로 안내음성에 따라 다음 동작으로 넘어

• 몸에 이상이 있거나 몸의 움직임에 제한이 있다면 유의해야 한다. 문제가 있다면 의사나 물리치료사와 상의한다.

가는 것이 좋다(전체 요가 안내음성은 책 마지막의 '참고자료' 참조).

○ 깨어있는 마음으로 하는 요가(서서)

- 우선 맨발이나 양말을 신고 양 발을 어깨너비로 나란히 벌린 채 자리에 섭니다. 무릎 관절을 풀어 다리가 살짝 굽혀지도록 합니다(평소 이 자세로 서는 일이 잘 없기 때문에 이것만으로 몸의 감각이 새롭게 느껴집니다).

- 이제 수련에 임하는 자신의 의도를 떠올립니다. 천천히 부드럽게 몸을 스트레칭하면서 이때 일어나는 몸의 감각과 느낌을 최선을 다해 알아차립니다. 매순간 몸의 한계를 존중하며 찬찬이 살핍니다. 몸의 한계를 넘어서려는 욕심이나, 타인과 경쟁하려는 마음이 일어나면 그것을 내려놓습니다.

- 이제 숨을 한 차례 들이쉬며 깨어있는 마음으로 양 팔을 천천히 바깥으로 들어 올려 바닥과 수평이 되게 합니다. 이제 숨을 내쉰 뒤 다음 번 들숨과 함께 깨어있는 마음으로 양 팔을 천천히 위로 들어 올려 양 손바닥이 머리 위에서 마주보게 합니다. 양 팔을 들어 올려 지탱할 때 일어나는 근육의 긴장을 놓치지 않고 느껴봅니다.

- 편안하고 자연스럽게 숨이 드나드는 상태에서 손끝을 하늘을 향해 부드럽게 죽 뻗어 올립니다. 이때 발은 바닥에 안정되게 붙입니다. 양 팔을 위로 올리는 과정에서 발에서 다리, 허리, 등, 어깨를 거쳐 팔, 손, 손가락 끝에 이르기까지 근육과 관절이 뻗는 느낌을 있는 그 대로 느낍니다.

- 편안하게 숨을 쉬면서 양 팔을 위로 올린 자세를 잠시 유지합니다. 이 자세로 숨을 쉬면서 몸의 감각과 느낌이 어떻게 변하는지 관찰합니다. 긴장감이나 불편함이 느껴진다면 거기에 마음을 열어봅니다.

- 잠시 뒤 준비가 되면, 숨을 내쉬면서 마주한 손바닥을 바깥으로 향한 상태에서 천천히 양 팔을 다시 아래로 내립니다. 이때 손목을 직각으로 굽혀 손가락이 하늘을 향하고 손바닥은 바깥을 향하게 합니다 (이것 역시 평소 잘 취하지 않는 동작입니다). 양 팔이 양쪽 몸통에 닿을 때까지 천천히 내린 뒤 힘을 빼고 자연스럽게 늘어뜨립니다.

- 이제 자리에 서서 가볍게 눈을 감은 채 호흡의 움직임과 몸 전체에서 느끼는 감각과 느낌에 주의를 기울입니다. 몸이 처음 자세로 돌아오면 몸의 긴장이 풀어지면서 조금 더 편안해질 수도 있습니다.

- 이제 손에 닿을 듯 말 듯한 사과를 딴다 생각하며 깨어있는 마음으로 오른팔을 위로 들어 올립니다. 이때 몸에서 일어나는 감각과 호흡을 온전히 알아차립니다. 오른팔을 위로 죽 뻗은 상태에서 왼쪽

발꿈치를 살짝 들어봅니다. 이때 뻗은 오른손과 호흡이 어떻게 느껴지는지 봅니다. 이제 오른팔을 천천히 내리는 동시에 왼팔을 천천히 들어 올립니다. 이번에는 오른쪽 발꿈치를 살짝 들어 왼손과 호흡이 어떤 느낌인지 봅니다. 그런 다음, 처음의 선 자세로 돌아옵니다.

- 이제 깨어있는 마음으로 양팔을 천천히 위로 들어 올려 양 손바닥이 서로 마주보게 합니다. 이 상태에서 몸을 왼쪽으로 천천히 굽힙니다. 오른쪽 고관절에서 몸통, 오른팔, 오른손, 오른손가락까지 초승달 모양이 되도록 굽혀봅니다. 초승달 모양을 만들었으면 숨을 들이쉬며 천천히 처음의 선 자세로 돌아옵니다. 이제 숨을 내쉬면서 반대 방향으로 초승달 모양을 만들며 천천히 몸을 굽혀봅니다.

- 다시 처음의 선 자세로 돌아옵니다. 이제 양 팔을 몸통 옆에 편안히 늘어뜨린 상태에서 양 어깨가 귀에 닿을 듯이 한껏 위로 올려봅니다. 그런 다음에는 양 어깻죽지가 몸통 뒤에서 맞닿는다 생각하며 어깨를 최대한 뒤로 밀어냅니다. 이제 양 어깨에 힘을 빼고 아래로 축 늘어뜨립니다. 그런 다음 이번에는 양 어깨를 몸통 앞에서 최대한 모아봅니다. 이런 식으로 몇 차례 어깨를 돌려봅니다. 양 팔에 힘을 빼고 자연스럽게 늘어뜨린 상태에서 깨어있는 마음으로 부드럽게 어깨를 돌립니다. 몇 차례 돌린 뒤에는 반대 방향으로 해봅니다. 마치 노를 젓듯이 앞뒤로 어깨를 돌려봅니다.

- 다시 처음의 선 자세로 돌아옵니다. 이제 천천히, 깨어있는 마음으로

한쪽 방향으로 머리를 돌려봅니다. 목에 무리가 가지 않는 선에서 코로 원을 그린다 생각하며 부드럽게 머리를 돌려봅니다. 처음에 한쪽 방향으로 돌린 다음, 반대 방향으로 해봅니다.

- 이제 이 동작의 마지막에 이르렀습니다. 자리에 서거나 앉은 상태에서 몸을 움직이지 않고 잠시 가만히 있어봅니다. 그러면서 몸에서 일어나는 감각에 의식의 주파수를 맞춰봅니다.

───────────────────────────

미로 찾기 실험을 통해, 수련에 임하는 자세가 중요함을 보았다. 요가 수련도 건포도 수련처럼 자기 몸에 일어나는 현상을 찬찬이 살핀다. 순간순간의 경험을 열린 마음으로 알아차린다. 그러려면 먼저 불쾌한 느낌을 회피하는 습관을 알아차려야 한다. 깨어있는 마음으로 요가를 하면 몸 여기저기서 불쾌한 감각이 일어나게 마련이다. 이때 일어나는 불쾌한 감각은 회피와 혐오반응으로 넘어가는 연결고리를 관찰하는 기회다. 따라서 선 자세 요가에서 자기 몸을 열린 마음과 호기심으로, 있는 그대로, 순간순간, 처음인 듯 경험한다는 의도가 중요하다. 몸을 뻗으며 특정 자세를 취했을 때 몸의 한계가 느껴져도 가만히 느껴보고 살펴본다.

먼저 몸에서 일어나는 다양한 감각을 있는 그대로 관찰한다. 그것이 결국엔 사라지는 감각이라는 사실을 알아본다. 이를 위해서는 두려운 생각과 예측이라는 마음의 장막을 걷어야 한다. 몸을 뻗고 특정 자세를 취했을 때 어깨와 허리가 불편하다면 오히려 환영의 멍석을 깔아주자. 불편한 느낌을 반갑게 맞이하자. 이 감각을 알아차림에 담아 그것이 가진 불쾌한 성질을 알아보자. 또 불쾌한 감각에 즉시 '통증'이나 '고문'이라는 이름표를 붙이려는 충동을 관찰하자.

불편감과 불쾌함이 일어나면 의도적으로 다가가 알아차림에 담아보자. 이때 열린 마음과 선의라는 마음의 중요한 성질을 키울 수 있다. 이렇게 하면 달갑지 않은 내면 경험을 회피하는 성향이 줄어 무의식적으로 마음의 행위 모드에 기대는 일도 적어진다. 마음의 행위 모드에 두려움이 깔리면 지속적인 불행감의 덫에 걸리기 쉬운데 이때 자기 경험에 주의를 기울이며 '이건 대체 어떻게 생겼지?' 하고 스스로 질문하며 알아차림을 키운다.

몸을 움직이는 수련의 목적은 자기 몸의 한계를 밀어붙이거나 수련을 얼마나 잘 하는지 평가하는 것이 아니다. 몸을 움직이는 수련은 부드러움과 친절, 자신에 대한 연민의 태도를 키우는 기회다.

요가에 대한 반응

요가 수련에 대한 반응은 사람마다 다르지만 많은 사람이 요가 스트레칭이 도움이 된다고 말한다. 바디스캔처럼 몸을 움직이지 않는 수련이 어려운 사람은 깨어있는 마음으로 하는 요가가 특히 도움이 된다. 요가의 자세와 동작, 스트레칭은 지금-여기에 수월하게 존재하게 해준다. 자기 몸에 오롯이 현존하며 현재의 경험에 깨어

있을 수 있다.

몸을 움직이면 호흡 명상이나 바디스캔보다 몸의 감각이 분명히 드러난다. 그러면 주의를 한곳에 집중해 자기 경험에 열리기 수월하다. 또 오랜 혐오반응으로 긴장된 근육을 스트레칭하면 자기도 모르게 걸려있던 감정에서 벗어날 수 있다.

다른 수련과 마찬가지로, 깨어있는 요가로 계발하는 알아차림도 언제든 일으킬 수 있다. 하루 중 크고 작은 몸의 자세와 동작에 깨어있다면 그 즉시 알아차림에 머무는 것이 된다. 몸의 알아차림에 머무는 데 따로 시간이 들지 않는다.[42]

일상에서 물건을 쥐려고 손을 뻗을 때 움직이는(또는 움직이지 않는) 신체 부위에 알아차림을 가져가는 자체가 지금-여기에서 온전한 알아차림으로 몸에 머무는 연습이다. 알아차림이라는 '내면 기압계'로 몸과 마음에서 일어나는 모든 일을 읽어내면 다음 순간 어떤 일이 일어날지 더 자유롭게 선택할 수 있다. 이것은 자신의 내면 경험과 맺는 관계가 그만큼 자유로워졌다는 의미다.

호흡을 넘어 몸 전체로

내면 기압계의 신호에 깨어있는 방법에는 요가 외에 4장 호흡 마음챙김을 확장해 몸 전체를 알아차리는 방법도 있다. 잠시 책을 덮고 안내음성⑤를 따라 다음 수련을 해보자. 다른 수련과 마찬가지로 몸의 감각과 느낌을 열린 마음으로, 있는 그대로, 순간순간 느낀다.

신체 통증과 감정의 고통이 강하게 일어나는 순간, 미래와 과거에 관한 온갖 생각을 내려놓고 현재 순간에 온전히 내맡겨보자. 그러면 통증과 고통의 새로운 차원이 드러나 지금과 다른 방식으로 품어 안고 이해할 수 있다. 명상 수련 중 신체와 감정의 불편함이 일어나면 수련에 임하는 동기와 알아차림을 잠시 새로 가다듬자. 물에 첨벙 뛰어들기 어렵다면 잠시 물에 발가락을 담그는 것만으로 적지 않은 깨달음과 치유가 일어날 수 있다.

practice

○ **앉기 명상: 호흡과 몸 마음챙김**

- 앞서 소개한 호흡 마음챙김 안내문에 따라(104쪽) 허리를 곧게 세우고 위엄 있는 자세로 의자나 바닥에 앉아 10분간 호흡 마음챙김을 수련합니다.

- 몸에서 들고 나는 호흡이 배와 콧구멍에서 편안히 느껴진다면 호흡 주변으로 알아차림을 확장시켜 몸 이곳저곳의 감각을 알아차립니다. 아니면 지금 자리에 앉아 호흡하고 있는 몸 전체를 알아차려도 됩니다. 숨이 몸 이곳저곳을 흐른다고 생각합니다.

- 이제 몸 전체의 감각이나 몸에서 들고나는 호흡과 더불어 몸이 바닥에 닿는 감각을 알아차려봅니다. 닿는 느낌, 누르는 느낌, 발과 무릎이 바닥에 닿는 느낌이 있을 것입니다. 방석이 엉덩이를 받치는 느낌, 손이 허벅지에 닿는 느낌도 있습니다. 호흡이나 몸 전체의 감각과 함께 이 모든 감각을 크고 널찍한 알아차림에 담아봅니다.

- 이렇게 하더라도 십중팔구 마음은 호흡과 몸의 감각에 머물지 않고 딴 데로 달아날 것입니다. 자연스러운 현상입니다. 실수나 실패가 아닙니다. 당신이 '잘못하는' 것이 아닙니다. 앞서 말했듯이, 주의가 몸의 감각이 아닌 딴 곳으로 달아남을 관찰했을 때는 그것을 알아차린 뒤 몸으로 돌아오면 됩니다. 이 자체가 마음에 일어나는 일로 돌아와 그것에 깨어있다는 의미입니다. 마음에 무엇이 존재하는지 '생각' '계획' '기억' 등으로 부드럽게 명칭을 붙여 알아차린 뒤 호흡이나 몸 전체의 감각으로 주의를 향합니다.

- 매순간 몸 이곳저곳에서 일어나는 감각에 있는 그대로 주의를 기울입니다. 즐거운 느낌, 불쾌한 느낌, 즐겁지도 불쾌하지도 않은 느낌이 일어나는 순간, 그것을 알아차립니다.

- 이렇게 알아차리고 있자면 허리, 무릎, 어깨 등 몸 곳곳에서 불편한 감각이 일어날 것입니다. 불쾌하고 불편한 느낌이 너무 강할 때는 호흡과 몸 등 처음 대상에 마음이 머물지 않고 불편한 부위로 주의가 끌릴 것입니다. 이때는 즉시 몸의 자세를 바꾸기보다 불편한 감각이

강하게 느껴지는 부위에 잠깐이라도 주의를 가져가봅니다. 부드럽고 지혜롭게 주의를 기울이며 이 부위의 감각을 가만히 살펴봅니다. 불편한 감각이 '실제로' 어떻게 느껴지는지, 정확히 몸 어느 부위에 자리 잡고 있는지 살핍니다. 또 시간이 지나며 불편한 감각이 변화하는지, 몸 이곳저곳을 옮겨 다니지 않는지 관찰합니다. 불편한 감각을 머리로 생각하는 것이 아니라 있는 그대로 느껴봅니다. 지금 느끼는 감각에 마음을 열어, 있는 그대로 알도록 합니다. 바디스캔에서 했던 것처럼, 강한 감각이 느껴지는 부위에 숨을 불어넣어 알아차려도 좋습니다. 해당 부위에 숨을 불어넣고 그곳에서 숨이 나온다고 생각하며 알아차립니다.

- 이렇게 해도 강한 신체감각에 자꾸 마음이 끌려간다면 당신이 할 수 있는 한에서 호흡으로 주의를 가져옵니다. 또는 균형과 위엄을 갖추어 자리에 앉은 몸 전체로 주의를 가져옵니다. 이런 방법으로 지금-여기와 새롭게 연결합니다. 이렇게 하면 불편한 신체감각이 강하게 느껴지는 중에도 현재 순간에 머물 수 있습니다. 우리는 평소 불편한 감각이 일어나면 그에 관한 생각으로 고통을 더 키우고는 합니다. 특히 불편감이 얼마나 오래 지속될까 하는 생각으로 그것을 더 키우는 때가 많습니다. 이런 과정을 직접 관찰해봅니다.

○ 숨 불어넣기

- 몸 전체로 알아차림을 확장하는 수련으로 5장 바디스캔의 '숨 불어 넣기' 기법(136쪽, 바디스캔 안내문 중 여섯 번째)을 심화시킬 수 있 습니다. 호흡을 의식의 배경에 두고 몸 전체를 알아차리다가 강한 신 체 감각 '속에' 주의를 집중하면 여러 가지를 알게 됩니다. 강한 감각 이 느껴지는 부위에 자연스레 주의가 끌려도(이때 마음은 소리칩니 다. "이봐, 여길 보라고!") 부정적 경험을 회피하는 습관 때문에 우 리는 불편감의 진원지인 강한 신체감각 '속에' 알아차림을 가져가길 머뭇거립니다.

- 이런 경험 회피에 대해 숨 불어넣기(breathing into) 수련이 적절한 해결책이 됩니다. 이 경우 호흡은 강한 감각이 느껴지는 신체 부위에 부드럽고 통찰력 있는 알아차림을 가져가는 도구입니다. 호흡을 알 아차리면서, 강한 감각이 느껴지는 신체 부위에 호흡이 도달한다고 느끼며 상상합니다.

- 몸의 감각이 강해 압도될 정도면 숨 불어넣기보다 다음 소개하는 '함 께 숨쉬기' 수련으로 주의를 안정시켜도 좋습니다. 강한 신체감각을 알아차리되 몸에서 들고나는 호흡을 의식의 배경에서 자각하는 방법 입니다.

○ 함께 숨쉬기

- 자신의 몸을 비롯한 경험의 다양한 측면으로 알아차림을 확장하기
는 결코 쉽지 않습니다. 우리의 삶과 몸, 마음에는 언제나 많은 일이
일어나고 있습니다. 깊은 잠에 빠진 경우를 제외하고 우리는 항상 내
적, 외적 자극에 둘러싸여 삽니다. 이런 상황에서 마음의 안정을 얻고
알아차림을 확장하는 법은 무엇일까요?

- 한 가지 방법은 살면서 무엇을 경험하더라도 그 배경에서 우리가 항
상 호흡하고 있다는 분명하고 놀라운 사실에 주목하는 것입니다. 이
것은 우리가 어떤 일을 경험할 때 '호흡을 알아차리며' 경험할 수 있
다는 의미입니다. 이것을 함께 숨쉬기(breathing with) 수련이라고
하겠습니다. 특정 경험에 집중하는 동안 호흡에 대한 알아차림을 의
식의 배경에 두는 방법입니다. 이렇게 하면 마음이 안정되어 실제 경
험하는 대상에 수월하게 주의를 기울일 수 있습니다.

- 예를 들어, 지금 뮤직플레이어로 음악을 한 곡 틀었다고 합시다. 당
신은 잠시 음악소리에 주의를 집중합니다. 그러나 조금 지나 마음은
딴 곳으로 방황할 것입니다. 이때 시험 삼아 이렇게 해보십시오. 의식
의 전경(前景)에서는 음악소리에 주의를 기울이고, 의식의 배경(背
景)에서는 몸에서 들고나는 호흡에 주의를 기울이는 것입니다. 처

음에는 호흡을 의식하지 말고 음악소리만 듣습니다. 그러다 다음에는 의식의 배경에서 호흡에 주의를 기울인 채로 들어보십시오. 몇 분 동안 이런 식으로 번갈아가며 해봅니다.

- 자신에게 편안한 방법을 찾는 데 시행착오를 겪을 수 있습니다. 특히, 의식의 전경에 드러나는 주 대상인 음악소리와, 의식의 배경에서 마음을 안정시키는 호흡 사이에 적절한 균형을 찾는 데 시간이 걸릴 것입니다. 그럼에도 많은 사람이 이런 노력이 그만한 가치가 있다고 말합니다. 의식의 배경에서 호흡에 주의를 기울이는 것은 복잡하고 힘든 상황에서 마음을 안정시키는 유용한 방법입니다. 신체 경험에 대한 알아차림을 확장할 때 강렬한 신체감각과 불쾌한 느낌에 다가가야 하는데, 이때 의식의 배경에서 호흡을 알아차리는 방법은 귀한 동맹군이자 지원군이 되어줍니다.

마리아 이야기: 호흡 너머 몸으로

마리아는 주말에 두 자녀가 집을 다녀간 뒤 청소 중이었다. 20대 중반의 자녀들은 몇 년 전 직장과 대학으로 집을 떠났다. 하지만 마리아는 언제라도 아이들을 환영한다는 의미로 아이들의 물건을 집안 곳곳에 두었다. 자녀들은 어머니의 쉰 번째 생일을 축하하러 일주일간 어머니 집에 머문 뒤 그날 아침 기차에 맞춰 집을 나섰다. 두 자녀가 골목 모퉁이를 돌아 사라진 뒤에도 떠들썩한 웃음소리가 그녀의 귓가에 남았다. 곧 출근해야 했지만 우선은 밀린 빨래와 침실을 정리하려고 아들 방에 들어갔다. 순간, 슬픔과 외로움이 밀려왔다. 속으로 생각했다. '이러면 안 돼. 강해야 해. 슬픔에 빠지는 건 바보 같은 짓이야.' 그러자 어떻게든 그 순간이 지났다. 침대보를 벗기고 가득 찬 쓰레기통을 들고 아래층으로 내려왔다.

마리아는 힘겨운 감정을 이런 식으로 회피하는 게 습관이었다. 그녀가 삶의 커다란 스트레스를 다루는 방식도 다르지 않았다. 이 방법은 효과가 있는 듯했다. 그러나 회피는 자신의 느낌과 단절된다는 의미였다. 마리아는 감정을 충분히 경험하면 거기에 압도당할까 두려웠다. 그래서 자신과 사랑하는 사람으로부터 늘 거리를 두고 떨어져 있었다. 그들과의 관계에 온전히 몰입해 자기 역할을 하고 있다는 생각이 들지 않았다. 항상 피곤했다. 특별한 이유 없이 소진되는 느낌이었다. 어떤 때는 한번 울기 시작하면 절대 멈출 수 없을 것 같았다. 세상 때문에 울었고, 상실한 소유물과 사람 때문에, 자신의 잘못된 결정 때문에 울었다. 자녀들이 집을 떠나, 꿈이 실현되지 못해 울었다. 이런 자신이 창피하고 실망스러웠지만 스스로 어떻게 할 수 없다고 여겼다. 그녀는 가보지 않은 위험한 감정 영역에 발을 들이지 않는 법을 일찌감치 터득했다.

그로부터 몇 주 전 마리아는 우리 저자들이 진행하는 마음챙김 프로그램에 등록했다. 마리아는 바디스캔과 요가를 좋아했지만 호흡 명상은 어려웠다. 주의가 호흡이 아닌 딴 데로 자꾸 달아나 마음이 편치 않았다. 호흡 명상이 도움이 된다는 생각이 들지 않았다.

그러던 중 네 번째 세션이 되었다. 호흡에 의식을 집중한 뒤 몸 전체의 감각으로 알아차림을 확장하는 수련을 했다. 처음에 마리아는 몸의 감각을 전혀 알아차리지 못했다. 그러다 위장 위쪽의 갈비뼈 아래 약간 불편한 감각이 느껴졌다. 강한 통증은 아니었지만 어쨌든 그런 느낌이 있었다. 조금 휑한 느낌 같기도 하고, 가장자리가 살짝 뻗치는 느낌 같기도 했다. 거기에 집중하자니 썩 유쾌하지 않았다. 하지만 한 번도 경험하지 못한 느낌이라 흥미롭기도 했다. 몇 가지가 뭉뚱그린 감각을 알아차리고 있자니 아들과 딸의 텅 빈 방이 머릿속에 그려졌다. 조금 뒤 이 감각은 사라졌다. 마리아는 난생 처음 불쾌한 느낌을 무서워하기보다 흥미를 느꼈다.

며칠 뒤 마리아는 쓰레기통을 갖다놓으려고 위층에 올라갔다. 이번에도 슬픔의 파도가 밀려왔다. 하지만 밀쳐내지 않았다. 대신 침대에 걸터앉아 슬픈 느낌이 몸에 어떤 영향을 주는지 가만히 의식을 집중했다. 며칠 전 갈비뼈 아래에 느낀 감각이 이번에도 느껴졌다. 팔과 다리에 힘이 빠지는 느낌도 있었다. 마리아는 이 모든 감각을 알아차림에 담았다. 그러자 처음으로 이 감각의 주변에 약간의 공간이 생기는 것 같았다. 마치 이 감각 주변으로 공기가 흐르는 것도 같았다. 마리아는 울음을 터뜨렸지만 이번엔 울음을 멈추려고 노력하지 않았다. 외로움을 느꼈지만 부정하지 않았다. 자신과 남편에게 화가 났지만 '잘못된' 느낌이라고 여기지 않았다. 흐느끼면서도 감정을 통제하지 못한다는 생각은 들지 않았다. 감정의 '통제'는 중요하지 않았다. 1~2분 지나 그녀의 울음에 변화가 생겼다. 고요함이 찾아오는가 싶더니 울음이 다시 터져 나왔다. 조금 뒤 고요함이 다시 찾아왔다. 외부 상황은 바뀌지 않았지만 이제 마리아는 마음이 편했다. 더는 두렵지 않았다. 침대에서 일어나 쓰레기통을 방 한 쪽에 두고 아래층에 내려가 출근 준비를 했다.

마리아는 주의를 확장해 몸 전체를 알아차리는 수련을 통해 습관적인 감정 회피에서 벗어나 몸과 마음에 일어나는 일을 기꺼이 경험했다. 못 본 척하거나 밀쳐낸 자신의 일면과 다시 연결한 것이다. 일정 시간에 걸쳐 다양한 마음챙김 수련을 시도하면 감정과 친해지고 그로부터 배움을 얻는 자기만의 방법을 찾을 수 있다. 손에 잡히지 않는 느낌을 알아차리고 받아들이는 두 가지 수련법을 소개한다.

practice

○ 경험의 즐겁고 불쾌한 성질 알아차리기

즐겁거나 불쾌한 느낌, 즐겁지도 불쾌하지도 않은 느낌을 더 잘 알아차리는 방법은 무엇일까요? 또 일상생활에서 자신의 신체감각을 알아차리는 방법은 무엇일까요? 지금부터 몇 시간 동안 사소한 것이라도 자신의 경험을 '즐겁다'거나 '불쾌하다'고 간주하는 순간을 찾아봅니다. 즐거운/불쾌한 일 기록지(292~295쪽)를 활용해 그 순간 '실제로' 어떤 일이 일어나는지 기록해도 좋습니다. 이렇게 하면 각 사건이 일어나는 동안 자신의 느낌과 생각, 신체감각이 어떻게 상호 작용하는지 관찰할 수 있습니다. 각 경우에 자신이 '실제로' 무엇을 경험하는지 기록해두는 것은 그만한 가치가 있습니다.

즐겁고 불쾌한 느낌을 순간순간 알아차리려면 내면에서 일어나는 일에 의식을 맞추어야 하는데 이것은 경험 회피와 정반대의 상태다. 경험의 즐겁고 불쾌한 성질과 그것이 몸과 마음에서 실제로 어떻게 느껴지는지 알아차린다는 분명한 의도를 내보자. 그러면 있는 그대로 경험을 알아차릴 뿐 아니라 경험 회피라는 자동 습관을 역전시킬 수 있다.

샘이 경험한 것도 이것이었다. 샘은 마음챙김 프로그램에서 일상의 즐거운 순간에 주목하며 일주일을 보냈다. 경험 회피가 심했던 샘은 이런저런 일로 바쁘지 않으면 몸이 피곤하지 않아도 자기도 모르게 잠에 떨어지곤 했다. 샘에게 잠은 느낌에 무감각해지는 수단이었다. 마음챙김 프로그램에 처음 참가했을 때 소극적이던 샘에게 세 번째 세션에서 변화가 나타났다. 생기가 일면서 수련에 적극 참여했고 미소도 띠었다. 〈즐거운 일 기록지〉 나눔 자리에서 샘은 즐거운 일에서 경험한 삶의 풍요로움이 생각보다 컸다고 말했다. 전에는 모르고 지나친 사람들의 미소와 물에 반사된 나무 그림자를 지금은 알아보았다. 삶의 패턴은 바뀌지 않았지만 소소한 행복이 삶에 존재한다는 걸 깨달았다. 이제 할 일은 소소한 행복의 원천에 의도적으로 주의를 기울이는 것이었다. 샘은 주변 세계에 의도적으로 집중하며 기꺼이 느낌을 경험했다. 샘은 두려움에 물러서지 않고 매 순간 온전히 지금-여기에 존재하는 용기를 냈다.

○ 신체 기압계

기압계를 사용해본 적이 있습니까? 먼저 가볍게 유리를 톡톡 두드려 유리 안의 바늘이 어느 방향으로 움직이는지 확인합니다. 바늘이 위로 올라가면 기압이 오르고 있으므로 날씨가 좋아진다는 의미이고, 아래로 내려가면 비가 올지 모른다는 뜻입니다. 마찬가지로 우리는 특정 순간 자신의 상태에 관한 상세한 정보를 몸에서 얻을 수 있습니다. 구체적인 방법은 이렇습니다.

- 자신의 몸에서 스트레스와 어려움에 특히 취약한 부위를 하나 정합

니다. 예컨대 가슴이나 복부, 아니면 가슴과 복부의 중간이라고 해봅시다.

- 한 곳을 정했다면 이 부위를 당신의 '신체 기압계'로 설정합니다. 그리고 매일 정해진 시간에 이 부위에 의식의 주파수를 맞춥니다. 만약 지금 스트레스를 받고 있다면 이 부위에서 긴장과 불편감이 느껴질 것입니다. 스트레스의 세기에 따라 긴장과 불편감이 매우 클 수도 있고, 그다지 크지 않을 수도 있습니다. 또 이 부위에 주의를 기울이고 있으면 불편감의 강도가 변화하는 것을 관찰할 수도 있습니다. 만약 편안하고 즐거운 상태라면 이 부위에서 전혀 다른 감각이 느껴질 것입니다.

- 자신의 신체 기압계를 읽는 데 익숙해지면 해당 부위의 미묘한 변화를 관찰할 수 있습니다. 그러면 매순간 자신의 느낌에 관한 상세한 정보를, 느낌을 인식하기 전에 미리 얻을 수 있습니다.

- 자신의 신체 기압계를 들여다보는 과정에서 언제라도 9장에 소개한 숨고르기 수련으로 돌아올 수 있습니다. 숨고르기 수련으로 당신이 힘들어하는 상황이나 불편감과 함께할 수 있습니다. 아니면 기압계로 설정한 부위의 감각을 매순간 모니터링하며 있는 그대로 함께할 수도 있습니다. 감각이 거기 존재하도록 허용합니다. 최선을 다해 있는 그대로 받아들이며 매순간 자신의 경험과 함께합니다.

자신의 기압계 읽기

우리 동료 트리시 바틀리(Trish Bartley)는 일상생활의 느낌을 알아차리는 수련법을 개발했다. '신체 기압계'라는 수련법의 구체적인 방법은 소개한 바와 같다. 예컨대 가슴 등 특정 부위에 주의를 기울여 그곳에서 느껴지는 신체감각의 미묘한 패턴을 살핀다(여기에는 신체감각 외에도 즐겁거나 불쾌한 느낌이 들어있다). 이를 통해 예전에 몰랐던 내면의 힘을 발견할 수 있다. 이 내면의 힘은 일상생활에 도움을 주는 안내자로 삶을 풍요롭게 한다.

시간과 노력을 들여 자신의 신체 경험에 대한 알아차림을 넓고 깊게 만드는 이유는 우선, 신체 경험에 대한 알아차림을 통해 지금-여기와 연결되기 때문이다. 몸을 알아차리면 경험을 회피하는 일이 줄어 삶과 온전히 연결된다. 또 몸 알아차림을 통해 신체감각과 느낌에 자동 반응하는 성향이 준다. 그밖에도 불행감을 지속시키며 생각과 판단을 편향되게 만드는 악순환을 깨뜨릴 수 있다.

특정 상황으로 불쾌한 느낌이 일어나는 순간, 그것을 알아차려 보자. 또 몸이 긴장하는 순간 일으키는 혐오반응도 알아차려보자. 이렇게 알아차리는 목적은 거기에 능숙하게 응대하기 위해서다. 그렇다면 우리는 불쾌한 느낌과 함께할 수 있을까? 강박적 집착과 끝없는 반추로 인한 지속적 불행감과 우울에 걸려들지 않은 채 감정과의 관계를 변화시킬 수 있을까? 7장에서는 이 가능성에 대해 살펴본다.

느낌과 친해지기

~~~~~~~~~~ 괴로운 감정을 변화시키다 ~~~~~~~~~~

우리를 놀라게 하는 모든 것은 어쩌면 우리의 사랑을 갈망하는, 의지할 데 없는 존재들인지도. 그러므로 그대, 감당할 수 없는 슬픔이 몰려와도 놀라지 말라. 불안이 먹구름처럼 몰려와도 결코 놀라지 말라.

그대는 깨닫게 되리. 삶이 아직 그대를 잊지 않았음을. 삶이 그대를 든든히 받치고 있어 결코 그대가 나락에 떨어지지 않는다는 것을. 그대 왜 삶에서 불편과 비참, 우울을 몽땅 몰아내려 하는가? 그것들이 그대 내면에서 어떤 일을 하고 있는지 그대 아직 모르면서.

_라이너 마리아 릴케, 『젊은 시인에게 보내는 편지』 중

모험을 나서는 이들은 어려운 장애물이 존재한다는 걸 안다. 산악 등반가들은 완만한 경사길이 어느 순간 깎아지른 절벽으로 바뀐다는 걸 알기에 수개월에 걸쳐 등반 훈련을 한다. 등반할 지형에 관한 자세한 지도를 보고 또 본다. 자면서도 눈에 보일 정도로 숙지한다. 그러나 아무리 철저히 준비해도 사전에 모든 위험을 제거할 수는 없다. 산에 오를 때마다 도저히 오르지 못할 것 같은 절벽을 만난다. 마찬가지로 지금 우리는 불행감의 악순환을 끊으려는 시도에서 중요한 갈림길에 섰다.

지금 우리 앞에 놓인 도전은, 원치 않는 감정을 키우지 않으면서 그것과 함께하는 법을 아는 것이다. 언뜻 불가능해 보인다. 원치 않는 감정과 맞닥뜨리면 회피하기 쉽다. 그 감정을 없애려고 마음의 행위 모드에 돌입한다. 그러나 두려운 감정을 의도적이고 의식적으로 품어 안는 것은 오히려 우리가 자유로워지는 강력한 행동일 수 있다. 물론 힘겨운 감정을 만나면 마음은 즉시 문제해결 모드에 진입한다. 불쾌한 경험을 회피하며, 일시적 슬픔에도 자기 비난의 반응을 자동으로 일으킨다. 이 모든 것이 우리의 앞길을 가로막는다. 그러나 산악 등반가가 훈련 중 닦은 기술과 지식으로 도저히 불가능해 보인 절벽을 오르듯이 이 책에 소개한 명상 수련으로 힘겨운 감정 상태에 대처하는 기술과 지식을 얻을 수 있다.

6장에서 몸이 보내는 회피와 불쾌감의 신호에 의식의 주파수를 맞추는 연습을 했다. 이번에는 감정에 대해 살펴볼 차례다. 지금까지 우리는 부정적 감정을 회피하는 것이 습관이 되어 감정을 제대로 알아보지 못했다. 또 부정적 감정을 만나는 즉시, 혐오반응이라는 도주 차량에 올라타 도망쳤다. 7장에서는 부정적 감정을 인식하고 다가가 받아들이며 그것과 친해지는 법을 배운다. 이렇게 하면 부정적 감정 때문에 우울의 나락에 한없이 떨어지는 일을 막을 수 있다.

그런데 오랫동안 '적'으로 간주해온 감정과 친해지는 것은 인간의 자기보호 본능과 배치되지 않는가? 그렇지만 지금까지 다른 선택지라고 해봐야 원하는 대로 되지 않으면 혼자 힘들어하고 괴로워하는 것뿐이었다. 이제 '다른 길'을 알아볼 때가 되었다.

우리 저자들은 슬픔과 기분 저하, 우울한 반추 성향에 맞서 마음챙김을 키우는 일이 쉽다고 말하지 않는다. 그럼에도 마음챙김의 계발을 시도해볼 수는 있다. 게다가 이 시도는 우리 내면의 가장 심오하고 가장 최선인 어떤 것을 끌어낸다. 이 책은 불쾌한 경험에 능숙하게 대처하는 여러 방법을 소개한다. 그리고 궁극적으로 마음챙김의 계발을 통해 불쾌하고 힘들고 위협적인 경험과 맺는 관계를 변화시킬 수 있다고 본다.

지금까지 소개한 마음챙김 수련을 활용하면 힘들고 불쾌한 경험을 자동적으로 거부하는 습관에서 벗어날 수 있다. 불편한 대상에 부드럽게 마음을 열고 관심을 기울이는 것 자체가 받아들임의 핵심이다. 간단하지만 강력한 다음의 진실을 거듭 상기할 필요가

있다. '대상을 의식적으로 알아차림에 담을 때 그것을 변화시킬 수 있다.'

몸 알아차림 신뢰하기

여기서 핵심은 불쾌한 느낌과 그에 따르는 자동적 회피 반응을 분리시키는 것이다. 만약 회피 반응에 이미 걸려들었다면 그 영향에서 벗어나야 한다. 앞서 신체감각에 초점을 맞추어 자신의 혐오 반응을 살펴보았다. 마찬가지로 몸에 대한 작업을 통해 혐오반응을 촉발하는 사건에 효과적으로 응대할 수 있다. 몸 작업에서 우리는 어려움을 즉각 회피하지 않는 시간적 여유를 번다. 이 여유를 가지면 자신이 처한 최악의 상황을 다루어볼 수 있다. 힘겨운 경험이 일어나는 즉시 본능은 그것을 고치거나 제거하라고 소리치는데, 이때 몸 작업을 통해 힘든 경험을 변화시킬 수 있음을 기억하자.

불쾌한 경험이 일어나면 잠재적 위험을 경고하는 뇌 시스템이 즉각 활성화된다. 시끄러운 경보음이 울리는 것과 같다. 이때 불쾌감을 일으킨 사건에 우선적으로 주의가 향하면서, 불쾌감을 없애려고 한다. 텔레비전을 켜는 등의 행동을 한다. 하지만 경보음은 꺼지지 않고 계속 울린다. 걱정이 계속해서 의식에 들어온다. 이제 텔레비전이 켜있든 꺼있든 불편한 생각과 느낌이 홍수처럼 밀려든다.

이때가 중요한 순간이다. 이때 마음을 텔레비전 등 다른 대상에 돌리는 무익한 행동을 멈추고, 두렵고 힘들고 우울한 대상과 마주하면 어떨까? 그러면 뇌가 우리에게 원하는 바, 즉 지금 당면한 문제에 주의를 주면서도 더 이상 지금까지 했던 것처럼 마음의 행위 모드에 지배당하지 않는다. 이때 우리는 현재 순간에 반사적으로 반응하지(react) 않고 지혜롭게 응대한다(respond). 여기서 응대란, 지금 이 순간 몸에서 드러나는 느낌에 따뜻하고 열린 주의를 기울이는 것이다. 울리는 경보음에 대해 끝없이 생각하는 것이 아니라 그와 다른 방식으로 관계 맺는 것이다.

앞서 우리는 힘든 감정이 일어나면 마음이 행위 모드를 촉발시켜 자동 반응을 일으킴을 보았다. 이때 우리는 생각에 휩싸여 잘못될지 모르는 온갖 일을 걱정한 뒤 어떻게 해결할까 궁리한다. 오래된 기억을 뒤적이며 끝없는 반추에 빠진다. 그런데 이 반응은 내면의 기압계에 '불쾌한' 일로 기록된다. 그런 나머지, 혐오반응이라는 악순환이 무의식적으로 다시 시작된다.

이제는 다른 가능성이 존재한다. 내면의 기압계를 읽는 법을 알기 때문에 불쾌함을 밀어내려는 자신의 시도를 알아차린다. 근육의 긴장, 위축된 느낌 등 불쾌한 신체감각이 몸의 어디에 있는지 집어낸다. 이로써 몸이 전하는 정보를 활용한다. 반추와 우울의 나락에 빠지는 일을 막는다. 자신을 신뢰하며 몸의 느낌 등 힘겨운 느낌을 알아차림의 그릇에 담을 때 이것이 가능하다. 처음에 탐지한 불쾌한 경험과 그에 대한 즉각적 혐오반응 사이에 약간의 '틈'을 내면 일어나는 현상을 있는 그대로 알고 그에 응대하는 능력을 키울 수 있다. 이때 우리는 자신의 마음에 존재하는 심오한 지혜를 활용한다. 생각에 의존하지 않는 이 지혜는 우리를 변화시키고 자유롭게 하는 방식으로 어려움에 응대하게 한다. 구체적인 방법은 다음과 같다.

일단 불쾌한 느낌을 관찰했으면 몸에서 어떻게 느껴지는지 집중한다. 이때 현재 순간의 호흡을 알아차리면 도움이 된다. 6장에서 이것을 '함께 호흡하기' 수련이라고 했다. 자신에게 일어나는 어떤 현상이든 그것과 함께 호흡하면 그 자체로 마음이 안정되는 효과가 있다. 또 6장에서 본 것처럼 호흡 알아차림을 확장해 몸에서 경험하는 다른 감각을 알아차리는 방법도 있다. 그밖에 통증이나 불편감이 느껴지는 부위 '속에' 숨을 불어넣는 수련법도 있다. 이런 식으로 통증과 불편감의 가장자리(edge)를 탐색하며 불편감의 강도가 어떻게 변하는지 살피며 알아차림으로 품어 안는다. 이때가 몸의 수축으로 드러나는 혐오반응의 신호를 알아보는 기회다. 호흡 알아차림을 다른 신체감각에 대한 알아차림에 연결시키는 과정에서 호흡은 알아차림을 해당 부위로 실어 나르는 도구가 된다(바디스캔에서 한 것처럼). 알아차림은 생각과 느낌도 담을 수 있으므로 일어나는 생각과 느낌을 피하거나 없애지 않아도 된다. 그저 생각과 느낌을 알아차리며 그것이 머물 공간을 마련하면 된다. 알아차림이 모든 일을 하게 하는 것이다.

6장에 소개한 깨어있는 마음으로 하는 요가에서 우리는 불쾌한 감각이나 느낌과 새롭게 관계 맺는 법을 처음 배운다. 여기서 다음 소단원을 읽은 뒤 잠시 책을 덮고 안내음성③에 따라 몇 분간 스트레칭 동작을 직접 해보자. 최선을 다해 지금부터 말하는 태도로 스트레칭을 해보자.

가장자리 작업 : 불편감에 다가가다

요가를 하면 신체 특정 부위에 어느 정도 불편감을 경험하게 된다. 사실 불편감은 요가 수련이 받아들임과 호기심, 부드러움과 친절로 힘겨운 경험에 다가가는 법을 익히는 효과적인 도구임을 보이는 표시다. 또 신체적 불편감을 다루는 기술을 익히면 나중에 커다란 감정적 불편감을 느낄 때 활용할 수도 있다.

예컨대 요가에서 손을 머리 위로 올려 전신을 위로 뻗는 중 어깨나 위팔에 불편감이 느껴진다고 하자. 이에 우리는 회피로 반응한다. 불편을 느끼자마자 팔을 내려 다른 신체부위로, 생각과 이미지 등 몸 아닌 대상에 주의를 향한다. 또 하나는 불친절한 방법으로, 인내를 수련의 목적으로 여기며 이를 악물고 통증과 불편감을 견딘다. 게다가 몸을 더 뻗으려 시도하는데, 이 경우 불편감을 느끼는 신체 부위를 알아차리지 못하고 단절되기 쉽다.

그런데 이것 외에 세 번째 선택지가 있다. 불편감을 회피하는 것도 아니고, 스스로 정한 인내의 기준으로 자신을 몰아붙이는 것도 아닌 적절한 균형을 찾는 방법이다. **깨어있는 선택지**(mindful option)라 할 만한 여기에는 부드러운 돌봄의 태도가 필요하다. 몸의 스트레칭을 이용해 불편감을 대하는 방식을 확장시킨다. 바디스캔에서 했던 것처럼 호흡을 알아차림을 실어 나르는 도구로 삼아 불편감을 느끼는 신체부위로 주의를 향한다. 그런 다음 그 부위에서 일어나고 사라지며 변화하는 신체감각과 느낌을 부드러운 호기심으로 탐색한다. 또 신체감각과 느낌의 강도가 어떻게 변화하는지 직접 느낀다. 여기서 목적은 한 자세를 유지한 채 통증이 찾아오기를 기다리는 것이 아니다. 몸을 뻗으며 동작을 취하는 동안 자기 몸의 한계를 경험하며 한동안 거기 머문다. 강한 신체감각을 억지로 참는 것이 아니다. 이때 최선을 다해 감각과 느낌 자체에 주의를 유지시킨다. 당김, 조임, 따뜻함, 떨림 등 신체감각의 성질에 집중한 채 이 감각과 '함께' 호흡한다. 이 느낌의 의미에 관한 생각이 일어나면 그저 알아차림 안에서 생각이 일어났다 사라지도록 놓아둔다.

이때 스트레칭 동작에 살짝 변화를 주어 신체감각의 강도에 관한 작은 실험을 해볼 수도 있다. 불편감과 받아들임의 중간지대에 머물며 몸동작에 작은 변화를 준다. 이때 자신의 몸이 어떻게 반응하는지 살핀다. 이 방법으로 불쾌한 감각의 강도를 어느 정도 스스로 조절할 수 있다. 이렇게 자신에게 일어나는 현상과 새롭게 관계 맺는 법을 배운다. 이것은 매순간 자신의 신체적 한계를 억지로 밀어붙이지 않는, 부드러운 자기 돌봄의 태도다.

몸은, 있는 그대로의 현상을 알아차릴 때 혐오반응이 사라질 수 있음을 관찰하기에 적합한 영역이다. 예컨대, 팔을 머리 위로 들어 올릴 때 느껴지는 불편감을 알아차린다고 하자. 이때 몸 전체를 훑으며 특정 근육이 긴장되어 있는지 살필 수 있다. 그러면 턱과 이마가 긴장되어 있음을 종종 알아차리게 된다. 팔을 올리는 동작과 무관한 얼굴 부위가 긴장하는 이유는 무엇일까? 이것은 불편감을 경험하는 중 혐오반응을 일으키고 있다는 신호다. 이를 아는 상태에서 숨을 들이쉬며 부드럽고 호기심 있는 돌봄의 태도로 이 부위에 주의를 향한다. 숨을 내쉬면서 저항이나 움켜쥠의 감각을 내려놓는다. 날숨과 함께, 할 수 있는 한에서 긴장감이 떠나도록 한다. 이렇게 해서 얼굴 부위가 이완되고 가벼워진다. 이것은 불편감에 대한 혐오반응으로 긴장하는 자동 습관에서 어느 정도 벗어났다는 의미다.

깨어있는 마음으로 몸을 뻗는 것은 뜻밖의 방법으로 불편감에 응대하는 법을 탐색하는 유용한 훈련장이다. 또 불행감으로 미끄러져 들어가는 순간, 마음의 모드를 이동시키는 중요한 방법이다. 예를 들어, 안내음성③을 들으며 몸의 움직임과 감각에 주의를 기울이는 것만으로 짧은 시간에 명료한 마음을 회복할 수 있다. 기분이 곤두박질치거나 일에 집중하기 힘들 때 몸을 뻗고 움직이는 신체 감각을 알아차리면 좋다. 부드러우나 도전적인 이런 신체 활동은 활력을 북돋는 각성 효과가 있어 불행감이 커질 때마다 고개를 드는 무기력을 잘라낸다. 사실, 깨어있는 마음으로 요가를 하는 중에 슬프거나 불안한 상태로 있기란 어렵다. 이것은, 실제적으로 그리고 비유적으로, 우리의 몸과 마음을 청소하는 것이다.

앉기 명상에서의 가장자리 작업

6장에서 일정 시간 몸을 움직이지 않고 앉아 명상하면 몸에 불편함을 느낌을 보았다. 다리를 접은 채 바닥에 앉으면 더 그렇다. 무릎, 허리, 목, 어깨가 아파온다. 시간이 지나면 통증이 매우 커질 수 있다. 앞서 보았듯이, 앉기 명상에서는 먼저 호흡 감각에 주의를 집중한다. 호흡에 주의가 안정되면 알아차림의 장을 서서히 넓혀 몸 전체나 강렬한 감각이 일어나는 특정 신체부위를 알아차린다. 깨어있는 마음으로 하는 요가처럼 이 역시 **가장자리 작업**(work the edge)을 시도하는 또 한 번의 기회다. 몸의 현상에 강한 혐오반응을 일으켰다 해도 이를 향해 열려 몸의 경험과 친밀해질 수 있다. 6장에서 본 것처럼, 불편한 신체감각에 자꾸 주의가 끌린다면 해당 부위를 알아차림의 장에 담아, 있는 그대로 순간순간 경험할 수 있다. 여기서도 다시 한 번 자신의 가장자리에서 작업한다. 즉, 신체감각 속에 들어가 그것을 품어 안는다. 부드럽게 사랑을 담아 자신의 가장자리와 한계에 집중한다. 이렇게 잠시나마 한계에 도달했음을 느낀 뒤 강한 감각이 느껴지는 부위에서 주의를 거두어 호흡으로 돌아간다. 앉기 명상의 가장자리 작업은 다음의 여러 방법으로 할 수 있다.

• 강한 감각이 느껴지는 신체부위 내에서 주의를 이동시킨다. 감각이 강한 부위보다 약한 부위에 집중한다.

• 불편감과 '함께 호흡한다.' 강한 감각에 대한 알아차림을 유지하되 의식의 배경에서 호흡을 알아차린다.

• 감각이 너무 강해 압도당할 정도면 해당 부위에서 주의를 거두어 호흡에만 오롯이 집중한다.

• 감각이 너무 세면 언제라도 분명한 의도를 지닌 채 몸을 움직이거나 자세를

바꾼다. 이것은 실패의 징표가 아니라 친절과 지혜의 행동이다. 자세를 바꿀 때도 알아차리며 바꾼다. 강한 감각에 어떻게 반응하든 알아차림이 끊어지지 않고 이어지게 한다.

여기서 핵심은 이 수련 자체가 불쾌하고 힘든 내면 경험과 관계 맺는 또 다른 방법이라는 점이다. 불쾌한 경험에 한꺼번에 첨벙 뛰어들 필요는 없다. 일단 엄지발가락만 담가 물의 온도를 느껴도 좋다.

자신에게 일어나는 어떤 현상이든 밀쳐 내거나 도망가지 않고 알아차림에 담을 수 있음을 보았다. 이제 그 밖의 강렬한 신체적, 감정적 고통에 이것을 적용할 수 있다. 무엇을 느끼든 알아차림으로 품어 안음으로써 친밀해지는 것은 자신을 돌보는 행위다. 알아차림은 우리 내면에서 일어나는 모든 현상에 친절과 부드러운 열림, 관심으로 다가가는 것이다.

앤서니 이야기: 경험에 열리다

앤서니의 경험은 마음챙김의 계발로 어떤 변화가 일어나는지 보여준다. 앤서니는 평소 늘 긴장한 상태였다. 그런데 마음챙김 프로그램으로 몸에 집중하자 불편감이 더 크게 의식되었다. 몸이 느끼는 긴장과 함께하기 힘들었다. 명상으로 긴장이 어서 풀리기를 바랐지만 효과를 보지 못해 실망했다. 어느 날 숲에서 개를 산책시키던 중 벌집을 건드려 다리 몇 군데를 쏘였다. 앤서니는 얼른 집에 돌아와 연고를 발랐다. 하루 이틀 지나 쏘인 곳이 무척 가려워 견디기 힘들었다. 앤서니는 가려워 불편한 감각에 실험 삼아 알아차림을 가져갔다. 가려운 부위에 '숨을 불어넣으며' 자세히 관찰했다. 그러자 가려움이 단일한 감각이 아니라 여러 감각이 뒤섞여 있음을 알았다. 게다가 이 '감각의 다발'은 순간순간 변화하고 있었다. 어떤 감각은 빠르게 변화하는가 하면, 어떤 감각은 느리게 바뀌었다.

나중에 앤서니는 가려움을 대하는 기술을 불편한 감정과 관련된 신체감각을 다루는 데 적용했다. 불편한 감정 때문에 몸이 긴장할 때면 싫어하거나 무시하지 않고, 긴장하는 감각 속에 머물렀다. 긴장하는 감각과 함께 호흡하며 가까이 다가갔다. 그 밖의 다른 감각과도 접촉했다. 이렇게 자기 몸에 연민의 마음을 보내며 있는 그대로 받아들였다.

앤서니는 어려움을 회피해 경험에서 단절되는 것과, 어려움에 다가가 경험에 열리는 것이 어떻게 다른지 알았다. 이 미묘한 차이는 그를 자유롭게 했다. 자유의 감각이 일어나는 이유는, 회피에서 열림으로 이동하면 뇌의 활동도 회피 위주에서 접근 위주로 바뀌기 때문이다. 앞의 미로 찾기 실험처럼, 접근 중심의 새로운 뇌 활동은 보다 유연한 반응을 유도한다.

위협적인 일을 당하면 몸이 긴장하는데 이것은 뇌가 회피 모드로 넘어가고 있다는 신호다. 이때 마음챙김을 하면 호기심, 연민, 호의 등 접근하는 마음 성질이 일어나 회피 패턴으로 넘어가는 뇌의 경향을 환영하는 뇌의 패턴으로 균형을 바룬다.

깨어있는 알아차림으로 불쾌한 느낌과 함께하는 것은 이상적인 행복 상태에 도달하려 애쓰는 것과 다르다. 이상적인 행복 상태에 도달하려 애쓰는 것은 우리가 집착하는 또 하나의 목표다. 그보다는 아픈 아이를 품에 안는 어머니처럼 힘든 상황과 그에 대한 자신의 혐오반응을 열린 마음으로 받아들이며 알아차린다. 신체적 불편감뿐 아니라 감정적 불편감에 대해서도 열린 마음으로 받아들이며 알아차릴 수 있다.

괴로운 감정을 변화시키는 법

불쾌한 감정이 일어나면 몸의 감각과 느낌이 함께 따라온다. 이때는 불편함이 강하게 느껴지는 신체 부위에 부드럽게 주의를 집중해보자. 그러면 즉각적 효과와 장기적 효과가 모두 나타난다. 즉각적 효과는 마음의 불필요한 회피 성향이 곧장 멈춘다는 점이다. 또 악순환과 기분의 하강 나선을 지속시키는 신체감각과 기분, 생각의 연결고리가 끊어진다. 장기적 효과는 불편한 경험과 지혜롭게 관계 맺는 법을 알게 된다는 점이다. 불편한 경험을 나를 위협하는 '안 좋은' 일로 간주하기보다(이렇게 되면 회피 반응을 일으켜 계속 괴로움에 갇힌다) 있는 그대로 본다. '있는 그대로 본다'는 것은 불쾌한 경험을 일어나고 사라지는 정신적 사건으로 본다는 의미다. 신체감각과 느낌과 생각이 한데 뒤엉킨 다발로 본다는 의미다. 불쾌한 경험을 불안과 증오, 두려움이 아니라 관심과 호기심으로 맞이한다. 지금 이대로의 상태로 기꺼이 맞이한다.

MBCT 프로그램에는 힘겨운 감정의 질감을 살피는 수련법이 있다. 이 수련법은 감정적으로 힘든 순간에 지혜롭게 반응하도록 돕는다. 우선 자신이 힘들어하는 각본이나 상황을 마음에 떠올린 다음, 그것이 몸에서 어떻게 느껴지는지 살핀다. 거기에 알아차림을 가져가 숨을 불어넣으며 힘든 상황이 존재할 수 있도록 널따란 마음 공간을 마련한다. 구체적 지침은 아래와 같다. 지시문을 따라하기 전에 몇 분 동안 호흡과 몸에 집중해 마음을 안정시킨다.

practice

○ 힘든 상황을 몸에서 변화시키기

- 자리에 앉아 몇 분간 호흡 감각에 집중해봅니다. 그런 다음 호흡에 대한 알아차림을 확장해 몸 전체를 알아차립니다(169쪽 '앉기 명상: 호흡과 몸 마음챙김' 참조).

- 이제 지금 당신의 삶에서 일어나고 있는 힘든 일 한 가지를 마음에 떠올립니다. 잠시 함께해도 부담스럽지 않은 정도의 일이면 됩니다. 너무 중요하거나 심각한 일은 피합니다. 그저 조금 불쾌하게 느끼는 일, 아직 해결하지 못했다고 느끼는 일을 택합니다. 오해를 샀던 일,

다툼이 있었던 일, 화가 났던 일, 후회하는 일, 죄책감을 느낀 일도 좋습니다. 지금의 일 가운데 떠오르는 것이 없다면 가깝고 먼 과거에 불쾌했던 일을 떠올립니다.

- 당신을 힘들게 하는 생각과 상황, 걱정과 강렬한 느낌에 초점을 맞춥니다. 이제 이 어려움 때문에 일어나는 신체 감각에 잠시 의식의 주파수를 맞춰봅니다. 지금 몸에서 어떤 느낌이 일어나고 있는지 관찰합니다. 가만히 다가가 살펴봅니다. 감각이 강하게 느껴지는 부위에 의도적으로, 받아들임과 환영의 태도로 주의를 향합니다. 들숨과 함께 그 부위에 숨을 불어넣고 날숨과 함께 그 부위에서 숨을 내쉽니다. 이렇게 그곳의 감각을 탐색합니다. 순간순간 감각의 강도가 어떻게 바뀌는지도 관찰합니다.

- 신체감각에 안정되게 주의를 머뭅니다. 불쾌하다 해도 그것이 알아차림 안에서 선명히 존재하게 합니다. 이제 당신이 경험하는 모든 감각을 받아들이는 열린 태도를 더 키워봅니다. 자신에게 이렇게 말합니다. '괜찮아. 무엇이든 지금-여기 존재하는 그것에 마음을 열자.' 그런 다음 이 신체감각과, 당신이 신체감각과 맺은 관계를 알아차리며 머뭅니다. 신체감각과 함께 숨을 쉽니다. 신체감각을 받아들이며 있는 그대로 놓아둡니다.

- 느껴지는 신체감각을 부드럽게 만들어 거기에 열립니다. 긴장이 일어나면 내려놓습니다. 숨을 내쉴 때마다 속으로 '부드러움' '열림'이라

고 말합니다. '이미 존재하는 거야. 괜찮아'라고 말합니다. 상황을 판단하지 않습니다. 어떻게 되든 상관없다는 뜻이 아닙니다. 그저 지금의 신체감각에 열려 그것을 알아차리는 것입니다. 신체감각과 함께 매순간 몸에서 들고 나는 호흡의 느낌을 알아차려도 좋습니다.

- 신체감각이 더 이상 주의를 끌지 않으면 오롯이 호흡으로 주의를 돌립니다. 호흡을 주 대상으로 삼아 거기 머뭅니다. 몇 분간 다른 신체감각이 일어나지 않는다면 감정의 무게가 실리지 않은 신체감각까지 알아차리며 머물러봅니다.

아만다 이야기: 널찍한 마음 공간[43]

MBCT 프로그램에 참가한 아만다는 처음에 수련을 잘 하지 못했다. 힘겨운 상황을 마음에 떠올리기 어렵다고 했다. 프로그램을 마치지 못할까 걱정하던 중 별안간 아들 일이 떠올랐다. "최근에 아들 때문에 힘들었어요. 집에 들어오지 않고 못 미더운 친구들과 어울려 다녔죠. 두 달 전에는 경찰이 집에 찾아왔어요. 아들 일이 마음에 떠오르자 외면하기 어렵다는 생각이 들었어요. 생각하지 않으려 했지만 그럴 때마다 내가 뭘 잘못했는지 생각해요."
아만다는 아들 일을 마음에서 몰아내지 못했다. 이전에 그런 경험이 있었다. 지금 그녀는 자신을 평가하며 비난을 퍼붓고 있다. 자신의 행동 때문에 곤경에 처했다며 자책하고 있다. 그녀가 처한 힘든 상황은 즉각적으로 반추라는 강박적 사고 양식을 촉발시켰다.

다음으로, 아만다는 신체감각과 느낌에 집중하지 못했다. 처음엔 호흡이 완전히 멈춘 것 같았다. 그러다 몸의 긴장을 알아차렸다. 평소 같으면 몸 아닌 딴 곳으로 주의를 돌리거나 긍정적인 생각을 했을 테지만 이번에는 긴장이 강한 부위에 주의를 가져가 숨을 불어넣었다. 자신이 긴장하고 있음을 알아차린 뒤 의도적으로 몸 전체로 주의를 확장시켰다. 동시에 긴장이 심한 부위에 숨을 불어넣었다.

그러자 예상치 못하게 몸의 긴장된 느낌에 약간의 여유 공간이 만들어졌다. "갑자기 널따란 빈 공간이 생겼어요. 그 공간으로 공기가 드나들어요. 휴가에서 돌아와 창문을 활짝 열어 퀴퀴한 냄새를 환기하는 것처럼요. 아들 일로 일어난 긴장은 그대로지만 이젠 이렇게 생각해요. '너 거기 그대로구나. 하지만 바람이 통하니 괜찮아.'" 아만다는 힘든 상황을 똑바로 쳐다보았다. 몸의 긴장감은 사라지지 않았지만 그 주변으로 공기가 흘렀다. 긴장감이 이전보다 훨씬 적어진 것 같았다.

아만다의 경험은, 힘든 느낌과 기억을 인정하고 알아보는 식으로 다룰 수 있음을 보여준다. 힘든 느낌과 기억을 쫓아내지 않고 있는 그대로 존재하도록 허용한다. 명상을 끔찍한 마음 상태를 '제거하는' 수단으로 여기기 쉽지만, 마음챙김은 결코 어떤 것을 없애는 것이 아니다. 애당초 그런 느낌을 갖지 않는 것도 아니다. 자신의 감정 상태를 마음챙김 하는 목적은 불행감에 갇히지 않는 방식으로 감정과 관계 맺는 법을 배우는 것이다. 불행한 느낌을 품어 안았을 때 널찍한 여유 감각이 생겨나는지 보라. 이 여유 감각이 생기면 아만다처럼 순간의 불쾌한 느낌이 여전히 존재해도 그것이 마음의 공간을 온통 점령하지 않는다. 그 느낌을 크고 분별력 있는 열린 알아차림에 담을 수 있다. 알아차림 '자체'는 고통과 불행을 느끼지 않는다. 알아차림 자체는 어떤 것에도 걸리지 않는다. 아만다는 자신이 겪은 힘든 일을 이렇게 말했다.

"처음에는 거대하고 단단한 바위덩어리 같았어요. 절대 쪼개지지 않는 바위요. 그러다 어느 순간 작은 돌멩이로 바뀌었어요. 신기했어요. 그동안 나는 문제를 밀쳐내고 있었어요. 뭉개고 앉아 의식 표면에 떠오르지 않도록 단단히 막고 있었죠. 문제가 그저 여기 존재하도록 허용하지 않았어요. 나를 집어삼킬까 두려워 몸을 긴장시키며 밀쳐냈어요. 직면하지 않으려 했어요."

아만다는 있는 그대로 놓아두었을 때 일어나는 변화의 힘을 알아가고 있었다. 6장의 미로 속 쥐 실험처럼, 동일한 행동도 두려운 대상에서 달아나려는 의도를 가질 때와 긍정적인 것에 접근하려는 동기를 낼 때 완전히 다른 결과를 낳는다.

메그 이야기: 몸에서 감정을 알아차리다

　방금 소개한 수련법의 핵심은 치료 프로그램과 명상 수련이라는 '실험실'에서 불쾌한 느낌과 감정에 응대하는 효과적인 방법을 탐색하고 계발하는 기회를 거듭 갖는 것이다. 이 기술은 공식적인 수련에서 익힌 뒤 일상에서 실제로 필요할 때 사용할 수 있다. 때로 그 효과는 매우 드라마틱하다. 메그의 경우가 그랬다.

　"어제 잠에서 깼을 때 너무 화가 났어요. 무엇 때문인지는 잘 알아요. 자격 취득을 위한 야간 강의를 듣는데 그저께 강사와 미팅을 가졌어요. 강사는 나를 만나기 전, 나의 프로젝트 초안을 읽고 피드백을 주기로 했어요. 프로젝트 제출 시한은 닥쳐오는데 나는 다른 일이 많아 그날 강사의 코멘트를 받아 휴일에 프로젝트를 마무리하려 했죠. 그런데 만나고 보니 강사는 아직 초안을 읽지 못했다는 거예요. 이런저런 변명을 늘어놓더군요. 그 자리에서 내 보고서를 휘리릭 넘겨보더니 초안을 다시 쓰는 법을 대충 일러주고는 별 문제 없을 거라고 했어요. 다음날 아침에 초안을 다시 마무리하기로 하고 잠자리에 들었죠. 그런데 다음날 아침, 기분이 엉망인 채로 잠에서 깼어요. 화난 생각이 머릿속에 계속 맴돌았어요. '나를 가르치는 데 관심이 없는 강사의 강의를 들을 필요가 없어. 메모 한 장 남기고 수업에 다시 오지 않겠다고 해야겠어. 그러면 좀 미안해하겠지.' 과민반응을 보이는 내가 한심했어요. 화가 잠잠해지자 또 다른 화가 일어났어요. 강사가 나의 쪽지를 보는 장면, 내가 강의실 문을 나가버리는 장면을 쳐다보는 장면이 머릿속에 그려졌어요.

아침에 잠에서 깼을 때 나는 씩씩거리며 5분 정도 침대에 그대로 누워 있었어요. 그러다 이런 혼잣말에 빠졌을 때 어떻게 하는지 배운 게 생각났어요. 생각에서 거리를 두고 생각과 감정이 몸에서 어떻게 느껴지는지 알아차리는 거였죠. 몸으로 주의를 향하자 가슴과 위장이 단단히 조여 있는 게 느껴졌어요. 침대에 누운 채 이 느낌을 몸에서 일어나는 그대로 알아차림에 담았어요. 그러자 바로 다음 순간, 몸의 감각이 사라지면서 화도 함께 사라졌어요. 눈 깜짝할 새였어요. 믿기지 않았어요. 몸의 느낌을 알아차리자마자 비누거품처럼 사라졌어요. 침대에서 일어나 책상으로 가서 컴퓨터를 켜고는 프로젝트 초안을 다시 작성했어요. 그때 이후로도 가끔씩 강사가 내 초안을 읽지 않는다는 생각이 떠올랐지만 이제 예전처럼 신경 쓰이지 않아요."

기적 같은 일이다. 마음챙김 프로그램 참가자들은 메그와 유사한 경험을 가리켜 실제로 '기적'이라는 표현을 사용한다. 마음챙김을 하면 생각과 감정을 관찰할 수 있다. 끓는 물이 담긴 솥 바닥에서 올라오는 기포를 보듯이 생각과 감정을 본다. 기포가 물 표면에 올라오면 툭 하고 터지듯이 생각과 느낌을 알아차리는 순간, 툭 하고 사라진다. 티베트인들은 이것을 두고 "순수한 알아차림에 있을 때 생각은 스스로 거기에서 벗어난다(self-liberate)"고 표현한다.

메그의 경험은 힘들고 원치 않는 감정이 일어나도 몸의 느낌과 감정을 있는 그대로 알아차리면 그것을 변화시킬 수 있음을 보여준다. 감정의 자동 반응이 일어나는 순간, 몸에서 알아차리면 끝없는 불행과 우울의 나락에 떨어지지 않는다. 몸을 통해 알아차림을 키우면 지속적으로 일어나는 불쾌한 느낌과 수월하게 함께할 수 있다. 또 어떤 어려움에 직면해도 온전히 살아있는 경험을 할 수 있다.

솔직함과 열림의 길

힘겨운 경험을 몸으로 다루는 작업은 그 경험의 끔찍함에 관해 '생각하는' 것이 아니다. 마음챙김은 금욕주의도, 일종의 생각 개조법도 아니다. 앞서 앤서니와 아만다, 메그 모두 호기심과 자기 사랑의 태도로 자기 경험을 온전히 알아차리는 용기를 냄으로써 힘든 감정과 맺는 관계가 극적으로 변화했다.

이들이 몸을 긴장시킨 이유는 힘든 느낌에 압도당하지 않기 위해서였다. 하지만 얻는 것이라고는 감정이 자연스레 해소되지 못하고 정체되는 것뿐이었다. 혐오반응과 회피, 그리고 이 때문에 일어나는 긴장은 케케묵은 상처와 자기 비난이라는 오랜 습관에 우리를 계속 가둬놓는다.

어려움에 직면해 습관적이고 본능적인 방어 기제를 내려놓는 용기를 내는 데는 시간이 필요하다. 특히 심각한 트라우마를 겪은 사람이 이 작업을 효과적으로 하려면 안전하고 지지적인 치료 환경이 필요하다. 고통스럽고 힘겨운 느낌(특히 고통스러운 기억을 동반한 느낌)을 다루는 작업은 사람마다 속도가 다르다. 힘겨운 느낌에 다가가 기꺼이 경험하려는 의지는 용감하지만, 자기 보존이라는 본능에서 보면 이상해 보일 수 있다. 그럼에도 마음의 습관적 반응에서 벗어나는 다른 길은 없다. 결국 솔직함과 참된 열림만이 치유와 해결을 위한 유일한 길이다. 그 외의 길은 마음의 습관을 제대로 다루지 못한다. 진정으로 습관을 변화시키는 힘이 없다.

13세기 이슬람의 신비주의 시인 루미는 〈여인숙〉이란 시에서 이런 온전한 받아들임의 태도를 단순하고 심오하게 표현했다.

인간이란 존재는 여인숙 같은 것
매일 아침 새 손님이 찾아온다네

기쁨, 우울, 인색함…
그러다 문득 뜻밖의 손님처럼
순간적인 깨달음이 찾아오네

그러니 그들 모두를 즐거이 맞으라
설령 그들이 어마어마한 슬픔이어서
그대 집의 가구를 몽땅 내가더라도
그들 하나하나를 귀하게 맞이하라

어쩌면 그들은 그대에게 새로운 기쁨을 주려고
그대의 집을 청소하는 중인지도 모르니

우울한 생각, 수치심, 원한…
문간에 서서 그들 모두를 웃음으로 반기라
기꺼이 집안으로 초대하라

누가 오든 감사히 여기라
왜냐하면 그들은 먼 곳에서 온
그대의 안내자인지 모르니까

오래된 상처와 현재 당하고 있는 고통과 어려움에 매순간 알아 차림을 가져가보자. 이렇게 하면 몸과 마음에 새로운 가능성이 열린다. '새롭게 다가가보자. 어려움이 여기 존재하도록 놓아두자. 매 순간 그저 함께해보자. 마치 어머니가 한밤중에 아픈 아이를 따뜻하고 편안하게 품에 안듯이.'

마음챙김 수련의 부드러움과 애정어림에는 모험과 발견의 태도도 함께 따라야 한다. '지금 이 순간 무엇이 존재하는지 보자. 다음 순간 또 무엇이 존재하는지 보자. 다음 순간 또…' 오직 이 순간의 문제만 다루면 된다. 이 순간에 존재할 수 있다면 더 이상 문제가 없다. 사실, 우리는 다음 주, 다음 달, 내년, 나머지 삶에 일어날 문제를 미리 끌어와 키운다. 그러지 않아도 된다. 생각에 끌려 내 삶이 끝없이 이 지경이라고 설득당한다면('나는 원래 이렇게 생겨먹었으니까.') 처음의 아픔과 긴장, 슬픔으로 더 큰 괴로움이 일어난다. 오직 이 순간을 위해, 지금 이 순간에만 존재하자. 그리고 오직 이 생각과 느낌, 신체감각과 함께하자. 그러면 다음 순간의 마음 패턴이 어떤 식으로든 변화할 수 있다. 이런 식으로 사건은 완전히 다른 방식으로 변화할 기회가 생긴다. 그러니 언제나 지금이다. 오직 지금 이 순간에 존재하라. 그럴 수 있다면 〈여인숙〉이라는 시에서 말하는 것처럼 어떤 어려움도 다룰 만한 것이 된다.

힘겨운 감정과 함께할 때 얻는 지혜

판단을 중지한 상태에서 힘겨운 감정에 대한 인식을 변화시키는 작업은 큰 도움이 된다. 불쾌한 감정은(유쾌한 감정도) 신체감각과 생각, 느낌이 뒤엉켜 끝없이 변화하는 '덩어리'다. 불쾌하고 유쾌한 감정은 그 자체의 생명을 가졌지만 알아차림으로 품어 안을 수 있다. 자신의 감정과 있는 그대로 만나는 것은 그것을 깊이 들여다보는 것이다. 치유의 핵심은 부드럽고 친절한 받아들임을 자신에게 보내는 것이다. 어려움의 한가운데서 무엇을 보든 부드럽고 친절하게 받아들인다. 이런 발견은 우리를 놀라게 한다. 의식적인 두려움의 대상이 존재하지 않아도 의식 표면에 계속 떠오르는 두려움을 볼지도 모른다. 난생 처음 깊고 고통스럽고 공허한 느낌을 볼지 모른다. 그러나 이 과정에서 나에게 들러붙었던 묵직한 아픔이 실은 밀물과 썰물처럼 밀려왔다 밀려간다는 사실을 알 수 있다. 그리고 아픔이 실은 '아픔'이라고 하기 어려운 수많은 느낌으로 이루어졌다는 사실도 깨닫는다. 이 느낌들이 순간 나의 일부임을 알아보며 있는 그대로 받아들일 때 마음은 이 느낌을 필사적으로 제거하려는 혐오반응을 일으키지 않는다.

힘겨운 경험의 신체적 성질에 초점을 맞추면 중요한 인식 변화가 일어난다. 혐오반응의 신호를 보내는 신체감각의 패턴을 알아볼 수 있다. 삶에서 연거푸 일어나는 신체감각의 특징적 패턴을 알아보면 힘겨운 감정을 문제나 위협으로 여기지 않는다. 혐오반응 자체를 오랜 습관으로 보며 '그래, 또 너구나.' 하고 자주 찾아오는 손님 정도로 여긴다. 이 손님이 나에게 미치는 영향을 거듭 관찰하면 도움이 되지 않음을 분명히 알게 된다. 또 이 손님이 온갖 비참함을 동반하기는 해도 생각만큼 힘이 크지 않음을 안다. 이런 깨달음을 통해 혐오반응이 휘두르는 영향에서 조금씩 자유로워진다.

이렇게 되면 괴로움에 대한 경험이 변화할 수 있다. 깨어있는 알아차림을 닦는다고 해서 고통이 즉시 사라지는 것은 아니지만 우리가 어떤 순간을 제대로 아는 때는 오직 지금-여기뿐이다. 확실한 것은, 아픔이 존재해도 루미가 말한 열림의 감각으로 품어 안을 때 아픔이 조금 더 견딜 만한 것이 된다는 사실이다. '아픔'은 여전히 존재하지만 아픔으로 인한 '괴로움'은 줄어들 수 있다.

자기 경험에서 벌어지는 현상을 깨어있는 마음으로 알아차린다 해서 신체의 기본적인 감각에 반드시 변화가 일어나는 것은 아니다. 하지만 깨어있는 알아차림을 가져갈 때 현재 일어나는 현상을 더 정확하고 정밀하게 볼 수 있다. 이것은 우리에게 선택의 힘을 부여한다. 마음의 낡은 습관에 대해 지금과 다른 관계를 맺겠다고 결심할 수 있다. 우리는 생각과 느낌으로부터 거리를 두면서 고개를 돌리는 습관적 성향에 굴복할 수도 있고, 〈여인숙〉이란 시처럼 슬프고 화나는 생각과 느낌을 알아차리며 거기 열리겠다고 결심할 수도 있다.

낡은 습관은 어려움을 회피하라고 우리를 다그칠 테지만 어려움을 회피해야 한다는 말은 진실이 아니다. 그와 다른 대안이 분명 존재한다. 우리는 자신을 억누르고 뒤로 잡아끄는 성향에서 스스로 벗어날 수 있다. 어떻게 보는지 방법을 안다면 우리가 사는 세상은 불만족의 감옥에서 보던 것보다 훨씬 큰 희망을 갖고 있다.

08

생각은 마음이 지어낸 것

~~~~~~~~~~ **생각을 그저 '생각'으로 보다** ~~~~~~~~~~

당신이 열두 살 초등학생이라고 하자. 그날은 재미없는 하루였다. 그렇지만 수요일이라는 사실을 떠올리자 기분이 좋아진다. 아버지가 방과 후 당신을 차에 태워 멋진 새 운동화를 사러가기로 약속했기 때문이다. 아버지와 어머니가 이혼한 지 7개월이다. 당신은 그리운 아버지와 쇼핑갈 생각에 한껏 부풀었다.

학교가 파한 뒤 당신은 여느 때처럼 친구들과 버스를 기다리지 않는다. 학교 건물 안에 있다가 도로 쪽으로 슬슬 걸어 나온다. 아직 아버지는 도착하지 않았다. 상관없다. 바쁜 일이 있나 보다.

아버지는 결코 약속을 잊는 법이 없다. 약속시간이 10~15분 지났다. 차를 타고 퇴근하는 선생님들이 괜찮으냐고 묻는다. "괜찮아요." 이제 30분이 지났다. 벌써 날이 어두워온다. 학교 버스도 떠난 지 오래다.

아버지가 걱정되기 시작한다. 사고가 난 것일까? 아니면 데리러 오는 걸 깜빡한 걸까? 그렇지는 않을 것이다. 핸드폰이 있으면 전화라도 해볼 텐데. 그러고 보니 이번이 아니라도 당신이 혼자라고 느낀 적이 몇 번 있었다. 갑자기 비참한 기분이 밀려온다. 어디서부터 잘못되었는지 곰곰 생각해본다. 학교가 별로 마음에 들지 않는다. 친한 친구도 없는 것 같다.

하지만 스스로 기운을 내려고 한다. 오늘 저녁 재미있는 텔레비전 프로그램을 떠올려보지만 소용이 없다. 좋아하는 프로그램은 어제 이미 방영했다. 월요일 저녁에 말이다. 가만, 월요일이라고? 그럼 오늘은 수요일이 아니잖아! 이런 바보 같으니라고. 하지만 마음은 한결 편하다. 심지어 행복한 기분이 들기까지 한다. 수위아저씨에게 엄마에게 전화를 걸어 달라고 부탁한다.

당신이 이 아이라면 어떤 기분이겠는가? 당신의 마음에 어떤 일이 일어날까? 우선은, 아버지에게 어떤 일이 일어났느냐는 생각에 따라 느낌이 달라졌을 것이다. 아버지가 약속시간에 나타나지 않은 일로 일어난 생각 때문에 그 밖의 다른 생각과 느낌이 일어났다. 이 과정을 알아보기란 그리 어렵지 않다. 예컨대 아버지가 약속시간에 나타나지 않은 일로 외로움을 느낀 아이는 친한 친구가 없다는 생각에 이른다. 아이가 요일을 잘못 알았음을 깨닫자 이야기는 전환점에 이른다. 오늘이 수요일이 아니라 화요일이라는 새 정보는 아이가 상황을 바라보는 방식을 완전히 바꾼다. 관점이 바뀌자 감정도 바뀐다. 가상의 이야기에 불과하지만 이 아이처럼 우리도 상황을 잘못 해석하는 경우가 얼마든 있다. 우리는 이런 경우를 당하고 나서야 감정이 상황의 해석에 달려 있음을 깨닫는다. 대부분 우리는 처음부터 사실을 확인하지 않는다.

여기서 마음의 작동방식에 특별히 신비스러운 점은 없다. 마음은 이야기를 지어내고는 눈에 보이는 사실을 거기에 끼워 맞춘다. 한번 만들어지면 허물기 어려운 이야기는 감정과 느낌에 강한 영향을 미친다. 현실에 근거하지 않은 완전한(또는 부분적인) 허구의 이야기가 우리의 감정 버튼을 누른다. 이야기의 아이는 실제 일어나지 않은 사건으로 아버지에 대한 걱정과 버림받은 느낌을 일으켰다. 아버지가 나타나지 않을 거라는 생각은 그저 '생각'에 불과했다.

100년 전 프로이트는 누구나 표면 의식 아래에 무의식을 갖고 있다는 개념을 대중화했다. 무의식이 행동에 동기를 부여하는 방식은 매우 복잡해 이것을 알아내고 이해하는 데 오랜 시간이 걸린다. 당시 주류 심리학자들은 검증 불가를 이유로 프로이트의 생각을 배척했다. 대신 그들은 **행동주의**(behaviorism) 학파를 형성해 환자의 관찰 가능한 행동에 초점을 맞췄다. 당시는 프로이트에 대한 반감이 강했던 시절이라 행동주의 심리치료사들은 1960~70년대가 되어서야 환자의 내면세계를 진지하게 다루기 시작했다. 환자의 내면세계란 생각, 관념, 예측, 계획 등 각 개인의 내면에 존재하는 주관적 영역을 말한다. 행동주의 심리치료사들은 주목할 만한 발견을 이루었다. 감정과 행동을 추동하는 동력은 깊은 무의식이 아니라 표면 의식 바로 아래에 존재함을 알았다. 게다가 동기, 기대, 해석, 이야기를 담은 풍부한 내면세계는 속을 들여다보고자 한다면 누구나 접근 가능하다.[44]

누구나 자기 마음에서 매순간 일어나는 의식의 흐름(stream of consciousness)을 알아차릴 수 있다. 그런데 끝없는 논평을 내놓는 의식의 흐름은 잠재적 해를 입힐 수도 있다. 그 이유는 의식 흐름이 의식 깊은 곳에 숨었기 때문이 아니라 거기에 제대로 주의를 기울이지 않기 때문이다. 우리는 의식의 흐름이 속삭이는 이야기에 길든 나머지 그것이 거기 존재한다는 사실조차 모른다. 이렇게 의식의 흐름은 우리의 삶의 모습을 형성시킨다.

우리는 특정 상황에 대한 반응을 일으키고 나면 상황에 대한 자신의 해석이 정확한지 잘 확인하지 않는다. 아버지가 아이를 데려가는 걸 잊는 일은 실제로 일어남에도 대개 우리의 마음은 여러 가능성을 고려하지 않는다. 대부분은 자동반사적 첫인상을 현실의 정확한 판독으로 간주해버린다.

위 학생과 1장에 소개한 당신을 알아보지 못한 지인의 사례는 기분과 생각이 조금만 달라져도 특정 사건을 바라보는 관점이 완전히 바뀔 수 있음을 보여준다. 기분과 생각이 살짝만 바뀌어도 마음은 뒤흔들린다. 존재하지 않는 정답을 찾아 끝없이 반추하는 과정에서 생각하는 마음은 더 많은 느낌을 일으키며 기분은 더 추락한다. 이렇게 우리는 '나'에 관한 한 편의 드라마를 지어낸다. 이야기를 지어내면 지금-여기의 현실에서 더 멀어진다. 마음대로 지어낸 이야기 각본이 마음에 자리 잡으면 자기도 모르게 현재와 미래의 판단 기준으로 삼는다. 그러면서 지금-여기를 다시 확인하지 않는다. 지금-여기를 알지 못한 채 생각은 물에 쓴 글씨가 아니라 돌에 새긴 글자처럼 굳어진다.

생각을 단지 '생각'으로 보다

1장과 2장에서 생각이 느낌과 신체감각에 영향을 주며, 반대로 느낌과 신체감각이 생각에 영향을 미친다는 사실을 보았다. 그런데 생각이 아무리 설득력이 있다 해도 언제나 '사실'인 것은 아니다.

앞서 보았듯 마음챙김 프로그램에서 마음의 균형을 되찾는 효과적인 방법 중 하나는 몸의 직접적인 느낌에 주의를 기울이는 것이다. 자기 경험에 직접 주의를 기울이는 마음챙김을 통해 생각에 대해 지금과 다른 관계를 맺을 수 있다. 마음챙김은 생각을 분석하거나 생각의 출처를 알아내려 하지 않는다. 생각을 없애려고도 하지 않는다. 단지 생각이 지금-여기에 존재하도록 허용한다. 깨어있는 마음으로 생각을 알아차리면 생각을 있는 그대로 바라볼 수 있다. 있는 그대로의 생각이란 생각이 마음이 지어낸 신비한 창조물이란 사실이다. 생각은 사실이 아니며 '나'도 '나의 것'도 아니다.

예컨대 '난 앞으로도 계속 이런 기분일 거야'라는 생각을 단지 '생각'으로 본다면 그것이 휘두르는 힘은 즉시 약화된다. 이때 생각은 우리가 두려워하는 (그러나 완전히 상상의 산물인) 상황을 어떻게든 회피하게 만들지 않는다. 마음챙김 수련으로 생각과 느낌의 연결성을 분명히 볼 수 있다. 우리가 할 일은 생각을 더 잘 알아차리는 것이 아니라 지금과 다른 방식으로, 마음의 존재 모드에서 알아차리는 것이다. 마음의 존재 모드에서는 어떤 생각이 도움이 되고, 어떤 생각이 우울의 끝없는 선동에 불과한지 분명히 드러난다.

지금까지 책에 소개한 명상법을 수련했다면 생각과의 관계가 변화하기 시작했을 것이다. 평소의 암울한 결론과 가정("그녀가 나를 망신주고 바보로 만들려고 해." "나는 절대 해내지 못해." "난 언제나 바보 같은 말만 해." 등)으로 치닫는 자신에게 지금과 다르게 반응할지 모른다. 심지어 미소를 지을지도 모른다. 또 이런 생각에 뒤이어 생각을 곱씹는 일도 줄어들지 모른다. 아니면 7장의 메그처럼 즉각 화내던 일을 화를 내지 않은 채 떠올릴 수 있을지 모른다. 응어리진 생각이 지나가도록 놓아둘 수 있다.

이런 변화는, 자신이 깨닫지 못하는 사이, 명상을 통해 생각에 더 지혜롭게 응대하기 시작했음을 보여준다. 마음이 방황하고 있음을 알아차리면 지금껏 빠져있던 생각의 흐름에서 벗어나 거리를 두고 바라볼 수 있다. 자신이 일으키는 생각에 '생각'이라고 부드럽게 명칭을 붙이며 그로부터 의도적으로 일정한 거리를 만든다. 이때마다 생각과 관계 맺는 방식이 변화한다. 생각을 단지 '생각'으로 볼 수 있게 된다. 이제 생각은 하늘에 떠가는 구름이나 끝없이 바뀌는 날씨처럼 불쑥 마음에 일어났다 사라지는 정신적 사건에 불과하게 된다.*

생각을 '듣다'

생각이 일어나 잠시 의식에 머물다 이내 사라진다. 이때 생각은 하나의 정신적 사건, 즉 주의를 기울이는 대상에 불과하다. 그것은 '나'도 아니고 현실도 아니다. 그런데 생각을 정신적 사건으로 인식하려면 관점을 변화시키는 구체적인 방법이 필요하다. 이때 듣기가 방법이 될 수 있다. 소리는 24시간 우리 주변에 존재한다. 일부러 소리를 찾을 필요가 없다. 지금 들려오는 소리에 귀를 기울이면 된다. 소리는 마음이 주변 세계에서 받아들이는 입력 데이터의 일부다.

우리가 평소 소리에 어떤 식으로 관계 맺는지 보자. 도로를 달리는 트럭 소리가 들리면 우리는 트럭 소리를 즉각 '나'의 일부로 여기지 않는다. 그저 바깥에서 들려오는 소리로 알 뿐이다. 이때 마음을 '생각을 듣는 귀'로 여겨보자. 소리가 귀에 닿는 것처럼, 생각이 마음에 '닿는다'고 생각하는 것이다. 생각을 알아차리는 힘이 생기기 전엔 생각이 마음에 '닿는다'고 인식하기 쉽지 않다. 있는 그대로의 생각이 존재하는 공간, 생각을 의식에 일어나는 정신적 사건으로 알아보는 공간을 마련하기 전에는 생각이 마음에 '닿는다'고 인식하기 어렵다. 이때 소리 듣기에 대한 마음챙김 훈련으로 생

• '정신적 사건'의 의미에 관해서는 73쪽 각주 참조.

각에 대한 열린 감각을 키울 수 있다. 생각의 드라마에 끌려가지 않으며 그저 생각이 일어났다 사라지도록 놓아둔다.

지금 소개하는 수련으로 소리에 주의를 기울이는 듣기 마음챙김을 수련한 뒤, 생각에 대해서도 같은 식의 관계를 맺어보자. 다시 말해 귀에 들려오는 소리에 주의를 기울이는 것처럼 마음에 일어나는 생각에 주의를 기울여보자. 소리와 생각에 대한 마음챙김 수련을 소개한다(안내음성⑥).

---

practice

○ 소리와 생각 마음챙김

- 7장 호흡과 몸 마음챙김 지침으로 호흡과 몸에 대한 마음챙김을 수련해 마음을 편안히 합니다.

- 이제 알아차림을 몸의 감각에서 귀로 가져갑니다. 그런 다음 알아차림을 활짝 열어 확장시킵니다. 주변에서 들려오는 어떤 소리도 있는 그대로 받아들여봅니다.

- 특정 소리를 일부러 찾아서 들을 필요는 없습니다. 대신, 할 수 있는 한 주변에서 들려오는 모든 소리를 알아차려봅니다. 가까운 데서 들리는 소리, 먼 데서 들려오는 소리, 앞과 뒤, 옆과 위, 아래서 들려오

는 모든 소리를 알아차립니다. 주변의 모든 소리에 마음을 엽니다. 분명히 들리는 소리, 미세하게 들리는 소리도 알아차리며, 소리와 소리 사이에 존재하는 침묵까지 알아차려봅니다.

- 할 수 있는 만큼, 소리를 단지 '소리'로 알아차려봅니다. 소리를 날 것 그대로의 청각 감각으로 알아차립니다. 소리에 '관해' 생각하는 자신을 발견하면 할 수 있는 만큼 소리의 감각적 특성을 직접 알아차려봅니다. 음의 높낮이와 음색, 소리의 세기와 지속 시간을 알아차려봅니다. 소리의 의미에 관하여 생각하는 것이 아닙니다.

- 알아차림이 현재 순간의 소리에 머물지 않을 때마다 마음이 어디로 떠돌고 있는지 부드럽게 알아봅니다. 그런 다음, 매순간 일어나고 사라지는 소리에 다시 주의를 향합니다.

- 이제 소리에 집중하는 대신, 생각을 의식의 무대 중앙으로 불러옵니다. 앞서 소리가 일어나 머물다 사라지는 것을 알아차렸듯이 이번에는 최선을 다해 마음에 일어나는 어떠한 생각이라도 알아차려봅니다. 생각이 일어난 뒤 마음에 머물다 마침내 사라지는 과정을 지켜봅니다. 일어나고 사라지는 소리를 대하듯 생각이 저절로 일어나고 사라지도록 놓아둡니다.

- 마음에 일어나는 생각을 영화관의 스크린에 비친 영상으로 여겨도 좋습니다. 객석에 앉아 스크린을 바라보며 생각과 이미지가 일어나기

를 기다립니다. '스크린에 떠 있는' 생각에 주의를 기울입니다. 그러다가 스크린에서 생각이 사라지면 떠나가도록 놓아둡니다. 생각을, 하늘에 지나가는 구름으로 여겨도 좋습니다. 어떤 때는 먹구름이 몰려와 폭풍우가 몰아치고, 어떤 때는 솜털처럼 가벼운 구름이 지나갑니다. 하늘을 온통 뒤덮는가 하면, 구름 한 점 없이 새파란 하늘이 드러날 때도 있습니다.

- 생각이 일어날 때 강렬한 느낌과 감정이 따라온다면 감정의 무게와 세기를 관찰한 뒤 있는 그대로 놓아둡니다.

- 마음이 집중하지 못하고 산만해져 생각과 상상으로 지어낸 드라마에 자꾸 끌려간다면 언제라도 호흡이나 지금 앉아 숨 쉬고 있는 몸 전체의 감각으로 돌아옵니다. 호흡과 몸 전체의 감각을 주의 기울임의 닻으로 삼아 알아차림에 머뭅니다.

생각의 흐름에 끌려가는 것

명상에서 마음은 으레 한곳에 집중하지 못하고 방황하게 마련이다. 위 수련에서도 당신의 마음은 생각의 흐름에 끌려갔을 것이다. 다시 영화의 비유를 들면, 이때 마음은 객석에 앉아 있지 못하고 스크린의 액션에 빨려 들어간다. 조금 전 깨어있는 마음으로 관찰하던 이야기 속에서 연기를 시작하기에 이른다. 이때는 마음이 생각의 흐름에 걸렸음을 알고 다시 알아차림을 확립한다. 이야기 줄거리에 일으킨 감정 반응을 알아차려도 좋다. 그런 뒤 마음을 부드럽게 객석에 다시 앉힌다. 생각과 느낌의 놀음을 관찰한다. 마음이 집중하지 못하고 산만해져 상상의 드라마에 빨려들 때마다 몸의 호흡 감각으로 돌아온다. 호흡을 주의 기울임의 닻으로 삼아 주의를 안정시킨다. 물론 말처럼 쉽지 않다. 우리는 평소 생각'에' 주의를 기울이기보다 생각 '속에' 지내는 데 익숙하다. 생각에 잠시라도 깨어있는 관계를 맺는 것은 결코 쉽지 않다.

이런 식으로 생각을 다룰 때 유의할 점이 있다. 생각을 정신적 사건으로 대하며 친절한 관심을 기울이는 것과, 생각의 내용과 감정적 무게(emotional charge)에 빨려드는 것이 명확히 구분되지 않는다는 점이다. 생각에 빨려들어 그것을 '진실'이라고 믿기 쉽다는 말이다. 생각이 '나'이며 내가 곧 생각이라고 믿는다. 나를 생각과 동일시하면 기름 친 홈에 미끄러지듯이 마음의 행위 모드에 들어가 생각을 반추하며 곱씹기 쉽다. 생각과의 새로운 관계를 '잠시' 지속하는 것은 어렵지 않다. 그러나 수행 초기에는 생각에 주의를 기울일수록 거기 빨려들기 쉽다. 이처럼 깨어있는 마음으로 생각을 대하기란 결코 쉬운 일이 아니다. 명상 지도자 조셉 골드스타인 (Joseph Goldstein)은 이렇게 말한다.

생각에 푹 빠져 있는 동안에는 생각을 '나'로 강하게 동일시합니다. 이때 생각은 마음을 통째로 휩쓸어 갑니다. 순식간에 우리를 먼 곳까지 데려가기도 합니다. 생각의 열차에 올라타는지도 모른 채 올라탑니다. 물론 열차의 목적지가 어디인지도 모릅니다. 한참을 생각에 휩쓸려가고 나서야 문득 정신을 차리고는 생각에 농락당했음을 깨닫습니다. 이윽고 생각의 열차에서 내려오면 열차에 올랐을 때와 완전히 다른 정신적 풍경에 처합니다. 생각하고 있음을 알지 못하면 생각은 우리를 온갖 이상한 세상으로 데려갑니다.[45]

생각의 인질로 잡혀 생각의 흐름에 끌려갔을 때는 호흡에 주의를 집중해 마음을 안정시킨다(4장). 매번의 들숨이 새로운 시작이며, 매번의 날숨이 새로운 내려놓음이라는 사실을 떠올린다.

자기비판의 목소리 관찰하기

처음에는 한 번에 5분 정도만 생각을 주의 기울임의 주 대상으로 삼아 수련한다. 생각과 맺은 새로운 관계를 적용하고 확장할 기회는 나중에 얼마든 있다. 명상 수련을 하면 할수록 경험에 자동 반응하는 자신을 보게 된다. 자기가 얼마나 '잘 하는지' 판단을 내리면서 느껴야 '하는 대로' 느껴지지 않거나 명상을 '잘 못하는' 것 같으면 스스로를 비난한다. 이 경우에는 판단과 비난이 더 많은 생각에 불과함을 떠올리는 기회로 삼는다. 그렇다면 자신에 대한 판단과 비난의 생각 패턴을 정신적 사건으로 대할 수 있을까? 이때는 생각 마음챙김에서 감정적 무게가 크지 않은 생각을 다룬 방식을 떠올리면 좋다. 감정적 무게가 부담스럽지 않은 생각을 다루었듯이, 생각과 맺은 새로운 관계를 다른 순간으로 확장한다. 그러면 생각의 영향력에서 조금은 자유로워져 내면의 지혜로 생각의 활동과 패턴을 분별할 수 있다. 이렇게 시간이 지나면 (판단을 일으키는 생각을 비롯해) 몸과 마음에서 일어나는 모든 현상을 수월하게 담는 활짝 열린 널따란 알아차림을 경험하며 머물 수 있다.

> 제이컵은 매일 명상 수련에서 자기비판의 목소리가 일어났다. "또 실패야. 한 번에 30초도 호흡에 집중하지 못해. 시간 낭비야. 다른 일도 다 그래. 제대로 하는 게 하나도 없어. 도대체 내 문제는 뭘까?" 처음에 제이컵은 이런 내면의 목소리가 명상에 방해가 된다고 생각했다. 그에게 명상이란 호흡을 절대 놓치지 않고 주의를 집중하는 활동이었다.

자기비판의 목소리는 명상에서 흔히 하는 경험이다. 그러나 점차 이런 자기비판의 생각 패턴을 '생각'으로 알아차리는 것 자체가 명상이라는 사실을 깨닫는다. 생각을 생각으로 알아차리는 구체적인 방법을 살펴보자.

부정적 생각 패턴에 명칭 붙이기

생각을 알아차리는 한 가지 방법은 습관적으로 일어나는 생각 패턴에 명칭을 붙이는 것이다. '판단하는 마음' '좌절하는 마음'처럼 이름을 붙인다. 또 '나의 최악의 비판자' '의심하는 토머스'처럼 붙여도 좋다. 명칭을 붙일 때 핵심은, 생각의 내용이 아니라 다양한 내용을 포괄하는 일반적인 명칭과 주제를 붙이는 것이다. 마음에서 일어나는 생각 패턴을 폭넓게, 지혜롭게 바라보는 명칭이 좋다. 이런 명칭을 택하면 생각을 '나'의 일부로 여기거나 진실로 여기지 않고, 그저 마음을 자주 찾는 손님으로 거리를 둔 채 바라볼 수 있다.

제이컵의 경우, 자신을 비난하고 평가하는 생각을 뭉뚱그려 '비판하는 마음'으로 이름 붙였다. 반갑지 않지만 오래 알고 지낸 지인처럼 생각을 맞이했다. 예전 같으면 비판하는 마음에 이어 온갖 부정적 생각이 연달아 일어났을 테지만 이제 그것이 잠시 왔다 가도록 놓아두었다.

우울의 풍경에서 일어나는 부정적 생각

자기 평가의 부정적 생각을 반복되는 마음의 패턴으로 알아보면 더 객관적이고, 덜 개인적으로 대할 수 있다. 과거에 우울증을 겪은 사람은 우울의 풍경에서 일어나는 부정적 생각이 진실에 관한 믿을 만한 정보가 아님을 깨닫는 것도 도움이 된다.

자동으로 일어나는 부정적 사고 인식하기

아래는 우울증을 겪는 사람들이 말하는 자동적 사고의 목록이다.

1. 세상은 나를 좋게 보지 않아.

2. 나는 쓸모없는 존재야.

3. 왜 나는 잘 하는 게 하나도 없을까?

4. 아무도 나를 알아주지 않아.

5. 사람들의 기대를 저버렸어.

6. 이렇게는 계속 못 살 것 같아.

7. 지금보다 더 나은 사람이 되어야 해.

8. 나는 약해빠졌어.

9. 삶은 내가 바라는 대로 되지 않아.

10. 나에게 크게 실망했어.

11. 아무것도 좋아 보이지 않아.

12. 더 이상 이렇게 살 수 없어.

13. 어떤 것도 시작할 기운이 나지 않아.

14. 나의 잘못된 점이 뭘까?

15. 지금과 다른 상황이면 좋겠어.

16. 무슨 일도 제대로 처리하지 못해.

17. 이런 나 자신이 미워.

18. 나는 무가치한 존재야.

19. 내가 그냥 사라졌으면 좋겠어.

20. 도대체 내 문제가 뭘까?

21. 나는 루저야.

22. 내 삶은 엉망이 됐어.

23. 나는 실패자야.

24. 나는 결코 성공하지 못해.

25. 나는 구제불능이야.

26. 지금 이대로는 안 돼. 무언가 달라져야 해.

27. 나에겐 분명 문제가 있어.

28. 내 미래는 어두워.

29. 살 가치가 없어.

30. 나는 무엇도 해내지 못해.

목록에 적힌 생각들을 보며 '바로 지금' 이 생각들이 머리에 떠올랐을 때 당신이 그것을 얼마나 사실이나 진실로 믿는지 생각해본다. 그런 다음 당신이 가장 우울했던 때로 돌아가 위 목록을 다시 한 번 본다. '그때' 만약 이 생각들이 떠올랐다면 그것을 얼마나 사실로 믿었을지 생각해본다.

당신은 이 생각들이 익숙한가? 만약 과거에 일정 기간 우울을 겪었다면 목록을 보는 것만으로 그때 당신의 마음을 점령한 생각들이 떠오를 것이다. 오랜 기간 우울증을 겪은 적이 없다 해도 기분이 '다운' 되어 있는 동안에는 이런 생각이 떠오를 수 있다.

프로그램 참가자 제이드에게 위 생각들이 익숙한지 묻자 "물론이죠. 전부요."라고 답했다. 그녀는 이 연습으로 중요한 통찰을 얻었다. "우울의 한가운데 있을 때면 나는 이 생각들을 120퍼센트 진실로 믿었어요. 암울하지만 '진실'이라고 생각했는데 우울에서 많이 벗어난 지금은 그런 생각이 들지 않아요. 설령 든다 해도 그때 생각의 희미한 잔영처럼 보여요. 지금 돌아보면 그런 생각을 모두 사실로 믿었다는 게 오히려 믿기지 않아요. 우울을 절대 이겨내지 못할 거라는 생각만 해도 그때는 사실로 보였지만 지금은 우울을 견디고 이렇게 살아 있어요."

이 간단한 연습은 단순하지만 중요한 의미를 갖는다. 즉, 우울에 빠진 상태에서는 이런 생각이 단지 '생각으로' 느껴지지 않고 나와 나의 가치, 나의 삶에 관한 '진실처럼' 보이는 것이다. 우울을 겪는 거의 모든 사람이 이런 생각을 한다는 사실을 알면 지금과 완전히 다른 가능성이 생긴다. 독감에 걸리면 몸이 여기저기 쑤시듯이 부정적 생각을 우울증에 걸렸을 때 나타나는 증상으로 볼 수 있다. 부정적 생각을 우울할 때 일어났다 사라지는, 우울의 풍경을 이루는 일부로 보면 예상치 못한 방식으로 유용한 정보를 준다. 부정적 생각은 우울에 따라오는 부정적 사고 패턴에 대해, 그리고 기분이 사고 과정에 미치는 영향에 대해 많은 것을 알려준다. 반면, 자신과 세계와 미래의 사실에 관하여는 알려주는 바가 별로 없다.

유용한 정보의 관점에서 부정적 생각을 바라보는 것은 여러 차례 우울 삽화를 겪었으나 현재는 비교적 양호한 참가자들이 함께 마음챙김 인지치료 프로그램을 하는 경우 효과를 발휘한다. 대부분의 참가자가 자동으로 일어나는 부정적 사고가 익숙하다고 답한다. 이때 어떤 깨달음이 일어난다. 많은 참가자가 우울이 곧 '나'는 아니라는 깨달음과 마주한다. 이제 프로그램 참가자들은 서로를 '정상인'으로 본다. 다정하고 서로 도움을 주는 흥미로운 사람으로 본다. 절망의 나락에 빠져 '난 쓸모없는 존재야. 나만 그래.'라고 혼자 확신하던 그들이 이제 혼자가 아니라고 느낀다. 나아가 우울이 얼마나 강한 영향을 주는지, 얼마나 무섭도록 설득력이 있는지도 알게 된다. 최악의 우울에 빠진 동안에는 내가 세상의 가장 불행한 사람이며 미래는 아무 희망이 없다고 확신한다. 그러다 몇 주가 지나지 않아 뒤를 돌아보며 믿기지 않는다는 듯이 자문한다. '내가 어떻게 그런 생각을 했지?'

지금 '이 순간' 생각을 알아차리며 실제의 모습대로 알면 바로 '다음 순간' 생각과 맺는 관계가 변화한다. 이런 방법으로 우리를 옥죄고 진실을 왜곡하는 해로운 생각의 영향에서 벗어난다.

생각을 분석하는 방법으로 해로운 영향을 줄인다고 여겼던 제이드는 수련 중 이 방법으로는 생각이 더 두려워진다는 걸 알았다. 그녀는 마음챙김 수련에서 생각을 '나'로 동일시하지 않을 때 자유로워진다는 것을 보았다. 알아차림에 머문 채 생각을 마음에 일어났다 사라지는 구름으로(어떤 때는 폭풍우로) 바라볼 때 자유가 일어남을 보았다. 생각을 '나'에 관한 사실로 받아들이지 않을 때 생기는 힘을 얼핏 보았다. 실제로 생각은 '나에 관한 것'이 아니다. 생각은 비개인적인 사건이다. 생각은 절대적 진실을 담은 신뢰할 만한 무엇이 아니다. 이런 통찰을 얻은 제이드는 분석하고 파고드는 습관에서 벗어났다. 너무 깊이 생각하면 기억과 걱정이 뒤얽힌 복잡한 미로에 갇힌다는 것을 알았다. 그녀가 말했다. "부정적 생각이 일어나도 단순히 그것과 함께 머물러요. 그러면 생각을 파고들 때보다 두려움이 줄어요. 부정적 생각과 함께 머무는 게 분석하는 것보다 건강한 방법이라는 걸 처음 깨달았어요."

생각뿐 아니라 느낌에도 친해지기

여러 생각 패턴 가운데 자동적인 부정적 사고를 인식하는 것은 중요하다. 부정적 생각에 의식을 맞춰 그 실체를 알아볼 때 우울의 악순환을 깨트리는 기회가 생기기 때문이다. 그런데 생각은 빙산의 일각에 불과한 경우가 많다. 빙산의 일각은 그 아래 거대한 빙산 덩어리의 존재를 알려주지만 빙산의 위협을 줄이려면 일각만 살피는 방법은 효과적이지 않다. 빙산의 일각을 잠시 제거해도 얼마 안 가 또 다른 빙산이 떠오를 것이다. 빙산을 안전하게 피하려면 눈에 보이는 일각이 아니라 수면 아래 잠긴 부분까지 살펴야 한다.

앞서 생각이 느낌에 영향을 준다는 사실을 보았다. 그런데 생각 자체는 그 아래 존재하는, 쉽게 지각되지 않는 거대한 덩어리인 느낌에서 일어난다. 이 느낌은 그로부터 생긴 개별적인 부정적 생각이 마음에서 사라진 뒤에도 한참동안 의식에 머문다. 따라서 생각을 '정신적 사건'으로 알아보았다면 생각 아래 차원으로 내려가 몸에서 직접 감지되고 경험되는 느낌을 다루어야 한다. 즉, 어깨가 뭉치는 등의 신체 감각뿐 아니라 불쾌한 경험으로 일어나는 화의 감각까지 다루어야 한다. 이를 위해 7장에 소개한 수련법으로 몸과 마음이 직접 느끼는 감정을 사랑을 담아 분별력 있게 알아차린다. 그러면 매순간 변화가 일어남을 관찰할 수 있다. 예컨대 화의 감각이 상처 입은 감각으로, 다음에는 슬픔의 감각으로 바뀌는 것을 관찰한다. 이 방법은 9장과 10장에서 다시 살핀다.

두려움의 굴레에서 벗어나는 열쇠는 내면의 이야기에서 빠져나오는 것입니다. 그렇게 해서 쥐어짜고 누르며, 타오르고 떨리는 두려움의 감각과 직접 접촉해야 합니다. … 사실, 깨어있는 상태로 머물 수 있다면 이야기는 날 것 그대로의 두려움에 들어가는 유용한 입구가 됩니다. 두려운 대상에 관한 생각을 마음이 지어내는 동안에도 생각의 실체를 알아보고 몸의 느낌과 다시 연결할 수 있습니다.

_타라 브랙 『온전한 받아들임 Radical Acceptance』[46]

고통스러운 과거 사건에 관한 생각이나, 즉시 행동을 요하는 끝내지 못한 일에 관한 생각일 경우, 생각과 느낌의 주변 환경을 탐구하는 작업이 특히 어렵다. 이럴 때 생각은 우리에게 실제로 힘을 휘두르는 것처럼 보인다. 이때 효과적인 대응법은 생각을 무시하지 않고 분명히 보면서 일어나고 사라지도록 놓아두는 것이다. 그러면 어떤 생각이 적절하고 현명하며 건강한지, 또 어떤 생각에 귀 기울여 믿어야 하는지 알 수 있다. 도움이 안 되는 생각이면 지나가도록 놓아둘 수 있다.

불쾌한 생각과 느낌에 주의가 끌리는 순간, 마음챙김으로 알아차리는 것이 중요하다. 불쾌한 생각과 느낌이 일어나면 즉각 호흡이라는 안식처로 주의를 돌리기 쉬운데 이때 잠시 멈추어 '아, 또 너구나. 누군지 한번 보자꾸나.' 하고 부드러운 탐구와 호기심의 알아차림을 가져가는 것이 현명하다. 이런 식으로 불쾌한 생각에 대해 새로운 관점을 갖는다. 불쾌한 생각을 한때 마음에 지나가는 정신적 사건으로 볼 수 있으면 계속해서 일어나는 생각의 '내용'에 친밀해진다. 나아가 이런 열림과 호기심, 탐구의 태도는 마음과 뇌의 접근 모드를 활성화시켜 이 자체로 회피 모드의 힘이 약화된다. 그러면 마음이 안정되어 온갖 상상에 사로잡히지 않고 거기에 떠밀려 가지 않는다.

반복적으로 일어나는 생각 패턴을 알아보고 명칭을 붙이는 것은 마음에서 끝없이 재생되는 녹음테이프를 있는 그대로 알아보는 방법이다. 마음속 녹음테이프가 재생되기 시작하는 순간, 알아차리며 이렇게 말한다. "아, 이 녹음테이프 알아. 이건 '나는 완전 실패자야'라는 대사가 녹음된 테이프이고, 이건 '나는 결코 행복하지 못할 거야'라는 대사가 녹음된 테이프야." 물론 이렇게 한다고 해서 녹음테이프가 반드시 재생을 멈추는 건 아니다. 잠시 재생을 멈춘다 해도 다시 재생될 수 있다. 하지만 달라진 것이 있다. 마음속 녹음테이프를 대하는 방식이다. 이제 그것을 어쩔 수 없는 '사실'로 받아들이지 않는다. 그것이 마음속에 존재하는 '부정확한' 테이프라는 것을 안다. 배터리가 다 되거나 저절로 멈출 때까지 계속 불편을 안기는 지극히 조건화된 테이프라는 것을 안다.

놀랍게도, 마음속 테이프가 재생을 멈추는 일은 힘들이지 않고 자연스럽게 일어날 수 있다. 지금 일어나는 현상을 알면 마음속 테이프가 재생을 멈춘다. 이것은 알아차림으로 현상을 분명하게 볼 때 일어나는 중요한 특성이다. 우리는 마음챙김 수련이라는 선물을 통해 이것을 실현해 거기 머물 수 있다. 마음챙김 수련은 자신에게 몇 번이고 선사하는 선물이다. 물론 상당한 규율이 요구되지만 몸과 마음의 현상을 들여다보고 이해하려는 의지야말로 자신에게 주는 가장 소중한 선물이 아닐까.

생각과 느낌을 넘어: 선택 없는 알아차림

지금까지 마음챙김 프로그램의 순서대로 수련법을 살펴보았다. 건포도 명상, 호흡 명상, 바디스캔, 요가, 걷기 명상, 즐겁고 불쾌하고 중립적인 느낌에 대한 마음챙김, 혐오반응에 대한 마음챙김, 듣기 마음챙김, 생각과 감정에 대한 마음챙김이 그것이다. 자기 경험의 특정한 측면에 반복적으로 주의를 집중하는 이 방법을 통해 마음챙김이라는 깨어있기 능력이 점차 커지며 불행감과 우울에서 벗어나는 기술을 키운다.

지금까지 살펴본 각각의 수련법은 특정 대상에 주의를 기울여 알아차림을 키우는 방법이었다. 이 수련법 모두 삶과 내면 풍경의 여러 측면에 초점을 맞추지만 어떻게 보면 대상에 따른 구분은 임의적인 것에 불과하다. 호흡에 주의를 집중하든, 음식의 맛과 몸의 감각, 느낌과 생각에 집중하든 우리가 계발하는 알아차림의 본질은 다르지 않다.

지금 소개하는 **선택 없는 알아차림**(choiceless awareness) 수련은 이제까지의 마음챙김 훈련을 하나로 통합한 수련이다. 이 수련으로 각각의 마음챙김 수련법이 실은 하나의 전체를 구성하는 일부임이 드러날 것이다. 선택 없는 알아차림 수련은 이 책에 마지막으로 소개하는 정식 수련법이다. 다음 9장에서는 지금까지 정해진 장소에서 형식을 갖추어 닦은 마음챙김을 일상생활로 확장시키는 법을 알아본다. 일상의 삶이야말로 마음챙김 기술이 가장 필요하며 유용한 곳이 아닌가.

선택 없는 알아차림을 정식 수련으로 처음 시도할 때는 지금까지의 명상법을 한 뒤 마지막 몇 분 동안 해본다. 예컨대 안내음성⑥ (소리와 생각에 대한 마음챙김)을 수련한 뒤 선택 없는 알아차림을 끼워 넣는 식이다. 주의를 기울이던 대상을 내려놓는 선택 없는 알아차림은 언제라도 수련할 수 있지만 결코 쉽지 않다. 선택 없는 알아차림은 알아차림 자체를 제외하고 다른 대상에 주의를 기울이지 않

는다. 명상을 하고 있다는 생각도, 명상을 하는 내가 존재한다는 생
각도 내려놓는다. 이런 생각마저 단지 '생각'으로 알아차린다. 그러
면 생각은 비누거품처럼 툭 하고 사라진다.

○ 선택 없는 알아차림

- 처음에는 짧은 시간 수련한 뒤, 호흡 등 다른 주의 기울임의 대상으
  로 돌아옵니다. 선택 없는 알아차림은 주의 집중의 대상을 정하지 않
  고 그저 자리에 앉아 알아차림 자체가 되어보는 수련입니다. 간단해
  보이지만 결코 쉽지 않습니다. 그러나 시간이 지나면 선택 없는 알아
  차림 수련도 점차 튼튼해질 것입니다. 처음 몇 분 동안은 호흡에 집
  중한 다음, 알아차림의 장을 확장시켜 신체감각과 주변의 소리, 생각
  과 느낌을 알아차립니다.

- 이제 준비가 되었다고 느끼면 호흡, 소리, 생각 등 지금까지 주의를
  기울이던 특정 대상을 내려놓고 자신의 몸과 마음, 주변에서 펼쳐지
  는 모든 대상으로 알아차림을 확장합니다. 호흡, 신체감각, 소리, 생
  각, 느낌 등 순간순간 일어나는 어떤 현상이든 단지 편안하게 알아차
  리며 단순하게 머물러봅니다. 어떤 것도 움켜쥐지 않고, 특정 대상을
  구하지도 않습니다. 온전히 깨어있는 상태로 자리에 앉는 것 외에 어

떤 목적도 없습니다.

- 이 수련에서는 알아차림의 장에 들어오는 어떤 대상도 열린 채로 받아들입니다. 이때 마음은 깨끗한 거울처럼 앞의 대상을 있는 그대로 비춥니다. 아무것도 기대하지 않고, 아무것도 움켜쥐지 않습니다. 완전한 고요 속에서 지금 펼쳐지는 현상에 주의를 향한 채 그저 알아차릴 뿐입니다.

~~~~~~~~~~~~~~~~~~~~~~~~~~~~~~~

선택 없는 알아차림 수련으로, 주의를 향하는 특정 대상과 우리의 경험이 펼쳐지는 알아차림의 공간을 구분해 알 수 있다. 알아차림이 우주 공간이라면 특정 대상은 우주에 떠 있는 천체다. 선택 없는 알아차림 수련에서 우리는 우주 공간이 되어 그 순간 일어나고 사라지는 모든 대상을 품어 안는다. 알아차림은 우주 공간처럼 경계도, 끝도, 한계도 없다. 선택 없는 알아차림 수련에서 할 일은 알아차림에 머문 채 앎 자체가 되는 것이다. 이 앎은 비개념적인 앎, 순수한 자각이다. 알아차림 자체는 통증을 깊이 알고 관찰하면서도 통증의 영향에서 한발 비켜서 있다. 알아차림에 익숙해지면 힘들고 고통스러운 경험도 알아차림으로 단순하게 품어 안을 수 있다. 이때 알아차림은 그 자체로 자유롭고, 본질적으로 온전하며, 어떤 대상이라도 깊이 아는 성질을 가졌음을 깨닫는다.

09

일상생활 마음챙김

~~~~~~~~~~~~~~ **숨고르기 수련** ~~~~~~~~~~~~~~

마음챙김은 어렵거나 복잡하지 않다. 다만 마음챙김을
'잊지 않는' 것이 우리의 가장 큰 도전이다.

_크리스티나 펠드만[47]

사람들은 일상생활에서 마음챙김을 키우려고 하지만 마음챙김이 가장 필요한 때 마음이 깨어있기가 오히려 가장 어렵다. 스트레스를 받을 때, 기분이 처질 때, 여유가 없을 때 마음챙김이 가장 필요한데 이때야말로 마음이 깨어있기가 제일 어렵다.

우리는 고요한 시간에 하는 정식 명상 수련으로 마음챙김을 계발한다. 하지만 마음챙김은 일상생활에 적용해야 하는 것이기도 하다. 실은 우리의 삶 자체가 수련이다. 알아차림을 두는 순간이야말로 가장 생생히 살아 있는 순간이며 삶과 제대로 접촉하는 순간이다. 따라서 온갖 기복을 겪는 우리의 삶 자체가 마음챙김이라는 작업의 진정한 출발점이다. 마음챙김은 삶이 힘겹고 엉망일 때 가장 필요하다. 이때가 마음챙김이 가져다주는 마음의 안정과 명료함, 통찰이 가장 필요한 순간이다. 9장에서는 지금까지 익힌 명상수련을 한데 엮어 일상생활에 적용하는 법을 살펴본다.

MBSR과 MBCT 프로그램은 처음부터 마음챙김의 일상 적용을 강조한다. 이 프로그램들은 이를 닦고 고양이 밥을 주고 쓰레기봉투를 치우는 등 일상의 행동에 주의를 기울이도록 권한다(3장). 깨어있는 마음으로 걸으며(4장) 매순간 깨어있고 현존하는 방법으로 자신의 신체감각을 활용하도록 한다(6장). '함께 숨쉬기' 수련으로 자신의 경험에 깨어있도록 한다(6장). MBCT 프로그램은 기분이 추락할 때 일상에서 깨어있도록 돕는 특별한 도구로 **3분 숨고르기**(3-minute breathing space)라는 미니 명상을 소개한다. 힘겨운 상황과 느낌을 다룰 때 MBCT에서 가장 먼저 하는 것이 3분 숨고르기 수련이다.

3분 숨고르기 수련은 MBCT의 전체 내용을 3단계로 압축한 것으로 많은 프로그램 참가자가 가장 유용한 수련으로 꼽았다. 숨고르기 수련은 일상의 많은 활동이 행위 모드의 비판적 사고를 요하는 것처럼 보일 때에도 존재 모드로 신속하게 이동하는 효과적인 방법이다. 다음 소개하는 3분 숨고르기 수련 안내문을 읽고(또는 안내음성⑦에 따라) 지금 바로 수련해보자. 각 단계를 1분씩 해도 좋고, 2단계를 1분보다 조금 길게 하는 식으로 변화를 줘도 좋다.

처음에는 하루 세 번, 정한 시간에 3분 동안 규칙적으로 숨고르기 수련을 한다. 어느 정도 익숙해지면 하루 중 언제라도 할 수 있다. 한두 차례 호흡하는 잠시도 좋고, 5~10분 정도 다소 길게 해도 좋다. 불쾌한 느낌이 일어나거나 몸이 긴장하거나 특정 사건에 압도당하는 느낌이 들 때면 언제라도 활용해보자. 기분이 추락해 나를 집어삼킬 때 숨고르기 수련을 하면 마음이 차분해지며 지금 일어나는 현상을 직접적이고 경험적으로 또렷이 알 수 있다. 그러면 지금 상황에서 무엇을 어떻게 해야 하는지도 깨어있는 마음으로 선택할 수 있다.

practice

○ 3분 숨고르기 수련

1단계: 내면 경험 알아차리기

- 몸을 곧게 세우고 위엄 있는 자세로 자리에 앉거나 섭니다. 눈은 가볍게 감습니다. 이제 당신이 지금 내면에서 경험하고 있는 일에 알아차림을 가져갑니다. 지금 이 순간, 내가 무엇을 경험하고 있는지 봅니다.

- 지금 나의 마음에 어떤 생각이 일어나고 있습니까? 최선을 다해 이 생각을 알아봅니다. 그러면서 이 생각을 한때 마음에 지나가는 정신적

사건으로 여깁니다. '생각, 생각…' 하고 명칭을 붙여도 좋습니다.

- 지금 어떤 느낌이 일어나고 있습니까? 불편한 감정, 불쾌한 느낌 등 어떤 느낌이라도 거기 다가가 그것이 존재하고 있음을 알아차립니다.

- 지금 몸에서는 어떤 감각이 일어나고 있습니까? 잠시 자신의 몸을 전체적으로 훑어보며 긴장하고 조이는 등 어떤 신체감각이라도 관찰합니다.

2단계: 주의 모으기

- 이제 숨을 쉴 때 일어나는 신체감각에 주의를 향합니다. 배에서 느껴지는 호흡의 감각을 가만히 느껴봅니다. 숨을 들이쉴 때 배가 불러오고, 숨을 내쉴 때 배가 꺼지는 것을 느껴봅니다. 숨이 들어오고 나가는 동안 알아차림이 끊어지지 않도록 합니다. 호흡은 주의가 현재에 머물도록 매어두는 닻입니다.

3단계: 알아차림 확장하기

- 이제 알아차림의 장을 호흡 주변으로 확장합니다. 호흡 감각뿐 아니라 몸 전체의 감각이나 지금 내 몸의 자세와 얼굴표정도 알아차려봅니다. 불편감이나 긴장감, 저항하는 감각이 일어나면 숨을 들이쉴 때마다 그곳에 숨을 불어넣고, 숨을 내쉴 때마다 그곳에서 숨이 나온

다고 생각하며 부드럽게 풀어줍니다. 숨을 내쉬며 속으로 이렇게 말해도 좋습니다. '괜찮아. 무엇이든 있는 그대로 느껴보자. 이미 여기 존재하고 있으니까.' 이렇게 커진 알아차림을, 최선을 다해 일상의 다음 순간으로 가져갑니다.

〰〰〰〰〰〰〰〰〰〰〰〰〰〰〰〰〰〰〰〰〰〰〰

숨고르기 수련의 1단계는 현재 순간으로 돌아와 평소의 자동조종 상태와 행위 모드에서 살짝 비켜서는 단계다. 자기를 비판하는 평소 습관을 잠시 멈추고 지금 존재하는 곳이 아닌 다른 곳에 이르려는 시도를 내려놓는다. 마음의 행위 모드가 고쳐야 한다고 여기는 것을 고치려는 평소의 성향을 잠시 제어한다. 그러면서 지금 이 순간 무엇이 존재하는지 알아보고, 있는 그대로 알아차린다.

지금 존재하는 현상을 알아보고 주의를 기울이는 열린 태도를 유지하는 것은 꽤 어렵다. 오래된 생각 습관은 잘 파인 홈과 같아 미끄러져 들어가기가 매우 쉽다. 그래서 2단계에서 마음을 모아 호흡이라는 하나의 대상에 집중한다. 지금 들이쉬는 한 번의 숨, 지금 내쉬는 한 번의 호흡에 온 마음으로 주의를 모은다. 이렇게 마음을 안정시켜 지금-여기에 오롯이 존재하는 기회를 나에게 선사한다.

호흡에 주의를 모았다면 3단계에서 알아차림의 장을 몸 전체로 확장시킨다. 존재 모드의 널따란 공간에 들어선다. 하던 일로 돌아가서도 이 널따란 존재 영역에 머문다. 이상의 세 단계를 통해 자연스럽게 마음의 행위 모드에서 존재 모드로 이동한다.

바쁜 일상에 마음챙김을 가져가는 작업은 결코 만만치 않다. 이 점에서 숨고르기 수련은 지금 일어나는 일상의 일 한가운데서 그 일을 대하는 마음 태도에 의도적으로 변화를 주려는 것이다. 힘겨운 상황에서 행위 모드에서 존재 모드로 이동한다면 효과적으로 상황에 대처할 수 있다. 이런 이유로 숨고르기 수련은 지금까지의 다른 수련법보다 지침이 구체적이다. 특히 수련을 시작할 때 몸의 자세에 분명한 변화를 주면서 수련에 세 단계가 있음을 떠올린다(이때 속으로 '1단계, 2단계, 3단계'라고 명칭을 붙여도 좋다). 이렇게 일정한 구조를 갖추어 수련을 안내하지 않으면 3분이라는 짧은 시간이 행위 모드에서 존재 모드로 이동하는 의미 있는 변화가 아니라 계속되는 스트레스 상황에서 잠깐 취하는 휴식 정도에 그치기 쉽다.

숨고르기 수련에서 주의가 이동하는 통로를 모래시계 모양에 비유할 수 있다. 양 끝이 넓고 가운데가 좁은 모래시계는, 숨고르기 수련 1단계에서 자기 경험에 열린 뒤, 2단계에서 호흡에 주의를 모으고, 다시 3단계에서 몸 전체의 감각에 열리는 과정을 비유하는 적절한 이미지다.

숨고르기 수련은 예리한 칼처럼 분별력 있는 성질과 함께 따뜻한 연민의 마음도 곁들여야 한다. 그래야 행위 모드를 대신하는 강력하고 치유적인 대안이 될 수 있다. 숨고르기 수련은 삶의 외면과 내면에서 일어나는 일에 지혜롭게 응대하는 새로운 자유와 선택권을 준다.

3분 숨고르기 수련은 앞서 소개한 정식 명상수련을 일상생활에 적용하는 연결고리다. 수놓는 바늘에 비유할 수 있다. 정식 수련으로 얻은 배움의 '실'을 숨고르기 수련이라는 '바늘'로 일상생활이라는 '천'에 짜 넣는다. 주의를 호흡에 모으는 숨고르기 수련의 2단계는 4장 호흡 마음챙김의 축약판이며, 알아차림을 몸 전체로 확장하는 3단계는 6장에서 호흡 주변으로 주의를 확장해 몸 전체를 알아차리는 정식 수련과 7장의 어려움을 껴안는 정식 수련에 대응한다. 그런데 내면의 경험을 알아차리는 숨고르기 수련 1단계는 그 의미가 분명하지 않아 좀 더 살펴볼 필요가 있다.

알아차리기와 알아보기

숨고르기 수련의 첫 단계는 자신에게 일어나는 일을 알아차리는 것이다. 이렇게 알아차리는 목적은 마음챙김의 힘을 활용하기 위해서다. 알아차림을 통해 마음의 행위 모드와 반추에서 벗어나 존재 모드에 들어간다. 생각, 느낌, 신체 감각을 알아차리며 그것을 알아본다.

명칭이 '숨고르기 수련'이므로 곧장 숨으로 들어가기 쉬우나 1단계 지침에서는 숨을 언급하지 않는다. 대신 지금 자신의 몸을 알아차리며 의도적으로 위엄 있는 자세를 취한다. 몸과 마음이라는 '악기'를 조율해 자동조종 상태에서 잠시 벗어난다. 지금 일어나는 현상을 있는 그대로 본다. 자동조종 상태에서 벗어나면 알아차림으로 자연스럽게 이동할 수 있다.

숨고르기 수련 1단계는 내면에 주의를 향해 현재 순간의 생각,

느낌, 신체감각을 차례대로 알아본다. 생각을 먼저 알아차리는 이유는 숨고르기 수련을 시작할 때 대개 생각에 빠져 있기 때문이다. 그리고 신체감각을 맨 나중 알아차리는 이유는 이렇게 하면 다음 2단계에서 자연스럽게 호흡 감각으로 주의를 옮길 수 있기 때문이다. 자신의 경험을 생각, 느낌, 신체감각의 세 단계로 구분해 아는 것은 그 자체로 놀라움으로 다가올 수 있다. 우리는 대개 자신의 불쾌한 경험을 '나쁜 것'으로 치부해 제거해야 한다고 여긴다. 그런데 경험에 가만히 주의를 기울이면 생각과 느낌, 신체감각이 연결된 패턴이라는 사실을 깨닫는다. 이처럼 불쾌한 경험을 구성하는 각각의 요소를 알아보는 것은 그 자체로 가치가 있다. 불쾌한 경험을 단일한 혐오 대상으로 인식하기보다 각각의 경험으로 이뤄진 복잡한 모자이크로 인식하면 더 창의적으로 응대할 수 있다.

프로그램에 참여한 다른 참가자와 마찬가지로 말콤도 6장에 소개한 '즐거운/불쾌한 일 기록지'로 경험을 개별 요소로 구분하는 작업이 효과가 있음을 처음 알았다. 심리학자인 말콤은 감정 경험을 생각, 느낌, 신체감각의 세 요소로 나눌 수 있음을 머리로는 알고 있었다. 하지만 각각의 요소에 주의를 기울이는 간단한 연습을 해본 뒤 체험으로 아는 것과 머리로 아는 것이 크게 다름을 알았다. 그때부터 말콤은 자신의 불쾌한 경험을 생각과 느낌, 신체감각이 한데 엉킨 덩어리로 여겼다. 불쾌한 사건을 '나'와 관련된 개인적인 일로 받아들이지 않자 불쾌한 상황에서도 가볍고 여유롭고 자유로웠다. 3분 숨고르기 수련의 1단계는 자기 경험을 대하는 태도에 이런 관점의 변화를 일으키기 위해서다. 또 숨고르기 수련의 1단계는 그 순간 자신의 경험을 '온전히' 인정하는 기회가 된다. 매튜의 말이다.

"한 번은 아내가 출장에 따라왔어요. 호텔에 묵었는데 나는 다음 날 중요한 미팅이 있어 와이셔츠를 다리고 있었죠. 아내는 뒤에 앉아 책을 읽더군요. 피곤한 데다 내일 일정으로 신경이 곤두선 나는 갑자기 화가 치밀었어요. '조금만 도와주면 업무 준비가 한결 수월할 텐데 한가롭게 책이나 읽고 있다니.' 하지만 이런 생각은 도움이 되지 않았어요. '자기 일은 자기가 하자. 아내도 휴일을 즐길 권리가 있다. 내 옷은 내가 챙기는 게 옳다.' 이렇게 생각했지만 마음 한 구석에선 지금 상황이 언짢았어요. 이내 이런 생각이 올라왔어요. '하지만 내일 미팅은 아주 중요해. 아내가 다림질을 도와주면 미팅 준비가 한결 수월하다는 걸 아내는 왜 못 알아볼까?' 그러자 갑자기 화가 나고 짜증이 치밀었어요. 틱낫한 스님은 일상 활동에서 오직 한 가지만 하라고 했죠. 설거지를 할 때면 다음 활동을 서두르지 말고 오직 설거지만 하라고요. 내가 처한 상황도 스님의 가르침을 실천하기에 완벽한 기회였어요. '그래, 옷의 질감과 뜨거운 증기 냄새, 다리미의 움직임 등 지금 다리미질의 경험에 집중하자. 그러다 보니 이런 생각이 올라왔어요. '아냐! 마음챙김 수련은 다리미질에 적용하는 게 아냐. 이 상황에서 다리미질은 누가 뭐래도 짜증이 나.' 그래도 이를 악물고 다리미질에 집중하려 했지만 생각이 계속 올라와 소용이 없었어요. 문득 숨고르기 수련이 생각났어요. '1단계가 뭐더라? 그래, 집중이 아니라 인정하기였어.' 나는 지금 상황을 있는 그대로 인정하지 않고 있었어요. 명상으로 그걸 바꾸려고만 했죠. '나는 지금 다리미질 중에 화를 내고 있으며 그에 따른 생각이 일어나고 있다.' 숨고르기 수련으로 지금 나의 경험을 있는 그대로 인정하는 게 먼저였어요. 그러면서 속으로 이렇게 말했어요. '괜찮아. 이미 존재하고 있는 거야.' '좋은 사람' '옳은 사람'이 되려는 노력을 내려놓고 지금 이 순간 화가 났음을 인정했어요. 속으로 말했어요. '괜찮아, 이렇게 느껴도 돼.' 물론 화가 걷잡을 수 없이 커질까봐 두렵기도 했지만 놀랍게도 화와 짜증이 떨어져나갔어요. 어떻게 그럴 수 있었을까요? 다리미질을 하면서 처음으로 모든 걸 인정했기 때문이에요. 그렇게 되어야만 하는 데 집착하지 않고, 실제 일어나는 일을 보았죠. 결과적으로 미팅 준비에 그토록 신경 쓸 필요는 없었어요. 왜냐하면 그날 밤 호텔방에 도둑이 들어 노트북과 다이어리, 신용카드, 현금을 몽땅 털어갔거든요."

매튜는 처음에 자신에게 일어나는 '모든' 일을 인정한다고 여겼지만 나중엔 전체의 일부만 인정하고 있음을 깨달았다. 그는 명상 수련으로 기분이 나쁜 상태에서 벗어나려고 했다. 나쁜 기분을 고치고 제거하려 했다. 그러나 매튜의 기분에 변화가 일어난 건 자신에게 일어난 '모든' 현상을 처음으로 알아차렸을 때였다. 7장에서 본 것처럼, 자신이 처한 상황과 조건을 거부하던 데서 그것이 존재한다는 이유만으로 있는 그대로 받아들이는 것은 힘들고 불쾌한 상황에 현명하게 대처하는 데 반드시 필요하다. 매튜가 스스로 깨달은 것처럼, 이미 존재하는 현상을 온전히 인정하는 것이야말로 우리에게 필요한 모든 것인지 모른다. 숨고르기 수련의 1단계는 지금 존재하고 있는 현상을 온전히 인정하는 체계적이고 구조화된 방법이다. 그 다음의 2단계와 3단계는 이렇게 변화한 관점을 더 튼튼하고 안정되게 만드는 과정이다.

숨고르기 수련을 활용하는 법

숨고르기 수련을 활용할 때 유의할 점은 이것을 분주한 일상에 돌아가기 전 잠깐의 휴식으로 여기기 쉽다는 점이다. 이렇게 해도 단기적 효과는 있지만 숨고르기를 잠깐의 휴식으로 여기는 태도는 스트레스와 압박감을 받는 상황에서 우리의 느낌을 변화시키지 못하며 장기적으로 행위 모드에서 존재 모드로 이동하는 것만큼 도움을 주지 못한다. 그보다는 숨고르기 수련을, 지금 일어나는 어떤 일이든 알아차리는 기회로 삼아야 한다. 숨고르기 수련으로, 아무 생각 없이 행하던 일상의 활동을 관찰하고 거기서 잠시 비켜서는 기회로 삼는다면 지금과 다르게 어려움에 응대할 수 있다.

그렇다면 잠깐의 휴식과 숨고르기는 어떻게 다를까? 한 가지 비유를 들어보자. 갑작스런 소나기를 만났을 때 건물 입구에서 몸을 피한 적이 누구나 있다. 이때 우리는 몸이 비에 젖지 않아 다행이라고 여기며 어서 소나기가 그치기만을 바란다. 비가 그치지 않으면 옷이 젖을 수밖에 없다는 것도 안다. 실제로 비가 안 그치면 운이 없다고 투덜거리며 빗속으로 뛰쳐나간다. 그런데 이와 다른 각본을 쓸 수도 있다. 건물 입구에서 비를 피하되, 비가 그치지 않아 옷이 홀딱 젖으면 싫어하는 마음이 일어날 수 있음을 미리 예상하는 것이다. 비가 그칠 기미가 안 보인다고 짜증내며 걱정한들 불편감만 더 커진다는 사실을 알기에 비가 그칠 거라는 희망에 집착하지 않는다. 이런 상태로 빗속에 뛰어든다. 옷이 흠뻑 젖어도 지금 일어나는 일을 받아들인다. 그러면 비 '자체'를 경험할 수 있다. 어쩌면 바닥에 튀어 오르는 비가 흥미로울 수도 있다. 옷은 젖었지만 일어나는 현상과 맺는 관계가 바뀌었고, 그에 따라 나의 경험도 완전히 변화했다.

소나기의 비유는 전혀 다른 두 가지 방식으로 명상 수련을 활용할 수 있음을 보여준다. 즉, 힘든 경험이 어서 지나가기만을 바라며 거기서 몸을 숨기는 편리한 방법으로 사용할 수도 있고, 힘든 경험과 마주하며 그것과 맺는 관계에 변화를 일으키는 방법으로 사용할 수도 있다. 숨고르기 수련은 피난처를 구하는 잠깐의 휴식이 아니다. 이를 악물고 폭풍우가 어서 지나가기만을 고대하는 것도 아니다. 숨고르기 수련에서 우리는 자동조종 상태에서 잠시 벗어나 호흡, 신체감각, 느낌, 생각 등 지금-여기에 존재하는 모든 것을 주의 기울임의 대상으로 삼아 알아차린다. 느낌과 생각을 알아차릴 때 자신을 변화시키는 새로운 관점이 함께 일어난다. 경험에 사로잡히기보다 경험을 넓게 바라보는 관점에 선다. 엘리사는 숨고르기 수련에서 이것을 체험했다.

"일로 힘들 때면 마음을 안정시키려고 호흡을 알아차려요. '아, 여기 호흡이 있었지.' 지난 주 나도 모르게 기분이 나빠졌을 때 몇 번 이렇게 해봤어요. 나의 우울증은 나도 모르게 기분이 처지는 부정적 반응 때문이에요. 모든 게 암울하게 변해버리죠. 이때 잠시 멈춰 숨고르기 수련을 하면 부정적 반응에서 벗어나 지금-여기에 존재할 수 있어요. 상황에 자동 반응하지 않고 가만히 거기 머물 수 있죠." 엘리사는 기분이 나빠지는 현상을 지금 일어나는 일에 관한 '진실'로 믿지 않아도 좋음을 깨달았다. 따라서 거기에 즉각 반응할 필요도 없었다. "예전엔 나도 모르게 기분이 나빠지면 '좋아지지 않아. 영원히 이 대로일 거야. 다 끝났어.'라고 생각했는데 이젠 달라요. '잠깐만, 아직 끝나지 않았어. 아니, 어쩌면 시작도 안 했는지 몰라. 그러니 잠시 이 상태에 머물며 실제로 무슨 일이 일어나고 있는지 보자.'고 생각해요."

3분 숨고르기가, 힘겨운 상황에서 잠시 멈추어 마음을 가다듬는 효과적이고 실제적인 방법이 되려면 일정한 수련이 필요하다. 이 때문에 처음엔 일주일 동안 하루 세 번, 정해진 시간에 숨고르기 수련을 규칙적으로 한다. 이렇게 하면 심한 스트레스를 받는 등 숨고르기 수련이 가장 필요한 때 활용할 수 있다.

3분 숨고르기 수련을 하는 목적은 정식 수련에서 키운 알아차림의 힘을 일상생활에 적용하는 것이다. '3분' 숨고르기지만 실제 수련의 형식과 시간은 각자 처한 상황에 맞게 하면 된다. 조용한 방에서 3분간 눈을 감고 오롯이 숨고르기 수련에 집중해도 좋지만 언쟁을 벌이거나 교통체증에 걸렸거나 미팅이나 쇼핑 중에도 유연하게 적용할 수 있다. 눈을 뜨고 수련할 수도 있고, 3분이 아닌 1분으로 압축할 수도 있다. 또 이름은 '숨고르기'지만 호흡이 아니라 걸을 때 다리와 발의 움직임에 주의를 집중할 수도 있다. 중요한 것은 숨고르기 수련의 목적을 이해한 뒤 자신의 상황에 맞게 다양한 방식으로 수련해보는 것이다. 무엇보다, 언제 어떤 상황에서도 숨고르기 수련을 할 수 있다는 사실을 기억한다면 삶에 큰 변화가 일어날 수 있다.

자동조종 상태에서 잠시 벗어나 숨고르기 수련의 세 단계를 의도적으로 실천해보자. 그러면 규칙적인 숨고르기 수련이 마음챙김을 일상생활에 적용하는 훌륭한 도구라는 사실을 알게 될 것이다. 숨고르기 수련을 통해 삶의 힘든 사건에 능숙하게 대처할 수 있으며, 못 보고 지나친 삶의 긍정적인 측면을 더 많이 알아볼 수 있다.

고치려 하지 않는다

여느 명상 수련과 마찬가지로 3분 숨고르기 수련도 노력이 필요하다. 그러나 지나치게 목적 지향적인 태도는 오히려 어려움을 가중시킨다. 타라의 경우가 그랬다. 타라는 3분이라는 시간이 너무 짧다고 느꼈다. "3분 안에 마음이 안정되어야 한다고 생각하니 오히려 마음이 편치 않았어요."

무언가를 '고치려는' 기대로 임하면 숨고르기 수련 자체가 혐오반응을 일으키는 원인이 된다. 타라는 숨고르기 수련으로 마음을 안정시키는 '효과'를 기대했다. 그러려면 수련을 '제대로' 해야 한다고 생각했다. 이제는 조금 다른 태도로 자신에게 말한다. '목적 같은 건 없어. 내가 할 일은 생각, 느낌, 신체감각 등 지금 나에게 일어나는 일을 관찰하는 것뿐이야. 호흡과 배를 알아차린 다음 몸 전체를 알아차리면 돼. 나머지는 알아서 될 거야.'

3분 숨고르기 수련에서 타라가(그리고 우리 모두가) 할 일은 현재 순간에 임하는 태도가 무엇보다 중요함을 잊지 않고 자기가 할 수 있는 한에서 수련에 임하는 것이다. 어떤 결과가 나올지는 우리의 통제 밖이다. 우리가 할 일은 바쁜 일상의 한가운데 잠시 멈춰 자기 안에 일어나는 일을 최선을 다해 사랑의 마음으로 지켜보는 것뿐이다. 이렇게 하면 '효과가 없어. 시간이 없어. 제대로 하는 건가.' 하는 생각이 올라와도 이 생각 자체가 알아차리고 인정할 대상임을 깨닫는다. 깨어있는 삶을 살고자 한다면 언제라도 시간을 내어 숨고르기 수련을 할 수 있다는 사실을 잊지 않는 것으로 충분하다. 수련에 무엇을 집어넣느냐 하는 입력(input)은 각자의 책임이지만 입력이 가져오는 결과(outcome)는 우리의 통제 밖이다. 인내하는 마음으로 수련을 지속하며 자신에게 어떤 일이 일어나는지 지켜보는 것이 숨고르기 수련의 핵심이다.

다음 한 주 동안 타라는 모든 걸 있는 그대로 놓아두는 태도로 숨고르기 수련에 임했다. 잘 해야 한다는 마음, 특정한 결과를 얻으려는 생각을 내려놓았다. 그저 수련에 임하는 것으로 충분하다고 생각했다. 그녀는 다음 수업에서 자신에게 일어난 일을 신기해하며 이야기했다. "전에 느끼지 못한 불안한 신체감각을 느꼈어요. 그동안 죽 있었지만 관찰하지 못한 것 같아요." 그녀의 경험은 불안한 신체감각을 알아차림으로 품어 안을 때 새로운 방식으로 그것을 알 수 있음을 보여준다. 타라는 그 감각을 '썰물과 밀물'로 표현했다. "전에는 몸에 주의를 기울이지 않고 생각에만 주의를 기울였죠. 신체감각을 알아차리자 모든 게 바뀌었어요. 밀물과 썰물처럼 질감과 느낌이 끝없이 바뀌었죠."

숨고르기 수련으로 타라는 마음챙김 전체 프로그램의 핵심 메시지를 떠올렸다. 그것은 피곤하거나 기분이 처지거나 불안할 때, 마음의 자동반응성과 오랜 습관이 덮쳐올 때 몸과 마음의 끊임없는 변화에 지금과 다르게 관계 맺는 것이었다. 몸과 마음의 변화하는 현상을 열린 알아차림으로 품어 안는 것이었다. 타라의 말은 이것을 압축적으로 전한다. "무엇이든 일어났다 사라지면서 변화해요. 그러므로 고치지 않아도 좋아요. 이제 그것과 함께하며 두려워하지 않아요."

모든 것이 정신없이 돌아갈 때

한나는 마음이 고요할 때보다 정신없이 바쁠 때 숨고르기 수련이 훨씬 어려웠다. "마음이 고요할 때는 숨고르기 수련이 어렵지 않아요. 그런데 어제와 오늘은 정말 바빴어요." 정신없이 바쁜 상황에서 숨고르기 수련은 한나가 해야 하는 다른 일과 함께 소용돌이에 빨려들고 말았다. 한나는 숨고르기 수련을 잊어버린 자신을 비난했다. "숨을 고르며 마음을 안정시켜야 하는데 정신없이 바빠서 오늘 수련은 생각조차 못했어요."

한나는 마음의 행위 모드에 머물며 수련을 '해야 한다'는 생각을 일으키고 있었다. 숨고르기 수련을 할지 말지 결정하는 데도 긴장을 일으켰다. 수련을 해야겠다 싶으면 단순하게 시작하면 되는데 그러지 못하고 수련에 관한 '생각'에 빠졌다. 여기서 마음의 행위 모드가 어떻게 작동하는지 볼 수 있다. 마음의 행위 모드는 지금 존재하는 상태와, 되어야 하는 상태의 차이에 주목해 그것을 줄이고자 한다. 한나는 생각과 애쓰는 마음 때문에 숨고르기 수련을 제대로 하지 못했다.

마음챙김은 초대하고 용서하는 것

이제 우리는 중요한 지점에 이르렀다. 마음챙김이 많이 필요하지 않을 때면 마음챙김이 수월하고, 마음챙김이 가장 필요할 때면 깨어있는 마음으로 현재 순간에 존재하는 능력이 온데간데없이 사라진다는 사실이다. 이런 악순환을 깨트리려면 오랜 습관을 바로잡는 새로운 태도가 필요하다. 어쩌면 이런저런 일로 들볶일 때가 숨고르기 수련을 하기에 가장 완벽한 순간이다. 이미 늦었다 싶어도 괜찮다. 숨고르기 수련은 스트레스 상황을 바라보고 알고 대응하는 새로운 방식을 키운다. '안 돼. 벌써 밤 10시야. 오늘은 몸이나 호흡과 한 번도 접촉하지 못했어.'라는 생각이 들 때마다 그것을 알아차리는 즉시 숨고르기 수련에 들어갈 수 있다. 이렇게 깨닫는 순간이야말로 숨고르기 수련을 시작하기에 완벽한 순간이다. 수련을 하지 못했다고 걱정하지 말고, 억지로 수련하지도 말라. 그저 수련에 임하는 것 자체로 삶의 사건을 대하는 태도가 크게 변화한다. 지속적으로 수련하면 평생 행위 모드로 살아온 습관이 마음챙김이라는 널찍한 품 안에서 힘을 잃어 결국엔 사라질 수 있다. 이런 식으로 숨고르기 수련을 할 때마다 새로운 배움을 조금씩 쌓아간다. 그러므로 며칠간 수련을 안 했다는 생각이 드는 순간, 바로 수련을 시작하자. 오래 수련하지 않아 그만두자는 생각이 들면 수련을 시작하라는 신호로 삼자. 그러지 않으면 '할 일'을 하지 않은 자신을 탓하며 반추의 소용돌이에 빠져들 것이다.

　마음챙김 수련은 용서하는 것이다. 마음챙김은 자기 내면과 접촉하는 일을 잊었다고 해서 자신을 비난하지 않는다. 끊임없이 다시 시작하라고 손짓한다. 언제라도 자신을 향한 친절의 손짓으로 마음챙김을 수련할 수 있다. 지금 바로 마음챙김을 수련하는 의도를 내자. 그러면 지금까지 어떤 일이 일어났든 온전히 현존해야 하는 순간, 숨고르기 수련이 적절한 대안으로 떠오를 것이다.

숨고르기 수련 뒤의 선택들

숨고르기 수련은 덥고 어둡고 비좁은 마음에서 시원하고 밝고 널찍한 마음으로 나가는 문이다. 숨고르기 수련은 불행감과 화, 두려움 등 불쾌한 느낌에 깨어있는 마음으로 응대하는 첫 단계다. 그런데 이 문을 지나 다른 마음 공간에 들어서면 여러 가지 문이 우리를 기다린다. 각각의 문은 깨어있는 마음으로 응대하는 다양한 선택지를 제공한다. 어느 문을 열지는 우리들 각자의 의식적인 선택이다. 처한 상황에 따라 선택도 다르지만 이 모두가 수련을 확장하고 심화시키는 기회가 된다.

선택1 숨고르기 수련에 다시 들어가기

숨고르기 수련의 3단계를 마친 뒤 내릴 수 있는 가장 간단한 선택은 그 상태를 계속 유지하는 것이다. 즉, 새로운 마음 모드를 장착한 채 숨고르기 수련을 하게 만든 힘겨운 상황으로 돌아간다. 부정적인 생각과 불쾌한 느낌, 강한 심체감각, 고함치는 상사, 우는 아이는 그대로지만 우리는 이제 존재 모드에 들어섰다. 존재 모드의 집중되고 의도적이며 널찍한 관점, 덜 자기중심적인 관점에서 상황을 본다. 그러면 이전과 다른 변화가 생긴다.

이제 우리는 어려움을 자동 반사적으로 키우지 않는다. 그보다는 순간의 필요에 능숙하게 응대한다. 있는 그대로의 상황에 사실적으로 접근한다. 일단 마음의 존재 모드에 들면 그것이 가진 본래적 지혜로 다음 발걸음을 분명히 내딛는다. 매 순간 자기 몸의 경험을 알아차리며 깨어있는 마음으로 현존한다. 이로써 존재 모드라는 현명한 마음 모드는 더 튼튼해진다. 어떤 때는 변화가 미묘하다. 어느 참가자는 이렇게 말했다.

"화요일 아침에 잠에서 깼는데 컨디션이 엉망이었어요. 전날 제대로 못 자서 피곤하고 머리가 무거웠죠. 그날 할 일을 생각하니 엄두가 안 났어요. 그렇게 힘없이 누워 있던 중 호흡을 떠올리고 숨고르기 수련을 했어요. 침대에 누워 호흡을 바라보며 몸의 감각에 의식의 주파수를 맞췄죠. 익숙한 느낌은 아니었지만 좀 다른 느낌이 들었어요. 몸은 여전히 피곤하고 머리는 무거웠지만 대수롭지 않게 느껴졌어요."

이것은 느낌의 톤이 살짝 바뀌었지만 마음의 모드에 중대한 변화가 일어났음을 의미한다. 아주 미묘한 변화라도 다음 순간을 변화시키는 새로운 가능성을 열 수 있다. 이것은 산더미 같은 할 일 목록에 압도당하는 것이 아니라 목록의 항목을 하나씩 지워가는 것이다. 화나는 전화를 끊으면서도 모욕을 당했다고 느끼지 않는다. 동료에게 쏘아붙인 일이 마음에 걸려 하루 종일 자신을 두들겨 패지도 않는다. 최근에 무언가를 잃은 일로 기분이 추락해도 화를 더하지 않는다. '절대 이겨내지 못해'라고 말하지 않는다.

물론 시간이 허락된다면 이 새로운 배움을 몇 번이고 반복할 수도 있다. 숨고르기 수련을 한 번 할 때마다 깨어있는 존재 모드로의 이동은 더 튼튼해진다. 다만, 목적 지향적인 태도로 숨고르기 수련에 임하는 것은 권하지 않는다. 자신이 처한 힘든 상황을 '고치는' 도구로 사용하는 것은 바람직하지 않다. 목적 지향적 관점에서는, 숨고르기 수련으로 자신의 원치 않는 느낌이 사라지지 않으면 '더 열심히' 도전하게 된다. 여기서 상황을 고치려는 시도 자체가 문제가 된다. 부정적 느낌을 제거하려는 시도가 몇 차례 실패하면 부정적 느낌이 더 많이 일어난다. 이것은 마음챙김과 정반대의 태도다.

숨고르기 수련의 목적은 부정적 상태를 즉각 제거하는 것이 아니다. 자신의 부정적 상태와 효과적이고 명료하게 함께하는 마음 모드에 들어가는 것이 목적이다. 물론 이 마음 모드에 든다고 해서 원치 않는 현상이 당장 사라지는 것은 아니지만 불쾌한 느낌과 힘든 상황을 더 악화시키지 않는 방식으로 응대하는 자유와 지혜가 생긴다. 그러면 적어도 괴로움을 더 키우고 복잡하게 만들지는 않는다.

이런 이유로 숨고르기 수련은 한 번에 두 차례까지만 이어서 하도록 권한다. 무엇보다, 숨고르기 수련은 지금 일어나는 현상에 대해 깨어있는 마음을 체현(embody)하는 도구임을 잊지 말자.

선택2 몸의 문에 들어가기

여러 번 강조했듯이 불편한 경험은 불쾌한 느낌을 일으킨다. 두려움, 슬픔 등의 부정적 느낌이 일어나면 우리는 혐오감이나 저항으로 반응한다. 얼굴을 찡그리고 목과 턱, 어깨와 허리가 긴장한다. 신체 근육의 변화가 함께 일어난다. 그런데 우리는 이런 현상에 직접적으로 주의를 기울일 수도 있다. 마음챙김 프로그램에서는 힘든 감정과의 관계를 변화시키기 위해 자신의 몸을 지속적으로 알아차리는 방법을 사용한다(7장). 따라서 숨고르기 수련 뒤에 자신의 감정을 다루기로 했다면 몸의 느낌에 주의를 향하는 것이 좋다.

첫 단계로 강한 신체감각이 느껴지는 부위에 친절하고 열린 주의를 가져간다. 이때 호흡을 주의를 실어 나르는 도구로 삼아도 좋다. 앞의 바디스캔처럼 들숨과 함께 해당 부위에 숨을 불어넣고, 날숨과 함께 해당 부위에서 숨을 내보낸다. 숨을 내쉴 때마다 몸의 긴장과 저항이 자연스레 풀어진다. 반드시 긴장을 풀어야 하는 건 아니다. 풀어지면 좋지만, 풀어지지 않아도 괜찮다. 이완된 상태에 집착하지 않는다. 그저 자신이 일으키고 있는 혐오감과 저항감을 알아차리면 된다. '부드러움, 열림, 품어 안음'이라고 속으로 속삭이며 현재 자신의 경험을 허용하고 받아들인다.

몸에서 느끼는 저항감과 혐오감에 주의를 가져간 다음, 느낌과 연결을 유지하는 몇몇 선택지를 탐색한다. 느낌과 연결되면 지금과 다른 방식으로 느낌을 품어 안을 수 있다. 한 가지 방법은 그 감각을 부드럽고 널찍한 알아차림에 담은 채 계속 호흡하는 것이다. 또하나는 집중된 주의를 보내 강한 감각이 어디서 시작되고 끝나는지, 어느 부위가 강한지 살피는 것이다. 순간순간 감각이 어떻게 변하는지 관찰한다. 무엇을 택하든, 알아차림을 유지하고 키우는 노력을 멈추지 않는다. 흥미와 탐구, 선의와 연민의 마음 성질을 알아차림에 불어넣는다. 힘을 줘 애쓰는 태도로 하고 있다면 부드럽게 그러나 단호하게 내려놓는 것도 필요하다. 언제라도 알아차림의 장을 열어 소리, 공기의 냄새, 피부에 닿는 느낌 등 그 순간의 감각을 알아차린다. 이렇게 해서 마음에 생기를 불어넣는다.

이런 식으로 부정적 느낌에 다가갈 수 있다. '괜찮아. 이미 존재하는 거잖아. 거기에 열려보자.' 자신에게 이렇게 말함으로써 부정적 느낌을 받아들이면서, 있는 그대로 놓아두는 식으로 관계를 맺는다. 특히, 느낌을 알아차림에 담아 그 성질이 어떻게 변화하는지 주의를 기울인다.

매우 불쾌한 느낌이라면 앞서 살펴본 '가장자리 작업'을 시도할 수 있다. 말했듯이 가장자리 작업이란, 강렬한 경험 '속으로' 주의를 가져가 순간순간 가볍게 접촉하는 작업이다. 감각이 너무 강하다면 자기연민의 마음으로 부드럽게, 조금 편한 대상으로 주의를 옮긴다. 예컨대 강한 감각이 느껴지는 부위에 다가가기 전, 호흡에 집중해 마음을 안정시킨다. 이때 호흡에만 집중할 수도 있고, 불쾌한 느낌을 의식의 배경에서 알아차리며 호흡에 집중할 수도 있다('함께 숨쉬기' 수련, 173쪽 참조). 불쾌한 경험이라도 그것을 받아들이는 수용적인 관계를 맺을 수 있다. 이것 자체가 지혜의 길이요, 연민의 길이다.

미셸은 다가오는 가족모임 생각에 진이 빠졌다. "한 번에 가족 모두를 만나는 건 좋아요. 하지만 비행기 예약을 생각하면 골치가 아파요." 미셸은 평소 같으면 당장 여행사에 전화했을 테지만 이번에는 숨고르기 수련을 먼저 해보기로 했다. 몇 분 하고 나니 가슴이 눌리고 목구멍이 조이는 느낌이 들었다. 이 감각은 아버지가 새 엄마를 데리고 가족모임에 온다는 생각 때문에 더 강해졌다. 평소 같으면 가족에 대한 의무감에 쫓겨 이런 생각에서 고개를 돌렸겠지만 이번에는 혐오감을 자신의 습관적 반응으로 알아보았다. 그런 뒤 지금 느끼는 불편감의 가장자리에 다가갔다. 배의 호흡 감각을 알아차린 뒤, 목구멍으로 주의를 옮겨 거기서 느껴지는 조이는 감각 '속으로' 숨을 불어넣었다. 그러자 이 감각이 고정되어 있지 않다는 걸 알았다. 조이는 감각은 일어난 뒤 사라졌다. 그런 다음 목 근육의 긴장된 느낌으로 바뀌었다. 이 부위에서 숨을 내쉬자 긴장이 풀어졌다. 새엄마를 가족으로 맞이해야 한다는 생각에 이어 '아빠 너무해. 엄마 돌아가신 지 6개월밖에 안 됐어.'라는 생각이 일어나는 것도 보았다. 이제 목구멍의 막히고 조이는 느낌이 조금 약해졌다. 분노와 상처, 엄마를 잃은 슬픔을 마음에 새기는 과정에서 미셸은 호흡을 계속 알아차렸다. 그녀가 말했다. "생각과 감정이 지금 이대로 존재하도록 놓아두는 것이 나를 돌보는 길이에요. 어쩌면 이게 시작인지 모르죠."

선택3 생각의 문에 들어가기

숨고르기 수련 1단계에서 감정의 무게가 실린 생각을 두드러지게 경험하기도 한다. 반복해 일어나는 부정적 생각에 어떤 것이 있는지 8장에서 살펴보았다. 만약 숨고르기 수련 3단계를 마친 뒤에도 이런 생각이 당신의 경험을 지배하고 있다면, 지금과 다른 방식으로 생각과 관계 맺는다는 의도적인 결심으로 생각의 문을 열어보자. 지금과 다른 방식으로 생각과 관계 맺는 방법은 여러 가지다.

- 생각을 글로 적어본다
- 일어나고 사라지는 생각을 관찰한다
- 생각을 사실이 아닌 정신적 사건으로 본다
- 주변의 소리를 대하듯 생각을 대한다
- 특정 생각 패턴을 반복해 일어나는 오랜 마음 습관으로 알아본다
- 자신에게 부드럽게 물어본다: '너무 지친 건 아닌지, 성급한 결론은 아닌지, 흑백논리에 빠지지 않았는지, 완벽을 기대하지 않는지' 등

당신은 명상 수련으로 부정적 사고에 창의적으로 대응하는 효과적인 방법을 이미 찾았을지 모른다. 숨고르기 수련에서는 이 다양한 방법을 활용해 내가 생각이 아니며 생각은 사실이 아니라는 점을 스스로 떠올린다. 이렇게 자주 떠올리면 시간이 지나 커다란 힘이 생긴다.

선택4 적절한 행동의 문에 들어가기

숨고르기 수련 뒤의 네 번째 선택은 적절한 행동의 문을 여는 것이다. 7장에서 힘들고 불쾌한 경험을 있는 그대로 받아들이며 알

아차려야 한다고 했다. 그런데 있는 그대로 받아들인다고 해서 수동적 태도를 의미하는 것은 아니다. 자신의 불쾌한 느낌을 알아본 뒤 의식적 선택의 토대 위에서 사려 깊은 행동을 취하는 것이 가장 적절한 대응일 수 있다.

이때 어떤 동기를 갖느냐에 따라 그 행동이 유익한지, 그렇지 않은지 판가름 난다. 6장의 미로 속 쥐 실험에서 본 것처럼, 동일한 행동도 거기에 임하는 동기가 회피냐 열림이냐에 따라 완전히 다른 결과가 나타난다. 불쾌한 느낌을 제거하려는 동기로 행동하면 깊은 불행감의 나락에 빠지는 반면, 자기 돌봄이라는 참된 욕구에서 행동하면 마음의 평안을 찾을 수 있다.

회계사인 베티는 스트레스 많은 직장에서 마음의 여유를 찾기 위해 숨고르기 수련을 했다. 그녀는 세금정산 업무로 바쁜 회계 연도 막바지에 이르면 무척 힘이 들었다. 주중은 물론 주말에도 쉬지 않고 일했다. 이런 상황에서 지난 번 우울증이 재발했다. 이제 그녀는 오후가 되면 밖에 나가 커피숍에 앉아 좋아하는 커피를 마신다. 그러면서 물끄러미 사람들을 쳐다보았다. 어떤 때는 집 근처 식당에서 저녁식사를 포장해 오기도 했다. "예전엔 산더미같이 쌓인 일을 끝내기 전엔 밖에 나가지 않았어요. 이젠 힘이 들면 바로 나가요. 가장 중요한 순간인 지금이 나를 위한 시간이 되어야 해요."

기분이 저하되면 두 가지 활동에 영향을 미친다. 이전에 좋아하던 활동이 재미가 없어져 결국 그만두게 된다. 또 기쁨을 주진 못해도 책임감을 부여하던 일상의 활동을 제대로 못하게 된다. 우울과 기분 저하는 자양분을 주는 활동에 필요한 에너지를 빼앗아 우리를 갉아먹는다.[48]

숨고르기 수련을 마친 뒤의 네 번째 선택은 뜨거운 목욕, 강아지 산책, 친구와의 만남, 기분 좋은 음악 듣기 등 한때 기쁨을 주던 활동을 다시 하는 것이다. 서랍 정리, 청구서 지불, 편지 쓰기, 책상 정리 등 사소하지만 숙달과 만족, 성취와 통제의 감각을 선사하는 활동도 좋다. 아무리 사소한 행동이라도 내가 세상에 영향을 준다는 감각을 일으킬 수 있다. 세상에 영향을 주는 감각은 기분 저하에 따른 무력감과, 통제력을 잃었다는 생각을 완화시킨다. 매우 불안하고 두려운 기분이라면, 지금껏 회피하던 상황에 정면으로 맞서 행동하는 것도 좋다. 너무 버거운 기분이라면 몇 개의 작은 단계로 나누어 한 번에 하나씩 시도해본다. 어느 경우든 일을 완수한 자신을 축하하는 것을 잊지 말자.

우울한 기분에 깨어있는 마음으로 응대하는 효과적인 방법을 찾을 때 두 가지를 기억하자. 첫째, 기분이 저하되면 어떤 일을 하려는 동기 자체가 일어나지 않는다. 보통은 어떤 일이 하고 싶어질 때까지 기다린 뒤 해도 좋지만 기분이 처질 땐 무언가를 하려는 동기를 스스로 일으킬 필요가 있다. 둘째, 우울에 따라오는 피로는 잘못된 정보를 줄 수 있다. 우울하지 않을 때 일어나는 피로는 휴식이 필요하다는 의미이며, 이 경우 휴식으로 활기를 얻는다. 그러나 우울에 따라오는 피로는 보통의 피로와 달라, 휴식이 아니라 잠시 활동을 증가할 필요가 있다는 신호일 수 있다. 이때 휴식을 취하면 오히려 피로가 더 악화된다. 이 경우에는 정상적인 활동으로 생활의 리듬을 일정하게 유지하는 것이 좋다.

가장 힘든 경우는 우울이 도대체 어디서 생기는지 모르는 경우다. 아침에 일어나자마자 우울한 경우가 그렇다. 이때에도 가장 먼저 할 일은 숨고르기 수련이다. 자신에게 이런 질문을 던져보자.

- 바로 지금 나를 친절하게 대하는 방법은?
- 지금 이 순간 나에게 줄 수 있는 최상의 선물은?
- 이 기분이 얼마나 오래 지속될지 모르지만 그때까지 나를 돌보는 방법은?
- 내가 좋아하는 사람이 이런 기분이라면 어떻게 해줄까?
- 같은 방식으로 나를 돌보는 방법은?

물론 좋은 동기를 지녀도 부정적 기분이 멈추지 않는 때가 있다. 한계를 넘어 강하고 지속적인 부정적 기분에 빠졌다고 느끼는 때가 그렇다. 이럴 때는 마음챙김 수련이 자기를 돌보는 건강한 방법이라는 점을 잠시나마 떠올리자. 강하지 않은 부정적 기분에 깨어있는 마음으로 응대한 것과 같은 방법으로 응대한다. 물론 강하게 일어나는 부정적 기분을 지금과 다르게 대하기란 쉽지 않다. 이 상황에선 기분을 업 시키는 활동도 효과가 없어 보인다. 그럼에도 할 수 있는 만큼 현재 순간에 마음챙김을 가져가보자. 이런 적절한 자기 돌봄의 행동은 반추 상태에 빠져드는 것보다 훨씬 낫다.

힘든 상황에서 할 일은 매 순간에 오롯이 집중하는 것이다. 최선을 다해 매순간을 다룬다. 힘든 순간을 대하는 방식이 1퍼센트 바뀌면 다음 순간, 또 그 다음 순간이 변화한다. 이 점에서 이것은 매우 큰 변화다. 작은 변화가 쌓여 커다란 변화를 일으킨다.

선택할 수 있는 자유

루이스는 마음챙김 프로그램을 돌아보며 숨고르기가 도움이 되었다고 했다.

"프로그램을 통해 내가 자신을 매우 몰아붙인다는 걸 알았어요. 나는 거기에 익숙해 있었어요. 그래서 어떻게 하면 그런 나를 알아차릴까 생각하며 프로그램에 임했어요. 그러던 중 3분 숨고르기 수련이 도움이 되어요. 지금은 하루 중 시간이 날 때마다 숨고르기 수련을 해요. 어떤 때는 세 번, 다섯 번도 해요. 주저하거나 잘 모르는 일이 있을 때마다 해요. 할 일이 여섯 가지도 더 남았을 때, 일을 마치려면 한 시간이나 남았을 때 하면 큰 도움이 돼요. 그저 자리에 앉아 지금 일어나는 현상을 인정해요. 알지 못함을 인정하고 받아들여요. 실제로 내가 느끼는 압박감이 어디서 오는지 모를 때가 있어요. 이때 나를 몰아붙이며 30분 안에 프로젝트를 끝내야 한다고 생각하기보다 내가 모른다는 사실과 함께 머물러요. 몰라도 좋아요. 모든 걸 서둘러 끝내지 않아도 괜찮아요. 행동을 취하는 건 쉬워요. 사실 내 삶의 많은 스트레스가 한 번에 너무 많은 일을 하려는 데서 오거든요. 모든 걸 끝내기 전에는 잠들지 않겠다고 생각했죠. 마무리 지은 걸 확인해야만 직성이 풀리는데 이젠 반드시 그럴 필요가 없다는 걸 알았어요. 어떤 일은 하지 않아도 괜찮아요. 시간에 집착하는 태도도 줄었어요."

루이스는 중요한 관점을 키우고 있었다. 각자에게 무엇이 필요한가에 대한 정해진 답은 존재하지 않는다. 너무 바쁘게 사는 나머지 끊임없는 행동에서 잠시 비켜나 균형을 회복해야 하는 사람도 있고, 자기 할 일을 제대로 하지 않는 사람도 있다. 중요한 것은 삶의 모든 순간에 생생히 살아 있도록 균형을 회복하는 것이다. 한 가지 방법이 지금 이곳, 지금 나에게 일어나는 일에 대한 느낌을 알아차리는 것이다. 이렇게 하면 자신의 내적, 외적 상황과 조건을 정확하게 알아볼 수 있다. 단지 머리로 아는 것이 아니라 깨어있는 마음으로 알아차린다. 이렇게 알아차리면 선택의 영역이 확장되고, 이때 습관적 행동의 관성에 떠밀리지 않는 건강하고 현명한 선택을 내릴 수 있다. 선택의 영역이 확장되는 일은 예상치 못하게 일어날 수도 있다. 케이트의 경우가 그랬다.

며칠 출장을 다녀온 뒤 열다섯 살 아들을 데리러 갔을 때였다. "열다섯 살 아이가 얼마나 까칠한지 잊고 있었어요. 그날 학교 생활을 묻자 아들은 신경질적으로 엄마는 맨날 같은 말만 한다고 쏘아붙이더군요. 나는 가슴이 조여 오는 느낌을 알아차렸어요. 긴장과 짜증이 올라오는 걸 분명히 느꼈어요. 평소 같으면 당장 받아쳤을 테지만 그러지 않았어요." 케이트는 잠시 멈추어 몸에서 일어나는 일을 알아보고 마음을 모아 알아차렸다. 그것만으로 아들에게 받아치지 않고 그 순간을 지날 수 있었다. "평소 같으면 화를 내거나 집에 가는 동안 차갑게 침묵했을 테지만 이번에는 고개를 돌려 아들을 바라보며 보고 싶었다고 말했어요. 그러자 무슨 일이 일어났는지 아세요? 아들이 나를 보더니 미소를 지었어요. 녀석의 미소를 본 지가 얼마만인지. 기적 같은 일이었죠."

3분 숨고르기 수련의 목적은 오랜 습관적 패턴과 맞닥뜨렸을 때 더 나은 선택을 내리는 민감성과 가능성을 키우는 것이다. 오랜 습관적 패턴이란 자신에 관한 특정한 사고방식, 건강하지 못한 방식의 기분 다루기, 외부상황을 탓하며 정신없이 바쁘게 사는 것 등이다. 마음챙김 수련으로 습관적 성향에 당장 변화가 일어나는 것은 아니지만 잠시 멈출 기회가 생겨 지금껏 몰랐던 선택권을 얻는다. 우선, 지금 이 순간 자신이 존재하는 곳을 온전히 인정하며 호흡에 중심을 잡는다. 이렇게 하지 않으면 지금까지 그랬듯 자동적으로 반응하면서 습관적인 성향에 휩쓸리기 쉽다. 루이스도 이것을 깨달았다.

"알지 못하는 상태에 있다는 게 감사해요. 정말로요. 왜냐하면 알지 못하는 상태는 일단 멈춰 지금-여기에 마음을 열도록 하거든요. 어떤 생각이 일어나면 자동으로 판단을 내리곤 했는데 이때 자동 반응하지 않고 단지 알아차리는 게 중요해요."

규칙적인 숨고르기 수련으로 점차 자신이나 세상과의 관계에 변화를 일으킬 수 있다. 전에는 힘들었던 자신의 일면이나 지금껏 회피했던 상황과 새롭게 관계 맺는다. 지금까지 회피와 도망, 억압의 반응을 일으킨 내면과 외면의 불편한 상황에 의도적으로 다가가 보자. 그러면 회피 등의 현명하지 못한 대응에 굴복하지 않는다. 힘겨운 대상에 습관적으로 혐오반응을 일으킨다면 불행감에서 벗어날 수 없다. 오히려 어려움을 향해 의식적으로 다가가 보자. 아주 조금 나아간다 해도 삶에 근본적인 변화가 일어난다.

Part Four

○

삶을 되찾다
Reclaiming Your Life

8주 프로그램이 끝났다고
수련이 완결되는 것이 아니다.
8주 이후에도 삶은 계속된다.

우리는 계속해서 숨을 쉴 것이고,
우리의 삶도 멈추지 않고
순간순간 펼쳐질 것이다.

10

온전히 살아 있기

~~~~~~~~~ **지긋지긋한 불행감에서 벗어나다** ~~~~~~~~~

> 사람들은 삶의 의미를 추구한다고 말하지만 내가 보기에
> 우리가 추구하는 것은 삶의 의미가 아니라 생생히 살아
> 있는 경험이다.
>
> _조셉 캠벨 「신화의 힘」

아놀드 로벨(Arnold Lobel)이 쓴 동화책 『개구리와 두꺼비가 함께Frog and Toad Together』는 어른이 읽어도 좋다. 책은 두꺼비의 하루를 이야기한다. 아침에 침대에서 일어난 두꺼비는 종이를 꺼내 '오늘 할 일 목록'이라고 적은 뒤 그 밑으로 '일어나기'라고 적는다. 일어나는 일은 이미 끝냈으므로 바로 지운다. 그 아래로 그날 할 일을 적어 내려간다. '아침 먹기, 옷 입기, 개구리 집 방문, 개구리와 산책, 점심 먹기, 낮잠, 개구리와 놀기, 저녁 먹기, 잠자리에 들기' 등이다. 두꺼비는 침대에서 일어나 하루를 지내

며 일을 하나씩 끝낼 때마다 목록에서 지운다. 개구리 집에 도착한 두꺼비가 말했다. "할 일 목록에 따르면 지금 산책을 가야해." 산책을 나선 두꺼비가 '개구리와 산책' 항목을 지우는 순간 일이 생겼다. 갑자기 바람이 불어 손에 쥔 종이가 멀리 날아갔다. 개구리는 종이를 좇아 힘껏 달렸지만 가여운 두꺼비는 달릴 수 없었다. 종이를 좇아 달리는 일은 두꺼비의 할 일 목록에 없었다. 개구리는 두꺼비가 우두커니 선 동안 종이를 좇아 몇 킬로미터를 달렸다. 하지만 결국 빈손으로 돌아왔다. 두꺼비는 목록에서 아직 못 지운 항목이 기억나지 않아 자리에 그냥 앉아 있었다. 옆에 앉은 개구리가 날이 어두웠으니 자러 가자고 했다. "잠자리에 들기!" 두꺼비가 신이 나서 외쳤다. "목록의 마지막 항목이야!" 두꺼비는 막대기로 땅바닥에 '잠자리에 들기'라고 쓴 뒤 지웠다. 두꺼비는 마침내 하루를 마칠 수 있어 기뻤다. 둘은 잠자리에 들었다.

두꺼비가 불행한 이유는 행위라는 한 가지 모드로만 살기 때문이다. 많은 사람이 두꺼비와 다르지 않게 행동한다. 사용 가능한 마음 모드가 행위 모드뿐이라고 여긴다. 너무 자주, 우리의 삶은 빽빽이 적은 할 일 목록과 다르지 않다.

할 일 목록을 작성하는 것 자체가 문제는 아니다. 문제는 목록의 항목을 모두 해치우지 않으면 큰 일이 난다고 여기는 생각이다. 그럴 때 삶은 근시안적으로 좁아진다. 『마음챙김 명상과 자기치유 *Full Catastrophe Living*』라는 책에서 존 카밧진은 어느 남자의 이야

기를 들려준다.[49]

남자는 18개월 전에 겪은 심장발작의 재발 방지를 위해 MBSR 프로그램에 참가했다. 피터라는 남자는 밤 10시에 집 앞 도로에 조명등을 켜고 세차를 했다. 이유는 그날 할 일 목록에 '세차'가 있었기 때문이다. 피터는 목록에 적은 일은 반드시 해야 한다고 여겼다. 당연히, 이런 삶의 태도 때문에 피터는 늘 쫓기는 느낌이 들었다. 항상 긴장하고 불안했다. 이런 삶의 태도는 자신도 모르게 그의 심장 건강을 위협했다. 피터는 마음챙김 훈련으로 자신의 마음 패턴을 자각했다. 그러면서 생각은 단지 생각일 뿐임을 깨달았다. 피터는 이제 세차를 '반드시' 해야 한다는 생각을 멈추었다. 세차를 할지, 멈춰 이완한 뒤 잠자리에 들지 선택할 수 있었다. 세차는 해도 되고 안 해도 되는 일이었다.

할 일 목록에 지배당한 삶은 피터의 심장 건강과 삶을 위협했다. 반복적으로 불행감에 빠지는 사람들이 할 일 목록에 지배당하면 감정 건강을 해칠 뿐 아니라 삶도 위태로워진다. 마음의 행위 모드는 우울을 피해가는 데 효과가 없을 뿐더러 삶의 폭을 좁힌다.

우리는 누구나 활짝 열린 널찍한 존재 모드에서 살 수 있다. 존재 모드로 사는 가능성을 얼마나 실현하느냐에 따라 삶이 풍요로워지고 정신건강도 좋아진다. 그렇다면 행위 모드는 그것이 능숙하고 효과적인 경우에 한정시키고, 존재 모드의 계발에 더 노력을 쏟는 편이 현명하지 않을까. 깨어있는 존재 방식을 실현하는 데는 시간과 용기가 필요하다. 이런 내면 작업을 실천한 MBCT 프로그램 참가자들로부터 의미심장한 격려와 영감을 받을 수 있다. 단 8주의 정식 프로그램으로 이들의 우울증 재발 위험이 절반으로 낮아졌다.

"예전 같으면 크게 화내던 일도 이젠 그러지 않아요. 8주라는 짧은 시간에 이런 일이 일어났다니 놀라워요." "마음챙김 프로그램에 오기 전에는 압박감 없는 삶이 어떤 건지 몰랐어요. 다섯 살 때 그렇게 살았을지 모르지만 기억이 안 나요. 지금껏 몰랐던 단순한 삶을 배웠어요. 여태껏 누구도 가르쳐주지 않았던 삶의 방식이죠." "타인에게 의존하지 않고 자기를 돌볼 수 있다는 걸 프로그램에서 배웠어요."

우리 저자들의 이론과 연구, 마음챙김 프로그램 참가자들의 경험담은, 의도적으로 알아차림을 계발하는 것이 중요함을 말하고 있다. 그러나 궁극에는 이론과 연구, 타인의 경험담이 자신의 '개인적' 체험을 대신할 수 없다. 마음의 행위 모드와 존재 모드가 삶에 매순간 어떤 영향을 주는지 스스로 알아야 한다. 그리고 개인적 체험을 쌓으려면 무엇보다 일상생활에서 마음챙김을 닦아야 한다. 일상이야말로 우리의 고뇌 가운데 많은 부분이 일어나는 장소다. 고삐 풀린 행위 모드가 나에게 어떤 영향을 미치는지 자각하는 기회는 일상에 있다. 또 존재 모드가 어떤 변화의 가능성을 갖는지 직접 느끼는 기회도 일상의 행동과 상호작용에 있다.

마음의 존재 모드에 터를 잡고 알아차림으로 살 때 오롯이 깨어있는 삶을 살 수 있다. 이것은 온전한 자기가 되는 방법이기도 하다. 그렇다고 업적을 이루거나 삶과 세상을 변화시키지 말라는 뜻은 아니다. 깨어있는 알아차림으로 사는 목적은 현명하게 행동하기 위해서다. 현명한 행동이란 존재의 영역에서 자연스럽게 우러나오는 행동, 말하자면 깨어있는 행동(mindful doing)이다. 먼저 자신의 경험을 있는 그대로 인식한 다음, 특정 상황에서 자기 돌봄과 연민으로 응대하는 적절한 행동을 의도적으로 실천한다. 다음 두 사람은 각자의 방식대로 그렇게 했다.

페기 이야기: 경험과 마주하다

페기는 간병인들이 어려운 상황에 대처하는 법을 조언하는 일을 한다. 매일 아침 눈을 뜨면 가장 먼저 느끼는 것이 두려움이다. 걱정의 내용은 매일 달라도 바닥에 깔린 테마는 늘 같다. 문제 상황에 제대로 대처할 수 있을까? 해결책을 제시하지 못하면? 통제 불가능한 상황이 되면? 주변의 기대를 만족하지 못하면? 일이 잘못되면? 등의 두려움이다. 특히 안 좋은 날에는 특정한 걱정이 전반적인 두려움으로 커졌다. 앞에 놓인 암울한 전망으로 낙담했다. '난 제대로 해내지 못해. 언제나 이 모양이야. 자유롭거나 편안할 수 없어.'

마음챙김 수련을 시작하기 전에 페기는 이런 걱정이 일어나면 매일 밤 침대에 누워 마음에 떠오르는 중요한 문제에 통제감을 얻으려 했다. 걱정의 내용을 집어내 잘못될지 모르는 사항을 예측하고 필요한 조치를 취했다. 문제를 고칠 방법을 찾거나, 두려운 상황을 피할 방법을 강구했다. 때로 이 방법으로 두려움이 무뎌지는 듯했지만 지속적인 효과는 없었다. 다음 날 잠에서 깨면 새로 나타난 문제에 이전과 똑같은 두려움을 느꼈다.

그렇다면 마음챙김 훈련의 결과, 페기는 무엇이 달라졌을까? 아침에 침대에서 나오기 전 몸에 주의를 기울이자 위장의 긴장된 감각이 느껴졌다. 또 그 주변으로 저항하는 느낌이 일어나 몸 전체가 뻣뻣했다. 두려움과 불안에 주의를 집중하자 매우 불쾌한 나머지, 없애고 싶어 하는 자신을 보았다. 그러나 이것을 '고치는' 방법으로는 지속적인 효과가 없다는 사실도 알았다. 노력을 기울이면 그날의 부담스러운 문제에 어느 정도 통제감을 가졌지만 밤이 되면 그나마 가졌던 통제감마저 사라졌다. 마음 한구석이 무너졌다고 느꼈다. 심지어 '밤의 마음'과 '아침 마음'이 공모해 그녀가 아침잠에서 깨자마자 새로운 걱정거리를 안기는 것 같았다. 마음은 이제 그녀의 적이 되었다. 걱정의 내용에 끝없이 붙들렸다.

그러던 페기가 마음챙김을 닦으며 깨달은 것이 있었다. 그 순간 자신의 경험 전체로 주의를 넓히자 다음 네 가지가 자신의 경험을 구성한다는 걸 알았다. 그것은 불쾌한 신체감각, 두려움 등의 불쾌한 느낌, 불쾌한 느낌에 대한 부정적 사고, 그날의 특정 문제에 관한 걱정이었다.

페기는 이 넓은 관점에 영감을 받았다. 어려움과 관계 맺는 방식에 중요한 변화를 일으켰다. 미래의 두려운 자기 이미지로 괴로워하기보다 지금 존재하는 현실과 이 순간의 실제 경험에 직면했다. 걱정의 내용을 통제하는 것은 불가능함을 알았다. 밤에 자는 동안 걱정은 이미 '만들어져' 있었다. 마음속으로 걱정을 해결하려고 노력할수록 더 긴장했다. 더욱이 걱정의 내용에 초점을 맞추는 방법은 장기적인 해결책이 되지 못했다. 한 가지 걱정이 잦아들면 다른 걱정이 자리를 비집고 들어왔다. 끝없는 걱정으로 일어나는 특정한 생각에 집중하는 한, 애당초 그 생각을 일으킨 원인을 장기적으로 변화시킬 수 없었다. 그것은 원인을 건드리지 않은 채 겉으로 드러나는 증상만 다루는 것이나 마찬가지였다.

이런 깨달음과 함께 페기는 스스로 개발한 수련법을 해나갔다. 매일 아침 일어나자마자 그녀를 기다리는 어떤 경험과도 정면으로 마주했다. 위장이나 목구멍에 끔찍한 덩어리가 느껴지면 이 끔찍한 느낌을 있는 그대로 알아보며 속으로 말했다. '아, 또 너구나. 나 너 보고 있어.' 그런 다음 도망치지 않고 그 끔찍한 느낌을 단지 하나의 '느낌'으로 탐색했다. '도대체 어떻게 생겼지? 함께 일어나는 느낌에 뭐가 있지?' 이 느낌은 그녀가 위험하다고 여기는 일이 그녀의 내면에 일어나고 있다는 의미였지만 이제 이것을 대하는 태도가 완전히 바뀌었다. 페기는 더 이상 특정 위험에 관한 걱정에 얽매이지 않았다. 일어날지 모르는 위험한 상황을 바로잡으려 하지도 않았다. 대신 위험하다고 '느끼는' 상황에 더 큰 알아차림과 받아들임으로 응대하는 데 관심을 두었다. 지금 필요한 태도는 분석적 문제 해결이 아니라 친절과 부드러움이라는 사실도 알았다. 오늘 할 일을 꼼꼼히 챙기는 것보다 자기를 친절하고 부드럽게 대하는 태도가 더 중요하다고 생각했다.

페기는 끔찍한 느낌을 친절의 마음으로 감싸며 부드러운 알아차림의 숨을 불어넣었다. 느낌을 없애기 위해서가 아니라 자기 경험의 모든 면에 선한 의도를 보내기 위해서였다. 끔찍한 느낌을 알아차리자 어떤 이미지가 떠올랐다. 끔찍한 느낌이 바닷가에 바위처럼 솟아 있고, 바닷물이 주변을 부드럽게 감싸며 파도가 쳤다. 파도는 호흡을 따라 따뜻함과 연민으로 바위를 감쌌다. 그러면서 돌봄의 태도로 가볍게 바위를 건드렸다. 그러자 바위와 끔찍한 느낌에 따라오던 날카로운 신체감각이 무뎌지며 크기가 줄었다. 끔찍한 느낌이 완전히 사라지진 않았지만 이제 그녀의 마음을 휩쓸던 분투와 갈등에서 조금 떨어져 있었다. 시간 여유가 없을 땐 친절과 부드러움으로 일과 준비에 집중했다. 이렇게 자신을 향한 선의와 돌봄의 마음을 그날의 어려움에 가져갔다.

여전히 두려움이 일어났지만 예전만큼 자주 일어나지 않았다. 두려움이 찾아와도 있는 그대로 다루었다. 페기는 자신이 느끼는 두려움을 그녀가 부족한 존재라거나 자신의 삶에 심각한 문제가 있다는 신호로 받아들이지 않았다. 두려움을 스트레스 상황에서 부드럽고 친절하게 자신을 돌보도록 상기시키는 메시지로 보았다.

4장의 명상 초보자처럼 페기 역시 불쾌한 생각과 느낌을 고치거나 차단해 없애려고 했지만 무력감만 커질 뿐이었다. 그녀가 끝없는 걱정에 사로잡힌 이유는 이 방법으로 걱정을 해결할 수 있다고 여겼기 때문이다. 페기는 바로잡고 분석하고 판단하고 비교하는 등 마음의 행위 모드를 가동했다. 그러던 중 자신이 일으키는 모든 마음 패턴을 존재 모드로 이동하는 기회로 보았다. 지금 이 순간, 내면과 외면의 경험에 부드럽고 꾸준하게 의도적으로 주의를 기울였다. 자신에게 일어나는 일을 판단하지 않으며 알아차림에 담았다. 이것이 해야 하는 전부였다. 몸 전체로 알아차림을 넓히자 매순간 일어나는 일을 관찰하면서 직접적이고 비개념적으로 자기 경험과 관계 맺을 수 있었다. 이제 페기는 이전과 다른 자리에 섰다. 끝없이 쏟아지는 생각과 느낌의 폭포수에서 한발 비켜서 있었다.

데이비드 이야기: 마음챙김이 통하지 않는 곳?

MBCT 첫 수업에서 건포도 한 알의 주름과 반짝임, 깊고 풍부한 색감을 관찰한 데이비드는 마음챙김에 관심이 생겼다. 건포도 체험은 그의 소중한 기억을 일깨웠다. 오래 전 젊은 시절 인적 없는 바닷가에서 바라본 반짝거리는 수평선이 생각났다. 일요일 아침에 커튼을 걷으면 밤새 내려 반짝이는 눈의 장면도 떠올랐다. 이때 그는 세상과 하나 되었다고 느꼈다. 온전히 현존하면서 살아있음에 대한 감사의 마음으로 가득했다.

데이비드는 매순간 주의 기울이는 방식을 바꾸면 경험의 질이 변화함을 알았다. 이것은 그에게 커다란 힘을 주었다. 그래서 하루 중 일어나는 모든 일에 마음챙김을 하려고 애썼다. 시간이 지나면서 데이비드는 직접적인 경험과 연결하는 방법으로 신체감각에 주의를 기울였다. 잠에서 깨자마자 깨어있는 마음으로 세 차례 의도적으로 호흡을 했다. 숨을 들이쉬고 내쉴 때마다 배가 부풀고 꺼지는 걸 느꼈다. 그날 하루를 예측하고 계획하느라 마음이 분주해지면 신체감각을 이용해 주의를 한곳에 모았다. 샤워할 때 물이 몸에 닿는 감촉을 현재에 들어가는 신호로 삼았다. 피부에 물이 닿는 느낌, 비누를 문지르는 팔의 동작 등 몸의 감각에 의식의 주파수를 맞추었다. 옷을 입을 때면 몸을 구부리고 뻗는 동작을 의도적으로 알아차렸다. 셔츠를 입고 신발 끈을 묶을 땐 요가를 하듯이 근육 감각에 의식의 주파수를 맞췄다.

가족과 함께하는 아침식사 풍경도 바뀌었다. 예전에는 잘 들지 않는 라디오 뉴스를 틀어놓은 채 아침을 먹었다. 토스트인지 콘플레이크인지, 커피인지 차인지도 모른 채 음식을 입에 넣으며 아침 신문을 뒤적이곤 했다. 책가방을 못 찾겠다고 소리치는 아이에게 귀를 닫은 채 아침을 먹었다. 그런데 이제는 아침 시간을 더 큰 알아차림에 담았다. 깨어있는 마음으로 현존하며 아침 시간을 보냈다. 데이비드는 자신과 가족을 위해 아침 시간에 온전히 현존했다.

데이비드는 기차 길을 통과해 출근했다. 기차가 지날 때면 차단기가 내려와 차들이 멈추었다. 예전에는 몸을 핸들에 붙인 채 '이런, 또 걸렸군!' 하고 한숨을 쉬었다면 이젠 '좋아, 숨고르기 수련을 할 기회군.'이라고 생각한다. 숨고르기 수련의 세 단계를 시간이 허락하는 만큼 한다. 물론 차단기가 올라가는 데 유의하며 눈을 뜬 채로 한다. 숨고르기 수련을 통해 지금-여기와 다시 연결하자 더 깨어있는 마음으로 운전할 수 있었다. 손가락과 핸들이 닿는 감촉, 등과 엉덩이가 자동차 시트에 닿는 감각을 알아차렸다. 앞 유리에 보이는 풍경, 차들의 색상과 움직임도 눈에 더 잘 들어왔다. 직장에 도착할 즈음이면 그날 할 일로 녹초가 되는 느낌도 사라졌다.

많은 순간 온전히 현존하려는 의식적인 노력으로 데이비드는 아침시간뿐 아니라 저녁과 주말도 풍요로워졌다. 가족생활은 이제 부담이 아니라 기쁨이었다. 그렇다면 하루 중 대부분을 보내는 직장 생활은 어땠을까? 회사 일은 문제가 간단하지 않았다. 빠듯한 마감시간에 맞춰 보고서를 작성하는 등 머리로 하는 일이 대부분이었다. 회사 일에 마음챙김을 가져가는 시도는 효과가 없는 듯했다. 깨어있는 마음으로 아침식사를 하고 음악을 듣고 가족과 함께하는 건 가능했지만 회사 일을 깨어있는 마음으로 하는 건 만만치 않았다. 깨어있는 마음으로 현존하려는 분명한 의도로 하루 일을 시작하지만 사무실 책상에 앉아 이메일에 답장하고 보고서를 쓰고 기안을 짜고 고객미팅을 준비하노라면 어느새 그 의도는 온데간데없었다. '해야 하는 일'에 계속 떠밀렸다. 멋진 솔루션을 내고, 똑똑해 보이며, 일을 엉망으로 만들지 않도록 온 신경을 썼다. 이따금 현재 순간과 접촉하지 못하는 자신을 알아차리곤 했지만 이런 자신에게 실망할 뿐이었다. 또 삶의 다른 영역에서 막 경험하고 있는 행복과 또렷함을 직장 일 때문에 빼앗기고 있다는 생각에 은근히 화가 났다.

때로 데이비드는 직장에서 숨고르기 수련을 떠올리고는 도움을 받았다. 마음을 모아 지금 일어나는 일을 또렷하게 보았다. 그런데 숨고르기 수련의 3단계를 마쳐도 삶의 다른 영역에서 경험하는 여유와 또렷함을 누릴 수 없었다. 그러면서 지금 하고 있는 일로 돌아가야 한다는 압박감을 느꼈다. 최대한 빨리 업무를 끝낸 뒤, 직장에서 마음챙김 하는 법을 찾으려 했다. 그런데 한 가지 업무를 끝내면 다른 일이 기다리고 있었다. 데이비드는 다음 일에 몰입해 최대한 빨리 끝내려 했다. 일을 모두 끝내면 마음챙김을 할 여유가 생길 거라고 기대했지만 그것은 다가갈수록 멀어지는 무지개를 좇는 것과 같았다.

한동안 데이비드는 직장 일은 지금 상태로 견디는 수밖에 없다고 체념했다. 그가 보기에 직장은 마음챙김이 '통하지 않는' 곳이었다. 그래서 직장에 있는 동안에는 당장의 업무에 집중한 채 마음챙김은 일시 중단했다. 하지만 문제가 있다는 생각은 사라지지 않았다. 직장을 그만두고 시골로 내려가 가족과 단순한 삶을 살아볼까 생각도 했다. 작은 텃밭을 일구고 가축을 키우는 도기장이가 되어볼까 궁리했다. 앞으로 몇 년간 열심히 일해 충분한 돈을 모은 뒤 직장을 그만두면 된다고 생각했다.

다행히 데이비드는 마음챙김 수련을 계속했다. 명상 책을 읽고 음성 법문을 들으며 명상 지도자가 진행하는 라이브토크에도 참여했다. 수련을 지속하자 시간이 지나면서 관점에 변화가 생겼다. 책을 읽던 중 도움 된 구절을 발견했다. 마음챙김은 그것을 닦기 쉬운 때만이 아니라 삶의 '모든' 순간에 필요하다는 말이었다. 이 말에서 데이비드는 자신의 삶을 '깨어있는 영역'과 '깨어있지 않은 영역'으로 구분하는 것이 무의미함을 알았다. 또 이 문제가 혼자만 당하는 문제가 아님을 알았다. '머리' 쓰는 일에 마음챙김 하기가 쉽지 않은 건 유명한 명상 지도자도 마찬가지였다! 수많은 책과 명상 수련 회로 서양에 마음챙김을 소개한 베트남의 틱낫한 스님은 이런 말을 했다. "책을 손으로 제본할 땐 마음챙김 하기가 쉬워도 책을 쓸 때는 마음챙김 하기가 어렵습니다."[50]

또 작가인 어느 명상 지도자는 책에 쓸 단어 하나를 찾기 위해 매일 아침 컴퓨터에 들러붙는다고 했다. 데이비드는 이 말에 커다란 자유를 느꼈다. 마음챙김을 '머리'로 하는 일과 결합하기 어렵다는 사실이 그에게 문제가 있다는 의미는 아니었다. 언어와 개념 위주의 업무 성격상 일을 하며 알아차림을 지속하기란 애당초 어려웠다. 어느 유명한 명상 지도자는 책을 쓰거나 '머리'로 하는 일을 할 때면 30분에 한 번씩 1~2분간 신체감각을 알아차려 마음 모드에 변화를 준다고 했다. 깨어있는 마음으로 집 바깥을 거닐며 몸의 움직임을 느낀다고 했다. 얼굴에 닿는 신선하고 차가운 공기를 느끼며, 주변의 새소리에 귀를 기울인다고 했다. 마음의 존재 모드에서 멀어지지 않도록 잠깐이라도 현재 순간과 연결한다고 했다.

이런 식으로 데이비드는 직장 상황에 마음챙김을 적용하려는 의도를 새롭게 했다. 직장 일에 마음챙김 하는 것을 반드시 해야 하는 일로 여기지 않았고 자신을 실패자로 여기지도 않았다. 원래 어렵다는 사실을 인정하자 마음이 편했다. 모드 전환은 도움이 되었다. 업무 중 자리에서 일어나 호흡에 집중하며 스트레칭 하는가 하면, 딛고 선 땅에 연결된 채 발바닥의 느낌에 집중했다. 또 몸을 뻗을 때 신체감각에 집중했다. 하지만 직장 바깥에서 경험하는 현존과 또렷함에 미치지 못하는 데 아직도 부정적 평가를 내리고 있었다. 여전히 마음의 행위 모드에서 자신이 이룬 상태와 원하는 상태의 차이를 의식했다. 그러다 명상 지도자 래리 로젠버그(Larry Rosenberg)의 깨어있는 삶을 위한 지침이 눈에 들어왔다. 로젠버그가 소개하는 일상 마음챙김의 다섯 단계는 다음과 같다.

1. 가능하면 한 번에 한 가지 일만 한다.

2. 지금 하고 있는 일에 온전히 주의를 기울인다.

3. 딴 곳으로 마음이 달아나면 하던 일로 마음을 되가져온다.

4. 위 3번을 수십억 번 반복한다.

5. 마음의 방황을 가만히 살핀다.[51]

1~4번 지침은 삶에 깨어있는 데 도움이 되었다. 특히 4번 지침에 담긴 지혜와 유머감각이 좋았다. 그런데 5번은 잘 되지 않았다. 어떤 의미인지 와 닿지 않았다. 이때 숨고르기 수련이 생각났다. 숨고르기 수련 1단계는 생각, 느낌, 신체감각 등의 경험을 알아차리는 것이었다. 그때까지 데이비드는 1단계를 대충 하고 있었다. 현재의 경험을 잠깐 알아본 다음 서둘러 2, 3단계로 넘어갔다. 2, 3단계야말로 실제 효과를 내는 단계라고 여겼기 때문이다. 이제 1단계에 더 머물기로 했다. 직장에서 모드 전환을 할 때마다 생각, 느낌, 신체감각 등 자신의 경험을 의도적으로 자세히 살피기로 했다. 그러자 느낌 속에 불행감과 불만족, 갈망이 크다는 걸 알고 충격을 받았다. 또 많은 경우 '난 이게 아니라 저걸 원해' 같은 생각에 빠져 있는 게 보였다. 몸의 긴장과 저항, 혐오감이 크다는 것도 알았다.

무서웠지만 자신이 알아본 고통에 연민의 마음이 일어나는 것도 보았다.

○ **일상에서 마음챙김 하는 법[52]**

페기와 데이비드 등 마음챙김 수업 참가자가 도움을 받은 일상에서 마음챙김 하는 법을 소개한다.

- 아침잠에서 깨 침대에서 나오기 전 적어도 다섯 번 호흡에 온전히 주의를 기울인다. 이때 호흡은 자연스럽게 한다.

- 몸의 자세를 관찰한다. 누워 있다가 자리에 앉거나 일어서거나 걷는 동작으로 옮기는 과정에서 몸과 마음이 어떻게 느끼는지 알아차린다.

- 전화벨 소리, 새의 노랫소리, 열차 지나는 소리, 자동차 경적소리, 바람 소리, 문 닫는 소리 등 모든 소리를 지금-여기로 돌아오는 신호로 삼는다. 깨어있는 마음으로 현존한 상태로 주변 소리에 귀를 기울인다.

- 하루 중 자주 기회를 내 적어도 다섯 차례의 호흡에 온전히 주의를

기울인다.

- 음식을 먹거나 음료를 마실 때 잠시 시간을 내어 호흡을 한다. 음식을 눈으로 보고 냄새를 맡고 맛보고 씹고 목에 넘기는 과정을 알아차린다.

- 걷거나 서 있는 동안 자신의 몸을 관찰한다. 잠시 몸의 자세를 알아차린다. 발이 바닥에 닿는 지점에 주의를 가져간다. 걸을 때 얼굴과 팔, 다리에 닿는 공기의 감촉을 느낀다. 허겁지겁 다음으로 넘어가지 않는다. 서두를 때도 서두름과 함께한다. 잘못될지 모르는 일을 속으로 떠들어대며 스스로 불편을 키우지 않는다.

- 듣고 말하는 과정을 알아차린다. 상대의 말에 동의하든 하지 않든, 과장하거나 축소하지 않고 말한다. 말하고 들을 때 자신의 마음과 몸이 어떻게 느끼는지 관찰한다. 나의 목소리 톤이 상대에게 어떻게 전달되는지 관찰한다. 침묵했을 때보다 분명 더 나은 말을 하도록 한다.

- 줄 서서 기다리는 동안 자신의 선 자세와 호흡을 알아차린다. 발이 땅에 닿는 느낌과 몸 전체의 느낌을 느낀다. 배의 부름과 꺼짐에 주의를 기울이며, 조급해하고 있지 않은지 살핀다.

- 하루를 지내며 몸의 긴장된 부위를 알아차린다. 들숨과 함께 그곳

에 숨을 불어넣고, 날숨과 함께 긴장을 내려놓는다. 목, 어깨, 위장, 턱, 허리 등 몸에 쌓인 긴장을 알아차린다. 자신의 혐오반응이 어떤 패턴인지 알아본다(7장 참조). 하루에 적어도 한 번 스트레칭과 요가를 한다.

- 이 닦기, 머리 빗기, 설거지, 신발 신기 등 일상 활동에 주의를 기울인다. 일상의 모든 활동을 마음챙김으로 한다.

- 밤에 잠들기 전 잠시 시간을 내어 적어도 다섯 차례 호흡에 주의를 가져간다.

~~~~~~

숨고르기 수련을 하면서 데이비드는 마음의 행위 모드가 바쁘게 움직이는 걸 보았다. 마음의 행위 모드는 부지런히 목표와 현재 상황의 차이를 쟀다. 자신이 정한 목표와 현재 상황의 일치(또는 불일치)를 계산하느라 바빴다. 그러나 행위 모드로 움직이는 것은, 직장에서 그의 실제 상태와 깨어있고 또렷한 평화의 상태를 비교해 불행감을 키우는 것이나 마찬가지였다. 데이비드는 지금과 달라지기를 바라는 자신의 갈망을 알아보았다. 그리고 이 갈망이 자신을 불행하게 만든다는 사실을 깨달았다. 마침내 스스로 고통을 지어내고 있음을 뼛속 깊이 알았다. 그러면서 자신에게 선의를 베풀어 놓아주려는 연민심 가득한 통찰이 일어났다. 반드시 '행복할' 필요는 없다는 생각도 들었다. 그러자 오래 진 짐을 내려놓은 것처럼 가벼워졌다. '행복하다'고 느꼈다! 데이비드는 같은 직장에서 계속 일하고 있다. 직장 밖에서 느끼는 또렷함과 마음의 평화를 아직 직장에서 경험하지 못했지만 가벼운 마음으로 직장 상황과 함께했다. 페기처럼 데이비드도 친절과 연민으로 응대하며 힘든 상황에 처한 자신을 보살폈다. 이제 마음챙김은 나뭇잎의 색깔과 새의 노랫소리를 알아보는 걸 넘어 유익한 마음과 고통을 일으키는 마음을 구분하게 해주었다. 누구나 몸과 마음에 심오한 지혜를 가졌으며 자기만의 방식으로 발견할 수 있다는 사실도 알았다.

마음챙김 수련을 한다고 해서 힘겨운 상황과 걱정, 기억과 사람이 마술처럼 수월해지거나 거기에 초연해지는 것은 아니다. 힘이 들더라도 지금 이 순간 알아차리면 널따란 마음 공간이 만들어지는데 이 공간은 현재의 힘든 경험보다 더 넓기 때문에 힘든 경험이 자기 경험의 일부에 지나지 않게 된다. 이 마음 공간은 자기 존재의 온전한 스펙트럼을 깨닫고 실현하는 공간이다. 그러면 전에 없던 새로운 방식으로 자신을 신뢰하게 된다. 지금 이대로 괜찮으며 지금 이대로의 자신을 받아들인다. 삶이 지금과 달라야 한다며 집착하지 않고, 지금 이대로의 삶에 감사한다. 순간순간 삶의 과정에서 일어나는 경이로움을 알아보고 음미한다. 이것이야말로 마음챙김의 위대한 모험이자, 살아있음의 위대한 모험이다.

여행의 종착지에 놓인 보상과 위험에 초점을 맞추면 삶의 풍요로움에서 스스로 멀어진다. 그러면 도중에 놓인 매 순간의 풍요로움을 알아보는 능력도 잃는다. 당장 대수롭지 않게 보여도 잃어버린 순간을 모두 합하면 삶을 '통째로' 잃어버리는 것과 다름없다.

우리의 비극은 삶이 너무 짧다는 사실이 아니다. 삶을 제대로 살지 못하는 채 많은 시간을 허비한다는 사실이 가장 큰 비극이다. 마음챙김 수련의 지혜로 우리는 알아차림 없음에서 일어나는 거대한 비극적 고통을 본다. 지금-여기에서 알아차림을 계발하는 용기를 낼 때 순간순간 깊은 평화에 머물며 그것을 소중히 여길 수 있다. 지금-여기에 온전히 살아있음을 경험할 수 있다.

/ 11 /

모든 것을 엮어

~~~~~ **마음챙김 프로그램을 삶의 일부로** ~~~~~

지금까지 책에 소개된 수련법을 해보았다면 이제 프로그램 전체를 체계적으로 경험하고 싶을지 모른다. 11장에서는 우울증을 치료하는 8주간의 마음챙김 기반 인지치료를 단계별로 안내한다. 이 작업에 임하는 최선의 방법은 8주의 시간을 마련해 매일 한 시간씩 명상 수련에 전념하는 것이다.*

    모든 기술 습득과 마찬가지로, 이 책에 소개한 마음챙김 수련도 배움에 임하는 태도가 바뀌어야 한다. 수영을 예로 들면, 강사가 수영법에 관한 설명을 마치면 수강생은 직접 물속에 들어가야 한다. 물에 뜨는 법에 관한 설명이 아무리 훌륭해도 스스로 경험해야 한다. 마음챙김 수련도 마찬가지다. 설명 뒤에는 체험으로 나아가야 한다. 수영이든 수련이든 꾸준한 연습이 필요하다. 물에 잠깐 몸을 담가서는 헤엄치는 법을 제대로 배울 수 없다. 명상 수련도 한두 번으로 장기 효과를 보기 어렵다. 어떤 때는 마음챙김 명상이 짜릿하고 깨달음을 주는 것 같아도 어떤 때는(특히 처음 시작할 때는) 매우 지루하다고 여길 수 있다. 그밖에 들뜸, 실망, 초조함을 비롯한 여러 가지 몸과 마음의 상태를 경험하기도 한다. 그런데 이 모든 것을 언제라도 알아차림에 가볍게 담을 수 있음을 기억한다면 문제가 되지 않는다.

우리 저자들의 MBCT 프로그램은 8주 동안 배움이 지속적으로 심화하도록 매주 새로운 요소를 소개한다. 그러므로 명상 수련 시간을 스스로 갖는 것이 중요하다. 명상 안내문이 어렵거나 지루하게 느껴져도 할 수 있는 한에서 안내를 따라 수련한다. 수련이 힘들어지면 결과와 행위 중심의 마음 모드에 익숙한 우리는 평화로운 상태를 바라며 다음 수련으로 넘어가기 쉽다. 이런 때는 수련의 목적이 특정한 목적을 달성하기 위해 애쓰는 것이 아님을 기억하자. 또 이완된 상태로 마음의 평화를 찾는 것도 아님을 기억하자. 순간적으로 찾아오는 이완과 마음의 평화는 수련의 반가운 부산물이지

---

* 책 시작부에 언급했듯이 현재 임상우울증 삽화를 겪는 중이라면(1장 참조) 전체 MBCT 프로그램을 바로 시작하기보다 최악의 삽화가 지난 뒤 시작할 것을 권한다.

그 자체로 수련의 목적이 아니다. 만약 수련에 '목적'이라는 것이 존재한다면 열린 마음으로 지금 나의 경험에서 일어나는 모든 일에 현존하는 것이다. 오롯이 깨어있고, 온전히 살아있으며, 지금 이대로의 나 자신으로 존재하는 것이 수련의 목적이라면 목적이다.

명상 수련에 필요한 노력은 '목적지'에 얼마나 가까이 갔는지 계속 체크하는 노력이 아니다. 인내와 전념, 신뢰 등의 현명한 노력이 더 중요하다. 나비가 어깨에 앉기 바라며 조바심을 내면 나비는 더 앉지 않는다. 이때 할 일은 억지로 나비가 내려앉게 만들려는 시도를 내려놓고 나비 스스로 내려앉기를 지켜보는 것이다.

책의 수련법으로 마음챙김을 계발하는 시간을 매일 정해두는 것도 좋다. 나를 위한 이 시간을 소중히 여긴다. 자신을 위한 시간을 갖는 것은 이기적인 행동이 아니다. 현재 순간에 온전히 존재하는 시간을 갖는 것은 지혜로운 자기 사랑의 행위다. 수련 시간과 장소를 마련하려면 현재의 생활 패턴을 조정해야 할 수도 있다. 하루 중 대부분 시간을 가족과 직장 또는 잠으로 가득 채운 상황에서 8주 동안 수련에 전념하는 것은 결코 쉬운 일이 아니다. 그러나 좋을 때나 싫을 때나 수련에 전념하며 지속하는 것 자체가 마음챙김 연습의 일부로서 반드시 필요하다. 이렇게 전념하고 지속하지 않으면 수련을 하려는 처음의 귀한 의도가 더 중요해 '보이는' 다른 일에 밀려난다. 마음의 행위 모드는 오늘 수련을 건너뛸 구실을 얼마든지 떠올린다. 그러므로 아침에 조금 일찍 일어나 정식 수련 시간을 마련하는 것이 좋다. 그렇게 하려면 평소보다 조금 일찍 잠자리에 들어야 할 수도 있다. 그래야 필요한 잠을 줄여가며 수련하는 일이 없다. 수련 시간과 장소를 정했다면 이제 당신이 무엇을 하는지 궁금한 주변사람에게 알려 그들에게 방해 받는 일이 없도록 한다. 만약 수련 중 전화가 울려 당신 외에 받을 사람이 없다면 그냥 울리게 놓아두자. 누가 전화를 걸었든 지금은 오로지 나 자신에게 집중하는 시간이다. 이것만으로 24시간 연결된 시대에 나에게 자양분을 주는 강력한 수련이 된다. 수련 시간은 자신과 잘 연결하지 않는 오늘날, 자기 변화를 위해 자신과 연결하는 소중한 시간이다.

수련을 방해하는 외부 요소보다 힘든 것은 내면의 방해 요소다. 우리는 실제로 끊임없이 자기 스스로를 방해한다. 이는 특정 대상에 주의를 기울이며 마음을 관찰해보면 저절로 드러난다. 수련을 방해하는 요소에는 방황하는 마음, 원하는 마음, 판단하는 마음, 계획하는 마음, 걱정하는 마음, 강박적으로 반추하는 마음 등이 있다. 해야 하는 일이 수시로 마음을 비집고 들어온다. 지금 당장 해치워야 한다는 느낌이 일어난다. 이런 때는 즉각 조치를 취해야 하는 것처럼 반응하지 말고, 이 모든 생각과 계획, 판단, 자기 대화가 마음에서 일어났다 사라지는 과정을 하늘에 떠가는 구름처럼 바라본다. 명상 수련을 또 하나의 '해야 하는 일'로 만들지 않는다. 명상 수련은 또 하나의 행위가 아니라 지금 이대로의 자신으로 존재하는 것이다.

우리 저자들은 8주 마음챙김 프로그램에서 각 세션의 시작 전에 수련에 임하는 의도와 해당 세션의 전체적인 의도를 상기시킨다. 마찬가지로 독자 여러분도 수련을 시작하는 매 주마다 책의 관련 챕터를 찾아 읽기 바란다. 8주 프로그램의 각 주에 해당하는 관련 챕터를 아래에 소개한다. 관련 챕터를 읽으면 매주 새로 추가되는 수련법에 대해 더 잘 이해할 수 있다.

　마지막으로 기억할 것은 이 수련을 반드시 좋아할 필요는 없다는 점이다. 아니, 좋아할 필요가 '전혀' 없다. 여러분이 할 일은 앞으로 8주 동안 판단을 일시 유보한 채 책에 소개된 지침을 따라 온 마음으로 수련하는 것뿐이다. 잘 해야 한다는 생각마저 내려놓고 매순간, 매일, 매주 어떤 일이 일어나는지 단지 지켜보라. 자신과 함께하는 새로운 시도인 수련은 당신의 삶에서 친밀한(그러나 관성적이지 않은) 일부가 될 것이다. 이런 의도를 갖고 하루하루 수련하라. 이렇게 할 때 새로운 것에 열린다. 모든 순간은 새롭고 고유하다. 우리는 언제라도 거기 다가갈 수 있다.

　자기 자신에 오롯이 몰입하고 온전히 살아 있음을 깨닫는 모험에서 우리는 자신이 수련에 가져가는 바, 즉 투입(input)만을 책임지면 된다. 반면 그에 따른 결과(output)는 어떤 의미에서 예측이 불가능하다. 어떤 결과도 각자에게 고유하며, 그 또한 어떤 식으로든 끊임없이 변화할 것이다. 다가올 순간에 무엇을 보게 될지 누구도 미리 알 수 없다. 우리가 다루어야 하는 순간은 지금뿐이다. 지금 이 순간, 있는 그대로의 상태에 존재하는 것이 수련이다. 나머지는 알아서 되어갈 것이다. 다음으로 기억할 것은 하루 5분이라도 거르지 말고 매일 수련하는 것이다. 기억해야 하는 가장 중요한 사실은 우리의 삶이야말로 진정한 수련의 장이라는 점이다.

○ 한눈에 보는 8주 마음챙김 프로그램

주차	매일 수련할 내용
1주차	– 바디스캔(안내음성②) – 일상 마음챙김
2주차	– 바디스캔(안내음성②) – 즐거운 일 기록지 – 호흡 알아차리기(10분 앉기, 안내음성④)
3주차	– 깨어있는 마음으로 하는 요가(안내음성③), 호흡 마음챙김(안내음성④), 호흡과 몸 마음챙김(안내음성⑤) – 요가(162쪽 참조) – 불쾌한 일 기록지 – 3분 숨고르기(안내음성⑦)
4주차	– 깨어있는 마음으로 하는 요가(안내음성③), 호흡 마음챙김(안내음성④), 호흡과 몸 마음챙김(안내음성⑤) – 즐거운 느낌/불쾌한 느낌 알아차리기 – 3분 숨고르기(안내음성⑦)
5주차	– 호흡 마음챙김(안내음성④), 호흡과 몸 마음챙김(안내음성⑤), 어려움 탐색 – 3분 숨고르기(안내음성⑦), 몸의 문 들어가기
6주차	– 호흡 마음챙김(안내음성④), 호흡과 몸 마음챙김(안내음성⑤), 소리와 생각 마음챙김, 선택 없는 알아차림(안내음성⑥) – 3분 숨고르기(안내음성⑦), 생각의 문 들어가기
7주차	– 다음 두 가지를 하루씩 번갈아 수련: (1) 각자 선택한 방식대로 수련(안내음성 없이, 하루 40분) (2) 호흡, 몸, 소리, 생각에 대한 마음챙김(안내음성④⑤⑥) – 3분 숨고르기(안내음성⑦), 행동의 문 들어가기
8주차	– 삶의 나머지 시간, 정식 마음챙김 수련과 일상 마음챙김 수련이 지속적으로 가능하도록 나에게 적합한 방식을 선택

○ 즐거운 일 기록지[53]

일주일 동안 즐거운 일을 경험하는 중에 자신의 몸과 마음에 일어나는 일을 알아차려본다.
그 일을 경험한 뒤 가능한 빠른 시간 안에 아래 질문에 답해본다.

어떤 일이었나	이 일을 경험하는 중에 몸에서 일어난 느낌(자세히)	이 일과 함께 일어난 생각과 이미지	이 일에 따라오는 기분, 느낌, 감정	일지를 적으며 마음에 일어난 생각
예) 교대근무를 마치고 귀가하던 중 잠시 길에 멈춰 새소리를 들었다.	얼굴이 가볍고, 어깨가 편안하며 입 꼬리가 살짝 올라가는 걸 알아차렸다.	정말 예쁜 새소리야. 바깥에 있으니 정말 좋은 걸.	편안함과 기쁨을 느꼈다.	주변의 사소한 일이라도 알아본다는 건 감사한 일이다.
월				
화				
수				

어떤 일이었나	이 일을 경험하는 중에 몸에서 일어난 느낌(자세히)	이 일과 함께 일어난 생각과 이미지	이 일에 따라오는 기분, 느낌, 감정	일지를 적으며 마음에 일어난 생각
목				
금				
토				
일				

○ 불쾌한 일 기록지[54]

일주일 동안 불쾌한 일을 경험하는 중에 자신의 몸과 마음에 일어나는 일을 알아차려본다.
그 일을 경험한 뒤 가능한 빠른 시간 안에 아래 질문에 답해본다.

어떤 일이었나	이 일을 경험하는 중에 몸에서 일어난 느낌(자세히)	이 일과 함께 일어난 생각과 이미지	이 일에 따라오는 기분, 느낌, 감정	일지를 적으며 마음에 일어난 생각
예) 마트 계산대에 줄을 섰는데 어떤 사람이 끼어들었다.	눈 주위가 긴장되고 턱을 꽉 다물었으며 어깨가 구부정해졌다.	이럴 땐 가만히 있으면 안 돼. 자기 생각만 하는 사람들이 꼭 있어. 내 주장을 안 하면 사람들이 무시해.	이용당하는 기분에 화가 나. 내 주장을 제대로 못하는 나 자신이 마음에 안 들어.	난 부당한 일을 당하면 언제나 나를 비난해.
월				
화				
수				

어떤 일이었나	이 일을 경험하는 중에 몸에서 일어난 느낌(자세히)	이 일과 함께 일어난 생각과 이미지	이 일에 따라오는 기분, 느낌, 감정	일지를 적으며 마음에 일어난 생각
목				
금				
토				
일				

**1주차
(3장, 5장)**

—

정식 명상 1주차에는 안내음성②에 따라 바디스캔을 수련한다. 좋든 싫든 일주일간 매일 수련한다. 하루 중 적절한 시간대를 찾아보는 것도 좋다. 중요한 것은 바디스캔은 잠에 떨어지는(fall asleep) 시간이 아니라 잠에서 깨는(fall awake) 시간이란 점이다. 너무 졸려 바디스캔 수련이 어렵다면 눈을 뜨고 해도 좋다.

일상생활의 마음챙김 계발을, 정식 수련에 대비해 일상 수련이라고 하자. 이를 위해 일상에서 매일같이 하는 활동에 순간순간 알아차림을 가져간다. 이 닦고, 샤워하고, 몸 씻고, 옷 입고, 밥 먹고, 운전하고, 쓰레기 버리는 일상의 활동을 알아차리며 한다. 알아차릴 활동에는 끝이 없다. 여기서 핵심은 당신이 무엇을 하든 '그 일을 하는 중에' 알아차리는 것이다. 매순간 일어나는 생각과 느낌에 초점을 맞춘다. 매주 이 닦기 등의 특정 활동을 정해 그것을 하는 중에 온전히 함께한다. 물론 쉽지만은 않다. 잊어버린 뒤 다시 기억하는 것도 수련의 중요한 일부다. 또 한 주에 한 번은 깨어있는 마음으로 식사를 해보자.

**2주차
(4장)**

—

2주차에도 안내음성에 따라 바디스캔 수련을 매일 지속한다. 바디스캔은 다른 수련의 토대가 되는 수련으로, 당장 효과가 나타나지 않을 수도 있다. 2주차에는 바디스캔에 더해 호흡 마음챙김 수련을

10분간 자리에 앉아 매일 수련한다(안내음성④).

2주차의 일상 수련은 1주차에 정한 활동 외에 다른 활동을 하나 추가해 그 활동을 하는 동안 온전히 알아차리며 해본다. 또 하루 중 즐거운 일을 '그 일이 일어나는 중에' 하루 한 번씩 알아차리는 연습도 해본다(일어나는 중에 알아차리는 것이 원칙이나 항상 그렇게 되지는 않는다). 이렇게 해서 한 주 동안 기록지를 작성해본다. 그 일이 일어나는 중에 알아차렸는지, 몸은 어떻게 느끼고, 어떤 생각과 느낌이 일어났는지, 기록지에 적는 동안 어떤 생각이 일어났는지 기록한다(기록지 샘플은 292쪽 참조).

—

3주차 (6장, 9장)

3주차에는 바디스캔을 일시 중단하고 매일 하는 앉기 명상을 조금 오래 해본다. 또 앉기 명상을 하기 전, 깨어있는 마음으로 요가를 10분 동안 한다. 앉을 자리를 준비한 뒤 안내음성③(깨어있는 마음으로 하는 요가), 안내음성④(호흡 마음챙김), 안내음성⑤(호흡과 몸 마음챙김)에 따라 순서대로 한다. 요가를 더 깊이 수련하려면 45분짜리 깨어있는 요가 안내음성(CD 2개)을 따라한다. 이 것은 MBSR과 MBCT 프로그램에서 사용하는 안내음성으로 '존 카밧진과 함께하는 마음챙김 명상수련 시리즈 1'의 일부다(www.mindfulnesscds.com 또는 www.mindfulnessapps.com 에서 구할 수 있다). 옥스퍼드대학에서 MBCT 수업에서 사용하는 깨어있는 마음으로 하는 요가 안내음성은 마크 윌리엄스와 함께하는 마음챙김 수련 CD(5개)의 일부다(옥스퍼드인지치료센터(www.

octc.co.uk)에서 구할 수 있다). 요가를 할 때 중요한 것은 몸이 전하는 메시지에 귀 기울이며 가능한 신체범위 안에서 동작을 취하는 것이다. 만성통증이나 근골격계 증상, 폐나 심장 질환이 있다면 의사나 물리치료사와 상담한다.

3주차는 3분 숨고르기 수련(9장)을 시작하기에 적합하다. 하루 세 번, 정한 시간에 3분 숨고르기 수련을 해본다. 처음에는 안내음성 ⑦을 따라 해본 뒤, 익숙해지면 안내음성 없이 혼자서 해본다.

3주차의 일상 수련은, 하루에 한 가지 '불쾌한 일, 스트레스 받는 일'에 대한 자기 경험을 자세히 알아차리는 것이다. 2주차에 즐거운 일을 기록한 것과 같은 방식으로 불쾌한 일에 대한 자기 경험을 관찰한 뒤 기록지에 자세히 적어본다(샘플 기록지는 294쪽 참조).

—

**4주차
(6장, 7장)**

4주차에 매일 하는 정식 수련으로는 지금까지 해오던 깨어있는 마음으로 하는 요가(안내음성③)와 호흡 마음챙김(안내음성④), 호흡과 몸 마음챙김(안내음성⑤)이 있다. 4주차에는 이 수련을 계속하며 순간순간 일어나는 즐겁고 불쾌한 느낌에 초점을 맞춰본다(6장). 수련 중 불쾌하거나 싫은 느낌이 일어나면 자동 반응하기보다 그것을 알아차리며 능숙하고 부드럽게 응대할 수 있는지 실험해본다.

하루 세 번, 정한 시간에 숨고르기 수련을 계속한다. 그밖에 하루 중 일어나는 불쾌한 일, 스트레스 받는 일에 의도적으로 응대하는 실험을 해본다. 이런 일에 현존하기 어렵고 불행하다고 느낄 때, 그리고 스트레스로 균형이 벗어났음을 알아차릴 때 3분 숨고르기 수련을 한다.

—

5주차 (7장)

5주차는 깨어있는 마음으로 하는 요가를 잠시 멈춘다(물론 언제든 다시 시작해도 된다). 5주차 정식 명상의 초점은 자신의 혐오반응을 알아차리며 허용적이고 수용적인 태도로 불쾌한 느낌에 부드럽게 응대하는 것이다. 안내음성④와 안내음성⑤에 따라 호흡 마음챙김과 호흡과 몸 마음챙김을 매일 수련한 다음, 안내음성 없이 지금 겪는 힘든 일과 걱정을 의도적으로 마음에 떠올려 수련해본다. 7장의 제안을 활용해 불쾌한 느낌과 불쾌한 신체감각에 부드럽고 친절하게 응대하는 방법을 탐색하고 실험해본다. 탐색과 실험의 과정에서 자신을 돌보는 태도가 중요하다. 이 방식으로 힘든 일이나 걱정과 5분 정도 함께한 다음, 안내음성⑦을 따라 3분 숨고르기 수련으로 하루의 앉기 명상을 마무리한다.

4주차와 다름없이 하루 세 번, 정해진 시간에 3분 숨고르기 수련을 한다. 아니면 불쾌한 느낌을 알아차릴 때마다 해도 좋다. 5주차에는 '몸의 문 들어가기' 선택지를 탐색해본다(9장).

—

6주차 (8장)

6주차에는 생각을 주로 다룬다. 6주차에 매일 하는 정식 명상은 호흡 마음챙김(안내음성④), 호흡과 몸 마음챙김(안내음성⑤), 소리와 생각 마음챙김(안내음성⑥)의 순서다. 안내음성⑥의 마지막에 '선택 없는 알아차림'을 소개한다. 안내음성⑥이 끝나면 끝에 소개한

(또는 9장에 소개한) 지침을 참고해 안내음성 없이 침묵 속에 혼자 '선택 없는 알아차림'을 수련해본다. 그런 다음 3분 숨고르기 수련으로 마무리한다(안내음성⑦).

하루 세 번, 정해진 시간이나 불쾌한 느낌을 경험하는 때 숨고르기 수련을 계속 수련한다. 6주차에는 불쾌한 느낌을 경험하는 순간에 일어나는 생각에 초점을 맞춘다. 이를 위해서는 9장에 소개한 '생각의 문 들어가기' 연습도 좋다.

6주차쯤 되면 어떤 수련을 언제, 얼마나 오래 할지 스스로 결정할 수 있다. 4~5주가 지나면 많은 참가자가 우리의 가이드라인을 참고해 자기만의 수련 계획을 짠다. 8주 프로그램이 끝날 즈음 참가자들은 자신의 일정과 필요, 기질에 맞게 정식 명상과 일상 명상을 적절히 결합한 명상 수련 계획을 스스로 짠다.

—

**7주차
(3장, 9장)**

7주차는 하루씩 번갈아가며 안내음성을 듣지 않고 수련함으로써 자기 주도적 수련 태도를 키운다. 안내음성 없이 수련하는 날엔 앉기 명상, 깨어있는 마음으로 하는 요가, 바디스캔을 자기 식대로 적절히 결합해 40분간 수련한다. 하루 두세 가지 수련을 섞어가며 실험해본다. 예컨대 어떤 날은 '요가 10분+앉기 명상 20분+바디스캔 10분'을 하고, 어떤 날은 '호흡 마음챙김 10분+선택 없는 알아차림 30분'을 하는 식이다.

일주일 중 안내음성을 따라 수련하는 날에는 6주차 수련(안내음성 ④, ⑤, ⑥)을 똑같이 한 뒤 '선택 없는 알아차림'을 하거나 호흡 마음챙김으로 돌아온다.

이 시점에서 9장을 다시 읽으며 자신의 3분 숨고르기 명상을 돌아본다. 하루 세 번, 정한 시간에 규칙적으로 숨고르기 수련을 계속한다. 숨고르기 수련으로 불쾌한 사건에 응대할 때 '적절한 행동의 문 들어가기' 선택지에 집중해본다(9장).

—

8주차 (10장)

8주차는 앞으로 당신이 지속적으로 하게 될 마음챙김 수련의 패턴을 정하는 시기다. 이때 안내음성 ①~⑦을 순서 없이 들으며 바디스캔 등 지금까지의 정식 수련을 처음부터 끝까지 다시 해본다. 이 수련들을 안내음성 없이 한두 개 이상 스스로 해본 뒤 당신이 최종적으로 하게 될 수련 패턴을 정한다. 우리 저자들의 경험으로 볼 때 프로그램 참가자들은 거의 예외 없이 숨고르기 수련을 매일의 수련에 포함시켰다. 그리고 10장 '일상에서 마음챙김 하는 법'에서 앞으로 마음챙김 수련의 동력을 유지하는 법에 관한 조언을 얻을 수 있다.

8주차는 우리 저자들이 제안하는 정식 명상의 마지막 주다. 하지만 동시에 여러분 스스로 수련하는 첫 번째 주이기도 하다. 우리 저자들은 프로그램 참가자들에게 8주차는 여러분의 나머지 삶을 상징적으로 대변하는 시간이라고 말한다. 8주차는 중요한 마무리인 동시에 새로운 시작이다. 8주 프로그램이 끝났다고 수련이 완결되는 것은 아니다. 8주 이후에도 삶은 계속된다. 우리는 계속해서 호흡을 할 것이고, 우리의 삶도 멈추지 않고 순간순간 펼쳐질 것이다. 이제 여러분은 자동차 운전석에 자리를 잡고 앉았다. 하지만 스스로 운전하기에는 아직 초보라고 느낀다. 이것은 지극히 자연스러우며 실제에 근거한 느낌이다. 마음챙김 수련에 끝이 없는 것은 우리들 각자가 가진, 자기 자신으로 성장해가는 잠재력에 끝이 없는 것과 마찬가지다.

그렇다 해도 우리 저자들이 독려한 것처럼 여러분이 지금까지 규칙적이고 규율적으로 수련해 왔다면 현재 순간의 풍요로움을 맛보았을 것이다. 이제 여러분은 자신의 존재를 존중하는 방식으로 살고 싶다는 바람을 일으켰을 것이다. 또 내면과 외면의 어떤 행위든 여러분 존재의 근원에서 흘러나오길 바랄 것이다. 이즈음에서 여러분의 생각하는 마음, 판단하는 마음이 믿든 안 믿든, 여러분은 지난 8주 동안 스스로 일으킨 수련의 동력을 지속하는 기술과 경험을 쌓았다. 이 수련의 동력은 여러분의 가슴이 본래 지닌 지혜와 더불어 여러분 자신의 마음챙김 수련을 앞으로도 안내하고 형성하며 심화시킬 것이다. 또 이 동력은 좋을 때나 나쁠 때나 여러분이 삶이라는 끝없는 모험을 온전히 껴안게 할 것이다.

우리 저자를 비롯한 오늘날 모든 명상 지도자들은 수련자들에게 바쁜 생활에도 매일 조용히 자리에 앉아 정식 명상수련 시간을 마련할 것을 권한다. 얼마나 오래 수련하느냐보다 중요한 것은 이 모든 행위와 분주함의 와중에 잠시 멈추어 짧은 시간이라도 매일 수련하겠다는 의도이다. 궁극적으로 마음챙김은 얼마나 오랜 시간 하느냐가 아니라 어떻게 하느냐가 중요하다. 아무리 짧은 시간이라도 그 시간 온전한 알아차림으로 존재한다면 삶의 방향을 변화시키는 심오한 치유력이 일어난다.

몸과 마음의 풍경을 제대로 알려면 자주 그곳을 찾아야 한다. 언제까지나 구경꾼으로 남기보다 아예 자신의 몸과 마음에 터를 잡고 '영주권'을 얻는 편이 낫다. 또 그곳의 언어를 배우는 것도 중요하다. 외국어를 유창하게 하려면 해당 언어 환경을 자주 접해야 하듯, 몸과 마음의 언어를 배우는 것도 규칙적인 수련으로 유창성을 유지할 수 있다.

규칙적으로 마음챙김을 닦으면 자신도 몰랐던 깊은 내면 자원이 존재함을 알게 된다. 또 이 내면 자원에 체계적으로 접근해 자신과 타인을 위해 사용할 수 있다는 사실도 알 수 있다. 삶의 여러 상황에서 새롭고 명료한 관점이 자연스럽게 일어나며, 또 그런 관점이 마음에서 널찍한 자유의 형태를 취하는 것을 볼 수도 있다. 이자유는 지금 펼쳐지는 모든 현상과 현명한 관계를 맺는 자유다. 또 적절한 때 내려놓는 자유, 전에는 불가능했던 방식으로 앞으로 나아가는 자유다. 지금 여러분은 자기 안에 존재하는 내면의 지혜를 발견해 여러분의 감정과 삶을 변화시키는 중이다. 일단 이것을 스스로 맛보고 이 우물가에서 목을 축일 가능성을 보았다면 여러분의 삶은 결코 이전과 같지 않을 것이다.

우울, 그게 명상으로
해결이 돼?

이 책은 마음챙김 명상으로 우울을 지나는 법을 소개한다. 우울을 '제거하는' 것이 아니라 우울을 '지나는' 법이다. 사실 우리의 목표는 우울한 기분을 완전히 없애는 것이 아니다(이것은 불가능해 보인다). 누구에게나 닥칠 수 있는 우울이라는 마음의 풍경을 조금 더 견딜 만하게 지나는 것이 더 현실적인 목표가 아닐까. 이 책이 겨냥하는 지점도 반복적으로 재발하는 우울의 늪에 자꾸 빠져드는 일을 막는 것이다.

옮긴이가 이 책을 처음 만난 것은 2008년 초다. 서울불교대학원 심신치유학과에 입학하기 전 겨울방학에 교수님의 지도하에 우리 신입생들은(신입생이지만 30대~60대까지, 풋풋한 새내기의 이미지와는 거리가 멀었다) 이 책으로 스터디를 했다. 영어가 어려운 분도 있었지만 나름 열심히 준비해 각자 맡은 부분을 발표하였다. 그때가 벌써 10년이 훌쩍 지났다. 당시만 해도 미국에서도 마음챙김에 관한 책이 많이 출간되지 않은 때였다(지금은 말 그대로 책이 쏟아지고 있다). 이 책은 마음챙김 명상이 우리가 겪는 몸과 마음의 실제적인 문제들에 어떻게 적용될 수 있는지 소개한 초기의 저작에 속한다. 미국에서 2007년에 처음 나와 지금까지 40만 부 넘게 꾸준히 팔린, 우울증에 관한 베스트셀러다. 우울증의 기제에 관한 과학적 이론과 논리적 설명에, 우울을 겪는 실제 환자들의 사례와 구체적인 수련 지침을 더해 책의 가치를 높였다.

우리는 몸과 마음을 가진 존재다. 그런데 몸과 마음을 가졌기에 일어나는 여러 가지 문제가 있다. 몸에 병이 나고, 마음에도 병이 생긴다. 병까지는 아니더라도 갖가지 미병(未病) 상태, 골칫거리와 부작용이 나타난다. 우리는 이 문제를 '해결'하기 위해 의사를 찾고 약을 복용하며 상담을 받는 등 갖가지 외부적 방법을 동원한다. 그런데 근본적으로 이와 다른 차원에서 이 문제들에 접근할 수도 있다. 외부적 해결책이 아닌 내면적 해법으로, 우리의 몸과 마음이 본래적으로 가진 내면의 치유 자원에 접속하는 것이다. 자기 내면의 치유 자원에 접속하는 과정, 이것이 곧 명상이다.

일반적으로 우리는 문제의 정도가 심각하면 해결책도 그만큼 강력해야 한다고 생각한다. 그런데 방석 위에 가만히 앉아 있는 명상은 심각한 우울증에 대한 그다지 강력한 해결책으로 보이지 않는다. 오히려 매우 수동적으로 보이며, 따라서 효과도 미미할 거라고 여긴다. '이렇게 가만히 앉아 있는다고 뭐가 바뀌나' 하는 생각이다. 그러나 이것은 문제해결 위주의 행위 모드에서 볼 때만 그렇다. 명상은 행위 모드와는 완전히 다른, 존재 모드라는 차원으로 이동하는 연습이다. 지금과 다른 차원으로 이동하는 것은 어쩌면 가장 '강력한' 접근법일 수 있다. 이 책의 의의는 기존 문제해결 위주의 접근법과 전혀 다른, 존재 모드라는 근본적인 차원에서 우울의 문제에 접근한다는 데 있다.

그렇다고 명상을 하면 우울한 기분이 반드시, 당장, 마술처럼 싹 사라지는 것은 아니다. 명상이 효과를 보려면 책에서 말하듯이 즉각적인 효과를 기대하기보다, 효과가 있(다고 여기)든 없(다고 여기)든, 일정 시간 거기에 온전히 전념할 필요가 있다. 명상을 수행 또는 수련(practice)이라고 부르는 이유도 그것이다. 책의 저자들은 우리가 8주 프로그램을 실천하는 과정에서 수련을 '좋아하거나 싫어할' 필요가 없다고 말한다. 단지 프로그램에 따라 수련한 다음, 자신에게 어떤 일이 일어나는지 지켜보라고 권한다. 8주가 종결될 때까지 판단이나 평가를 일시 유보하라는 것이다.

그런데 이것은 사실 우리가 여느 행위에 임하는 접근 방식과 완전히 다르다. 우리가 보통 어떤 일을 할 때는 그 일을 했을 때 일어나는 결과나 효과를 (무의식적으로라도) 예측하거나 기대하지 않는 경우가 거의 없다. 이 점에서 명상은 매우 '역설적'이다. 특정한 결과나 효과를 예측하거나 기대하지 않은 채 임하라고 하기 때문이다. 그런데 이렇게 되면 명상은 자칫, 무조건 참고 견디는 고행에 가까워지기 쉽다. 이 점에서 옮긴이는 건포도 명상 등 우리가 맨 처음 접하는 수련에서 행위 모드와 다른 존재 모드의 차원에 머무는 것이 과연 어떤 경험인지 조금이라도 (그러나 제대로) '맛보는' 것이 반드시 필요하다고 본다. 이것은 향후 명상 수행을 지속하는 데도 결정적으로 중요한 포인트가 된다.

기대와 예측을 하지 말라는 권고는 명상 과정에서 초심과 내려놓음, 받아들임의 태도로 자신의 몸과 마음에 일어나는 현상을 대하라는 의미일 것이다. 이것이 명상에 임하는 바람직한 태도임에 틀림없지만 '맛있는' 수행 경험을 한 번도 해보지 못한 상태에서 무조건 수련을 계속하는 것도 우리가 가진 동기-행동의 매커니즘에 부합하지 않는다. 처음의 '맛있는' 수행 경험이 우선 있어야 한다. 그 상태에서 수행을 하되, 그러나 일단 자리에 앉고부터는 과거의 경험에 집착하지 말아야 한다. 매번 자리에 앉을 때마다 '탁' 하고 모든 걸 내려놓아야 한다. 이번 수련에서 무슨 일이 일어날지 모른다는 태도로 임해야 한다. 그것은 실제로도 그렇다. 지난 번 수행 체험이 이번에도 똑같이 반복되는 경우는 결코 없다. 지난번에 '좋은' 경험을 했으니까 이번에도 그렇게 될 거라는(되어야 한다는) 생각은 적어도 명상에서는 소용이 없다. 심지어 우리가 쉬는 숨도, 바로 이전의 호흡과 지금의 호흡이 완전히 똑같은 것은 하나도 없다. 이 점에서 명상은 수행에 대한 내적, 외적 동기를 필요로 하는 동시에, 일단 자리에 앉았다면 모든 선입견과 예상, 기대를 내려놓아야 한다. 이렇게 명상은 스승, 지도자, 책의 가르침에 귀를 기울이되, 한편으로는 자기 나름의 묘(妙)를 찾아야 하는 작업이기도 하다.

우리가 명상을 하는 목적은 힘든 고행을 무조건 참고 견디는 것도 아니고, 신비로운 황홀경과 지극한 열락을 체험하기 위해서도 아니다. 단지, 지금 자신의 몸과 마음을 있는 그대로 보기 위해서다. 명상은 나의 몸과 마음을 있는 그대로 아는 지혜를 키워, 지금 빠져 있는 괴로움(여기서는 우울)에서 조금이라도 벗어나고자 하는 시도이다. 저렇게 가만히 앉아 있는 수행을 통해 뭐가 바뀌나 하는 비관주의 또는 냉소주의와, 수행은 어떤 문제든 해결할 수 있는 만병통치약이라고 여기는 비현실주의 또는 이상주의를 모두 경계해야 한다. 극단에 치우치지 않고 둘 사이의 가운데 길(중도)을 걸어가는 태도가 필요하다.

그러면 명상 수행의 길에서 우리는 무엇을 보고 가야 하는가? 지금 이 순간, 나의 몸과 마음에서 끊임없이 일어나고 있는 현상만을 보고 가야 한다. 그렇다면 이 길의 끝에서 우리를 기다리고 있는 것은 무엇인가? 그것은 아마 지금보다 조금 더 괴로움에서(우울에서) 벗어난 상태일 것이다. 이렇게 우리는 우울이라는 마음의 풍경을 지혜롭게 지날 수 있다.

이재석

🎧 명상 안내음성*

❶ 개요
❷ 바디스캔
❸ 깨어있는 마음으로 하는 요가
❹ 호흡 마음챙김

❺ 호흡과 몸 마음챙김
❻ 소리와 생각 마음챙김
❼ 3분 숨고르기
추가 수련 ❶ 건포도 명상
추가 수련 ❷ 걷기 명상

• 존 카밧진의 명상 안내음성을 옮긴이 두 사람이 통역하여 부록으로 실었다. 카밧진의 영어 안내음성을 따라할 때의 영감에는 미치지 못하겠지만, 독자들은 한국어 안내음성으로 책의 8주 프로그램에 따라 실제로 명상 수련을 체험해 볼 수 있다. 이로써 자신의 우울한 기분에 어떤 변화가 일어나는지 지켜보는 것도 흥미로울 거라 생각한다. 더 자세한 안내음성을 듣고 싶다면 『8주 마음챙김(MBCT) 워크북』(불광출판사)을 참고하기 바란다. 추가 수련은 옮긴이가 책의 내용을 참고해 추가로 녹음한 내용이다.

이 책에 소개한 프로그램을 더 심화하고 싶다면 다음 책들을 참고해보자. 『8주 마음챙김(MBCT) 워크북』(불광출판사)은 MBCT 프로그램을 단계별로 자세히 안내한다. 자기 성찰 질문과 매주 수련할 마음챙김 수련을 소개하며, 자기 향상도를 측정하는 도구와 프로그램 참가자들의 경험담도 실려 있다. 수련 안내음성도 다운받을 수 있다. 그밖에 iTunesU에서 마크 윌리엄스의 "우울증의 새로운 심리학(The New Psychology of Depression)"이라는 6시간반짜리 팟캐스트를 들어도 좋다.

존 카밧진의 『마음챙김 명상과 자기치유』는 매사추세츠 의과대학의 MBSR 프로그램을 자세히 소개하는 책으로, 마음챙김 수련의 입문서로 훌륭하다. 카밧진은 또 『존 카밧진의 왜 마음챙김 명상인가?』(불광출판사)에서 마음챙김을 일상생활에 적용하는 법을 살핀다. 이 책은 다양한 정식 수련과 일상 수련을 소개한다. 『온정신의 회복』(학지사)이라는 책에서는 마음챙김 수련을 감각(알아차림을 또 하나의 감각으로 간주한다)이라는 보다 큰 연결망에 짜 넣는다. 이 책은 감각을 생각과 감정을 보완하는 방식이자, 생각과 감정의 균형을 바로잡는 심오하고 비개념적인 앎의 방식으로 간주한다. 마음챙김을 우리의 삶에 적용하는 여러 방법을 탐색하며, 우리의 시야와 자아감각을 확장하는 법, 그리고 그렇게 확장된 시야와 자아감각으로 우리가 본래적으로 가진 연민과 지혜, 치유의 능력을 키우는 법을 살핀다. 만약 당신이 자녀양육이라는 도전에 관심이 있다면, 그리고 일상의 책임을 다하는 중에 엄정한 마음 챙김 수련으로서 부모역할을 하고자 한다면 카밧진이 아내와 함께 쓴, 깨어 있는 자녀양육에 관한 책『카밧진 박사의 부모 마음공부』(마음친구, 근간)를 참고하라. 또 여덟 개의 MBCT 프로그램과 3분 숨고르기 수련이 들어있는 온라인 치료자 훈련도구를 개발한 사이트도 참조하라(www.mindfulnoggin. com). 마음챙김이 우울증 치료에 어떻게 도움을 주는지 알고 싶은 치료사나 상담가라면『마음챙김 기반 인지치료』(학지사)를 참조하라.

다음 사이트도 방문해보라. 옥스퍼드 마음챙김센터(www.oxfordmindfulness. org), MBSR의 발상지인 매사추세츠의과대학 마음챙김센터(www. umassmed.edu/cfm), 영국 뱅거대학 마음챙김 연구 및 수련센터(www. bangor.ac.uk/mindfulness). 그밖에 마음챙김 관련 새 소식은 다음 사이트를 방문하라(www.mbct.co.uk / www.mbct.com). 이 책의 내용을 요약한 팟캐스트 시리즈 "우울증의 새로운 심리학(The New Psychology of Depression)"은 iTunes나 다음 사이트에서 무료로 들을 수 있다. http://podcasts.ox.ac.uk/ series/new-psychology-depression.

마음챙김 수련을 더 심화하고 싶다면 경험 있는 명상 지도자에게 직접 배우는 것이 좋다(수련을 시작하기에 적합한 수련센터는 아래에 소개한다). 그렇지만 우선은 안내음성에 따라 집에서 스스로 수련하는 방법도 있다. 앞서 말했듯이 우리 저자들이 마음챙김 프로그램에서 사용하는 안내음성은 이 목적에 부합하며, 여러분이 집에서 수련하는 데 도움을 줄 것이다.『8주 마음챙김 (MBCT) 워크북』을 참조하거나, 존 카밧진이 녹음한 마음챙김 안내음성 시디(www.mindfulnesscds.com)를 들어도 좋다. 세 개의 시리즈로 된 시디의 세 번째 시리즈에는 '선택 없는 알아차림'과 '자애 명상' 안내음성이 들어 있다. 옥스퍼드 MBCT 프로그램에서 실제로 훈련하는 수련에 대해 알고 싶다면 다섯 개짜리 시디나 무료 앱을 다음 사이트에서 얻을 수 있다(www.mbct.

co.uk / www.oxfordmindfulness.org).

앞서 말했듯이 경험 있는 명상 지도자에게 직접 배우는 것이 명상 수련을 심화시키는 데 가장 좋다. 명상에는 여러 형태가 있는데 이 책에 소개한 접근법을 더 해보고 싶다면 같은 계열의 전통과 지도자를 택하는 것이 바람직하다. 이는 서양의 통찰명상 전통의 명상 센터에서 제공하는 가르침을 따르면 된다는 의미다. 명상 센터에 관한 정보는 다음에서 얻을 수 있다.

- 미국: 통찰명상회(Insight Meditation Society), 1230 Pleasant Street, Barre, MA 01005(www.dharma.org/ims), 또는 스피릿락(Spirit Rock), P.O. Box 909, Woodacre, CA 94973(www.spiritrock.org)
- 유럽: 가이아하우스(Gaia House), West Ogwell, Newton Abbot, Devon, TQ12 6EN, England(www.gaiahouse.co.uk)
- 호주: 호주통찰명상네트워크(Australia Insight Meditation Network) (www.dharma.org.au)

각 센터에 관한 정보가 더 필요하면 다음을 참조하라. www.dharma.org.

더 읽을거리

※한국어 번역서가 있는 경우, 뒤에 표기하였다

Baer, Ruth. *Mindfulness-Based Treatment Approaches*: *Clinician's Guide to Evidence Base and Applications*. Academic Press, 2005.

Bennett-Goleman, Tara. *Emotional Alchemy*: *How the Mind Can Heal the Heart*. Harmony Books, 2001.『감정의 연금술』 타라 베넷 골먼 지음,

윤규상 옮김, 이동우 감수, 생각의나무(2007).

Brach, Tara. *Radical Acceptance*. Bantam, 2004. 『받아들임』 타라 브랙 지음, 김선주.김정호 옮김, 불광출판사(2012).

Crane, R. *Mindfulness-based Cognitive Therapy*. Routlegde, 2008, 2017.

Feldman, Christina. *The Buddhist Path to Simplicity: Spiritual Practice for Everyday Life*. Element, 2004.

Germer, Christopher. *The Mindful Path to Self-Compassion: Freeing Yourself from Destructive Thoughts and Emotions*. Guilford Press, 2009. 『오늘부터 나에게 친절하기로 했다』 크리스토퍼 거머 지음, 서광 스님 외 옮김, 더퀘스트(2018).

Germer, Christopher, et al.(Eds.). *Mindfulness and Psychotherapy*. Guilford Press, 2005. 『마음챙김과 심리치료』 크리스토퍼 거머 외 지음, 김재성 옮김, 학지사(2012).

Goldstein, Joseph, and Komfield, Jack. *Seeking the Heart of Wisdom*. Shambhala, 2001.

Greenberger, Dennis, and Padesky, Christine. *Mind Over Mood, Second Edition: Change How You Feel by Changing the Way You Think*. Guilford Press, 2016. 『기분 다스리기』 데니스 그린버거.크리스틴 페데스키 지음, 권정혜 옮김, 학지사(2018).

Hanh, Thich Nhat. *The Miracle of Mindfulness: A Manual on Meditation*. Beacon Press, 1999. 『틱낫한 명상』 틱낫한 지음, 이현주 옮김, 불광출판사(2013).

Hayes, Steven, et al.(Eds.). *Mindfulness and Acceptance: Expanding the Cognitive-Behavioral Tradition*. Guilford Press, 2004. 『알아차림과 수용』 Steven C. Hayes 외 지음, 고진하 옮김, 명상상담연구원(2010).

Hayes, Steven. *Get Out of Your Head and into Your Life: The New Acceptance and Commitment Therapy*. New Harbinger, 2005. 『마음에서 빠져나와 삶 속으로 들어가라』 Hayes, Steven C. 외 지음, 문현미 외 옮김, 학지사(2010).

Kabat-Zinn, Jon. *Coming to Our Senses: Healing Ourselves and the World through Mindfulness*. Hyperion, 2005. 『온정신의 회복』 존 카밧진 지음, 이재석 외 옮김, 학지사(2017).

Kabat-Zinn, Jon. *Full Catastrophe Living: Using the Wisdom of Your Body and Mind to Face Stress, Pain, and Illness*. Delta, 1990. 『마음챙김 명상과 자기치유』 존 카밧진 지음, 장현갑 외 옮김, 학지사(2017).

Kabat-Zinn, Jon. *Wherever You Go, There You Are : Mindfulness Meditation in Everyday Life*. Hyperion, 1994. 『존 카밧진의 왜 마음챙김 명상인가?』 존 카밧진 지음, 엄성수 옮김, 불광출판사(2019).

Kabat-Zinn, Myla and Jon. *Everyday Blessings: The Inner Work of Mindful Parenting*. Hyperion, 1997. 『카밧진 박사의 부모 마음공부』(가제), 마음친구(2020년 겨울 출간 예정).

Komfield, Jack. *A Path with Heart*. Bantam, 1993. 『마음의 숲을 거닐다』 잭 콘필드 지음, 이현철 옮김, 한언출판사(2006).

Linehan, Marsha. *Skills Training Manual for Treating Borderline Personality Disorder*. Guilford Press, 1993.

Nolen-Hoeksema, *Overthinking: Women Who Think Too Much*. Henry Holt, 2002. 『생각이 너무 많은 여자』 수잔 놀렌 혹스마 지음, 나선숙 옮김, 지식너머(2013).

Rosenberg, Larry (with David Guy). *Breath by Breath: The Liberating Practice of Insight Meditation*. Shambhala, 1998. 『일상에서의 호흡명상 숨』 래

리 로젠버그 지음, 미산 스님·권선아 옮김, 한언출판사(2006).

Salzberg, Sharon. Loving *Kindness*: *The Revolutionary Art of Happiness*. Shambhala, 1995. 『행복을 위한 혁명적 기술, 자애』 샤론 샐즈버그 지음, 김재성 옮김, 조계종출판사(2017).

Santorelli, Saki. *Heal Thy Self*: *Lessons on Mindfulness in Medicine*. Bell Tower, 1999.

Schwartz, Jeffrey, and Begley, Sharon. *Mind and Brain*: *Neuroplasticity and the Power of Mental Force*. Regan, 2003.

Segal, Zindel; Williams, Mark; and Teasdale, John. *Mindfulness-Based Cognitive Therapy for Depression*. Guilford Press, 2002. 『마음챙김 기반 인지치료』 진델 시걸 외 지음, 이우경 외 옮김, 학지사(2018).

Siegel, Dan. *The Mindful Brain*: *Reflections and Attunement in the Cultivation of Well-Being*. Norton, 2007. 『마인드풀 브레인』 대니얼 J. 시겔 지음, 백양숙, 김지선 옮김, 메타포커스(2019).

Teasdale, John, Williams, Mark, and Segal, Zindel. *The Mindful Way Workbook*: *An 8-Week Program to Free Yourself from Depression and Emotional Distress*. Guilford, 2013. 『8주 마음챙김(MBCT) 워크북』 존 티즈데일 외 지음, 안희영 옮김, 불광출판사(2017).

Williams, Mark, and Penman, Danny. *Mindfulness*: *A Practical Guide to Finding Peace in a Frantic World*. Rodale, 2011. 『8주, 나를 비우는 시간』 마크 윌리엄스 외 지음, 이재석 외 옮김, 불광출판사(2013).

Williams, Mark, and Kabat-Zinn, Jon, eds. *Mindfulness*: *Diverse Perspectives on Its Meanings, Origins and Applications*. Routledge, 2013.

주

들어가며 ~~~~~~

1 최초의 연구는 Teasdale, J. D., Segal, Z. V., Williams, J. M.
G., Ridgeway, v., Soulsby, J., & Lau, M.(2000). Prevention of
relapse/recurrence in major depression by mindfulness-based
cognitive therapy. *Journal of Consulting and Clinical Psychology, 68,*
615-623. 이후 다수 연구가 나왔다. 그 결과는 다음에서 요약:
Kuyken, W., et al.(2016). Efficacy of mindfulness-based cognitive
therapy in prevention of depressive relapse: An individual patient
data Meat-analysis from randomized trials. *JAMA Psychiatry,*
73(6), 565-574. 다음도 참조: Dimidjian, Sona, Goodman, Sherryl
H., Felder, Jennifer N., Gallop, Robert, Brown, Amanda P. and
Beck, Arne.(2016). Stay well during pregnancy and postpartum:
A pilot randomized trial of mindfulness-based cognitive therapy
for the prevention of depressive relapse/recurrence. *Journal of*
Consulting and Clinical Psychology, 84(2), 134-145; and Meadows, G.
N., et al.(2014). Mindfulness-based cognitive therapy for recurrent
depression: A translational research study with 2-year follow-up.

Australian & New Zealand Journal of Psychiatry, *48*, 743-755. 다음 연구는 항우울제 약물을 끊을 경우, 의사의 지도에 따르는 것이 바람직하다고 말한다: Huijbers, M. J., et al.(2016). Discontinuation of antidepressant medication after mindfulness-based congnitive therapy for recurrent depression: Randomised controlled non-inferiority trial. *British Journal of Psychiatry*, *208*, 366-373.

2   Kabat-Zinn, J.(1990). *Full Catastrophe Living: Using the Wisdom of Your Body and Mind to Face Stress, Pain, and Illness.* New York: Delta. Kabat-Zinn, J.(1994). *Wherever You Go, There You Are: Mindfulness Meditation in Everyday Life.* New York: Hyperion. Kabat-Zinn, J., Lipworth, L., Burney, R., & Sellers, W.(1986). Four-year follow up of a meditation-based program for the self-regulation of chronic pain: Treatment outcomes and compliance. *Clinical Journal of Pain*, *2*, 159-173. Kabat-Zinn, J., Massion, A. O., Kristeller, J., Peterson, L. G., Fletcher, K. E., Pbert, L., et al.(1992). Effectiveness of a meditation-based stress reduction program in the treatment of anxiety disorders. *American Journal of Psychiatry*, *149*, 936-943.

3   Davidson, R. J., Kabat-Zinn, J., Schumacher, J., Rosenkranz, M., Muller, D., Santorelli, S., et al.(2003). Alterations in brain and immune function produced by mindfulness meditation. *Psychosomatic Medicine*, *65*, 564-557. 리뷰는 다음을 참조: Hofmann, S., et al.(2010). The effect of mindfulness-based therapy on anxiety and depression: A meta-analytic review. *Journal of Consulting and Clinical Psychology*, *78*, 169-183.

4 처음에 MBCT는 우울증을 겪은 환자가 이후에 재발하지 않기 위한 예방적 접근법으로 고안했다. 그래서 우리 저자들은 현재 우울증을 겪는 환자에게 MBCT가 도움이 된다는 입장에 매우 신중하였다(물론, 지금은 연구를 통해 MBCT가 현재 우울증을 겪는 환자에게도 도움이 된다는 사실이 드러났다). 현재 우울증을 겪는 환자에게는 이들을 위한, 증거 기반의 훌륭한 치료법이 다수 존재하므로, 이를 우선적인 옵션으로 고려하는 것이 바람직하다.

Part One

/ 01 /

5 Keller, M . B., Lavori, P. W., Lewis, C. E., & Klerman, G. L.(1983). Predictors of relapse in major depressive disorder: *Journal of American Medical Association*, *250*, 3299-3304. Paykel, E. S., Ramana, R., Cooper, Z., Hayhurst, H., Kerr, J., & Barocka, A.(1995). Residual symptoms after partial remission: An important outcome in depression. *Psychological Medicine*, *25*, 1171-1180. Consensus Development Panel.(1985). NIMH/NIH Consensus Development Conference statement: Mood disorders-Pharmacologic prevention of recurrence. *American Journal of Psychiatry*, *142*, 469-476.

6 Beck, A. T.(1976). *Cognitive Therapy and the Emotional Disorders*. New York: International Universities Press.

7 Weissman, M., & Olfson, M.(1995). Depression in women:

Implications for health care research. *Science*, *269*, 799–801.

8   Kessler, R., Berglund, P., Demler, O., Jin, R., Koretz, D., Merikangas, K., et al.(2003). The epidemiology of major depressive disorder: Results from the National Comorbidity Survey Replication(NCS-R). *Journal of the American Medical Association*, *289*, 3095–3105. Zisook, S., Lesser, I., Stewart, J. W., Wisniewski, S. R., Balasubramani, G. K., Fava, M., et al.(2007). Effect of age at onset on the course of major depressive disorder. *American Journal of Psychiatry*, *164(10)*, 1539–1546. Williams, J. M. G., et al(2012). Pre-adult onset and patterns of suicidality in patients with a history of recurrent depression. *Journal of Affective Disorders*, *138*, 173–179.

9   Berti Ceroni, G., Neri, C., & Pezzoli, A.(1984). Chronicity in major depression: A naturalistic prospective study. *Journal of Affective Disorders*, *7*, 123–132.

10   Keller, M., Klerman, G., Lavori, P., Coryell, W., Endicott, J., & Taylor, J.(1984). Long-term outcome of episodes of major depression: Clinical and public health significance. *Journal of the American Medical Association*, *252*, 788–792.

11   Solomon, D., Keller, M., Mueller, T., Lavori, P., Shea, T., Coryell, W., et al.(2000). Multiple recurrences of major depressive disorder. *American Journal of Psychiatry*, *157*, 229–233.

12   Olfson, M., Marcus, S., Druss, B., Elinson, L., Tanielian, T., & Pincus, H.(2002). National trends in the outpatient treatment of depression. *Journal of the American Medical Association*, *287*, 203–

209.

13 주요우울장애 진단 기준은 다음을 참조: American Psychiatric Association.(2000). *Diagnostic and Statistical Manual of Mental Disorders*(4th ed., text revision). Washington, DC: Author.

14 Teasdale, J. D., & Cox, S. G.(2001). Dysphoria: Self-devaluative and affective components in recovered depressed patients and never depressed controls. *Psychological Medicine, 31,* 1311-1316.

15 Automatic Thoughts Questionnaire: Hollon, S. D., & Kendall, P.(1980). Cognitive self-statements in depression: Development of an Automatic Thoughts Questionnaire. *Cognitive Therapy and Research, 4,* 383-395.

16 Vastag, B.(2003). Scientists find connection in the brain between physical and emotional pain. *Journal of the American Medical Association, 290,* 2389-2390.

17 Strack, F, et al.(1988). Inhibiting and facilitating conditions of the human smile: A nonobtrusive test of the facial feedback hypothesis. *Journal of Personality and Social Psychology, 54,* 768-777.

18 Laird, J. D.(1974). Self-attribution of emotion: The effects of expressive behaviour on the quality of emotional experience. *Journal of Personality and Social Psychology, 29,* 475-486.

19 Wells, G. L., & Petty, R. E.(1980). The effects of head movements on persuasion. *Basic and Applied Social Psychology, 1,* 219-230. 신체가 몸에 미치는 영향에 관한 그 밖의 연구는 다음을 참조: Gjelsvik, B., Lovric, D., & Williams, J. M. G.(in press). Embodied cognition and emotional disorders: Embodiment and

abstraction in understanding depression. *Psychopathology Review.*

20 마리 아스베리 교수는 특히 증상이 일어나는 시점에 그것을 알아
차리지 못하거나 적절한 조치를 취하지 않는 경우, 탈진 또는 소진
(burnout)이 어떻게 진행되는지 과정을 설명하기 위해 이 그림을 사
용했다.

/ 02 /

21 Ekman, P., & Davidson, R. J.(1995). *The Nature of Emotion*:
Fundamental Questions. New York: Oxford University Press.

22 Godden, D., & Baddeley, A. D.(1980). When does context
influence recognition memory? *British Journal of Psychology*, *71*, 99-
104.

23 Eich, E.(1995). Searching for mood-dependent memory.
Psychological Science, *6*, 67-75.

24 Bennett-Goleman, T. (2001). *Emotional Alchemy*: *How the Mind Can
Heal the Heart*. New York: Harmony Books.

25 Strauman, T. J., & Higgins, E. T.(1987). Automatic activation
of self-discrepancies and emotional syndromes: When cognitive
structures influence affect. *Journal of Personality and Social Psychology*,
53, 1004- 1014.

26 이 질문들은 Susan Nolen-Hoeksema의 반추 측정 기준에서 인용했
다. 다음을 참조: Nolen-Hoeksema, S. (2002). *Overthinking*: *Women
Who Think Too Much*. New York: Holt.

27 Papageorgiou, C., & Wells, A.,(2001). Positive beliefs about
depressive rumination: Development and preliminary validation

of a self-report scale. *Behavior Therapy*, *32*, 13-26. Watkins, E.,
& Baracaia, S. B.(2001). Why do people in dysphoric moods
ruminate? *Personality and Individual Differences*, *30*, 723-734.

28 Lyubomirsky, S., & Nolen-Hoeksema, S.(1995). Effects of
self-focused rumination on negative thinking and interpersonal
problem solving. Journal of Personality and Social Psychology,
69, 176-190.

Part Two

/ 03 /

29 Simons, D. S., & Levin, D. T.(1998). Failure to detect changes
to people during a realworld interaction. *Psychonomic Bulletin and
Review*, *5*, 644-649.

30 Thich Nhat Hanh.(1975). *The Miracle of Mindfulness*: *A Manual on
Meditation*. Boston: Beacon Press.

31 Feldman, C.(2001). *The Buddhist Path to Simplicity* : *Spiritual Practice
for Everyday Life*. London: HarperCollins(p.173).

32 다음을 참조: Rosenberg, L., with Guy, D.(1998). *Breath by
Breath*: *The Liberating Practice of Insight Meditation*. Boston:
Shambhala(p.165).

/ 04 /

33 이 이야기는 다음에서 인용: Ngakpa Chogyam(1988), *Journey into*

Vastness: *A Handbook of Tibetan Meditation Techniques*. Longmead, Shaftesbury, Dorset, UK: Element Books(pp.28-32).

34   다음을 참조: Wegner, D. M.(1989). *White Bears and Other Unwanted Thoughts*: *Suppression, Obsession, and the Psychology of Mental Control*. New York: Guilford Press.

35   Wegner, D. M.(2002). *The Illusion of Conscious Will*. Cambridge, MA: MIT Press.

36   Wenzlaff, R. M., & Bates, D. E.(1998). Unmasking a cognitive vulnerability to depression: How lapses in mental control reveal depressive thinking. *Journal of Personality and Social Psychology*, *75*, 1559-1571.

37   Rude, S. S., Wenzlaff, R. M., Gibbs, B., Vane, J., & Whitney, T.(2002). Negative processing biases predict subsequent depressive symptoms. *Cognition and Emotion*, *16*, 423-440.

38   Laberge, D.(1995). Computational and anatomical models of selective attention in object identification. In M. S. Gazzaniga(Ed.), *The Cognitive Neurosciences*. Cambridge, MA: MIT Press (pp.649-663). Duncan, J.(2004). Selective attention in distributed brain systems. In M. I. Posner(Ed.), *Cognitive Neuroscience of Attention*. New York: Guilford Press. (pp. 105-113). Posner, M. I., & Rothbart, M. K.(1991). Attentional mechanisms and conscious experience. In A. D. Milner & M. D. Rugg(Eds.), *The Neuropsychology of Consciousness*. London: Academic Press(p.96). Tang, Y. Y., & Posner, M. I.(2013). Tools of the trade: Theory and method in mindfulness neuroscience. *Social Cognitive and*

Affective Neuroscience, *8*, 118-120.

Part Three

/ 06 /

39   Hayes, S. C., Wilson, K. G., Gifford, E. V., Follette, V. M., & Strosahl, K.(1996). Experiential avoidance and behavioural disorders: A functional dimensional approach to diagnosis and treatment. *Journal of Consulting and Clinical Psychology*, *64*, 1152-1168.

40   다음을 참조: Gendlin, E.(1981). Focusing. New York: Bantam Books. Damasio, A. R.(1995). *Descartes' Error: Emtion, Reason, and the Human Brain*. New York: Avon Books.

41   Friedman, R. S., & Forster, J.(2001). The effects of promotion and prevention cues on creativity. *Journal of Personality and Social Psychology*, *81*, 1001-1013. Friedman, R. S., & Forster, J.(2010). Implicit affective cues and attentional tuning: An integrative review. Psychological Bulletin, 136, 875-893.

42   다음을 참조: Goldstein, J.(1994). *Insight Meditation*. Boston: Shambhala.

/ 07 /

43   Segal, Z. V., Williams, J. M. G., & Teasdale, J. D.(2002). *Mindfulness-Based Cognitive Therapy for Depression: A New Approach to*

Preventing Relapse. New York: Guilford Press (p.231).

/ 08 /

44 다음을 참조: Beck, A. T.(1976). *Cognitive Therapy and the Emotional Disorders*. New York: International Universities Press.

45 Goldstein, J.(1993). *Insight Meditation*. Boston: Shambhala (pp.59–60).

46 Brach, T.(2003). *Radical Acceptance*. New York: Bantam Books(p.188).

/ 09 /

47 Feldman, C .(2001). *The Buddhist Path to Simplicity: Spiritual Practice for Everyday Life*. London: HarperCollins (p.167).

48 순전히 활동 참여에 기초한, 임상우울증에 대한 매우 효과적인 전략들이 존재한다. Martell, C. R., Addis, M. E., & Jacobson, N. S.(2001). *Depression in Context: Strategies for Guided Action*. New York: Norton.

Part Four

/ 10 /

49 Kabat-Zinn, J.(1990). *Full Catastrophe Living*. New York: Dell(pp.69–70).

50 Thich Nhat Hanh.(1991). *The Sun My Heart*. London: Rider(pp.18,

23).

51   Rosenberg, L.(1998). *Breath by Breath*. Boston: Shambhala(pp. 168–170).

52   다음에서 인용: Madeline Klyne, Instructor, Stress Reduction Clinic, University of Massachusetts Medical Center.

/ 11 /

53, 54 다음에서 인용: Kabat-Zinn, J.(1990). *Full Catastrophe Living*. New York: Hyperion.

마크 윌리엄스(Mark Williams)

영국 옥스퍼드 대학 임상심리학과 명예 교수이자 정신의학부의 명예 선임연구원이다. '옥스퍼드 마음챙김 센터'를 창립했으며, 영국 심리학회와 영국 아카데미 및 의료 과학 아카데미의 회원이다. 우울증과 자살 문제 해결을 필생의 과제로 삼은 그는 존 티즈데일, 진델 시걸과 함께 '마음챙김에 근거한 인지치료(MBCT)'를 개발했다. MBCT는 우울증 재발로 극심한 고통을 겪은 환자들의 우울증 재발률을 절반으로 낮춘 효과를 인정받아 영국 국립임상보건원으로부터 우울증 치료의 최우선 처방으로 권장되고 있다. 마음챙김 명상 연구의 권위자로서 프로그램 개발과 보급에 앞장서고 있다.

존 티즈데일(John Teasdale)

영국 옥스퍼드 대학 정신의학과 최초로 의학 연구위원회 기금으로 선정되는 수석 연구직에 있었으며, 그 후에는 영국 캠브리지 대학 인지 뇌 과학 부서에서 일했다. 영국 아카데미와 의료 과학 아카데미의 회원이다. 그의 연구는 기본적인 심리학적 프로세스와 감정상 불안감 치료의 개발에 대한 이해의 응용을 조사한 것이다. 수년 동안 이런 연구는 중증 우울증의 이해와 치료에 대한 인지적인 접근의 탐구와 연관되어 있었다. 그는 영국에서 인지 치료 연구의 선구자 중 한 명으로 꼽힌다. 최근 그의 초기 연구에 대한 결과물들은 마음챙김에 기초한 인지적 치료법의 개발과 평가에 응용되고 있다. 현재는 은퇴하여 명상과 마음챙김 연습의 실전 활용과 연구 그리고 교육을 담당하고 있다.

진델 시걸(Zindel Segal)

캐나다 토론토 대학 심리학과 석좌 교수이며, 중독과 정신건강을 위한 센터의 캠벨 가족 정신건강 연구소 수석 연구원이고, 대학원 임상심리학과 임상훈련소의 소장이다. 그의 연구는 정동장애, 특히 불쾌감에 대한 감정과 자기 평가절하 사이의 관련에서 재발취약성의 심리학적 표지를 특징화하는 데 도움이 되었다. 이 작업은 MBCT의 개발과, 회복기에 있는 우울증 재발 환자들에게 마음챙김 명상 훈련을 제공하는 데 필요한 실증적인 근거를 제공했다. 그의 현재 연구는 아직 남아 있는 우울 증상을 감소시키기 위한 온라인 MBCT 프로그램의 유효성과 마음챙김 수련의 신경 표지 및 정동장애의 재발 위험에 대한 것이다.

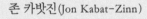
존 카밧진(Jon Kabat-Zinn)

과학자이자 작가이며 명상 전문가다. 매사추세츠 대
학 의과대학의 의학부 명예교수이며, 세계적으로 유명
한 마음챙김에 근거한 스트레스 완화(MBSR) 클리닉
(1979)의 설립자이다. 그가 개발한 MBSR은 세계 각국
의 기업, 병원, 학교 등 곳곳에서 활용되고 있다. 그의 연구는 의료계뿐 아니
라 뇌 과학, 심리학을 연구하는 사람들에게도 큰 영감과 실질적인 도움을 주
고 있다. 카밧진을 빼고 오늘날 마음챙김 명상을 논할 수 없을 만큼 현대 마
음챙김의 대부라 할 만하다. 『처음 만나는 마음챙김 명상』, 『마음챙김 명상
과 자기치유』, 『온정신의 회복』 등 여러 권의 책을 집필했으며 모두 30여 개
국의 언어로 번역돼 세계적인 베스트셀러가 됐다.

옮긴이

장지혜

서울불교대학원에서 요가치료학을 전공했다. 명상과 요가를 기반으로 몸-마음 치유 일을 했으며, 특히 마음챙김에 기반한 움직임 즉 마음챙김 요가를 강의했다. 2010년부터 고엔카 위빠사나에서 수행했으며, 지금은 참선과 간화선에 관심이 많다.

이재석

서울대학교에서 러시아어를 전공하고 출판저작권 에이전시와 출판사에서 일했다. 위빠사나 명상을 통한 몸-마음 치유에 관심이 많으며 보리수선원, 서울불교대학원 심신치유학과에서 공부했다. 옮긴 책으로 『불교는 왜 진실인가』 『조셉 골드스타인의 통찰 명상』 등이 있다. blog.naver.com/anljs

The Mindful Way through Depression:
Freeing Yourself from Chronic Unhappiness
by Mark Williams, John Teasdale, Zindel Segal, Jon Kabat-Zinn
Copyright ⓒ 2007 The Guilford Press, A Division of Guilford Publications, Inc.

Korean Translation Copyright ⓒ 2020 by Mind's Friend Publishing Co.
Korean edition is published by arrangement with Guilford Publications, Inc. through
BC Agency Seoul, Korea

마음챙김으로 우울을 지나는 법

초판 1쇄 발행 2020년 7월 31일

지은이   마크 윌리엄스, 존 티즈데일, 진델 시걸, 존 카밧진
옮긴이   장지혜, 이재석

펴낸곳   마음친구
펴낸이   이재석
주소   경기도 시흥시 목감남서로 92-15
전화   031-478-9776
팩스   0303-3444-9776
이메일   friendsbook@naver.com
블로그   blog.naver.com/friendsbook
출판신고   제2019-000025호

ISBN   979-11-967971-1-9 (03180)

한국어판 출판권 ⓒ 마음친구, 2020
마음 맞는 책 친구 **마음친구**입니다.

이 도서의 국립중앙도서관 출판예정도서목록(CIP)은 서지정보유통지원시스템 홈페이지
(http://seoji.nl.go.kr)와 국가자료공동목록시스템(http://www.nl.go.kr/kolisnet)
에서 이용하실 수 있습니다.(CIP제어번호: CIP2020029418)